U0509770

红旗
让理想飞扬

本文库由“中国一汽　红旗品牌”支持出版
With Support of Hongqi, FAW Group

故宫博物院博士后文库
王旭东　赵国英 / 主编

清代嘉庆、道光、咸丰三朝如意馆研究

刘净贤 / 著

文物出版社

图书在版编目（CIP）数据

清代嘉庆、道光、咸丰三朝如意馆研究／刘净贤著
．—北京：文物出版社，2022.10
（故宫博物院博士后文库／王旭东，赵国英主编）
ISBN 978－7－5010－7338－2

Ⅰ．①清…　Ⅱ．①刘…　Ⅲ．①内政部—研究—中国—
清代　Ⅳ．①D691

中国版本图书馆 CIP 数据核字（2021）第 274532 号

清代嘉庆、道光、咸丰三朝如意馆研究

丛书主编：王旭东　赵国英
著　　者：刘净贤

责任编辑：崔　华
助理编辑：卢可可
封面设计：特木热
责任印制：张　丽

出版发行：文物出版社
社　　址：北京市东城区东直门内北小街 2 号楼
邮　　编：100007
网　　址：http://www.wenwu.com
经　　销：新华书店
印　　刷：宝蕾元仁浩（天津）印刷有限公司
开　　本：710mm×1000mm　1/16
印　　张：15.75
版　　次：2022 年 10 月第 1 版
印　　次：2022 年 10 月第 1 次印刷
书　　号：ISBN 978－7－5010－7338－2
定　　价：112.00 元

本书版权独家所有，非经授权，不得复制翻印

《故宫博物院博士后文库》

编委会

主　　编　王旭东　赵国英

编委会主任　王旭东

编　　委　王旭东　娄　玮　任万平　赵国英
王进展　王子林　战雪雷　徐华烽
段　莹　郭永强

《故宫博物院博士后文库》第一辑

作者名录

进站时间	合作导师	博士后
2014 年	朱诚如	多丽梅
	李　季	徐华烽
	宋纪蓉	张　蕊
2015 年	朱诚如	张剑虹
	王连起　赵国英	段　莹
	单霁翔	徐　斌
	张　荣	刘净贤
	王跃工　孙　萍	张　帆
2016 年	蒋　威	李艳梅
	陈连营	王敬雅
2017 年	朱赛虹	王文欣

《故宫博物院博士后文库》总序

2013年8月，故宫博物院正式设立博士后科研工作站，成为我国首批文博机构博士后工作站。截至2021年底，已有博士后合作导师40人，累计招收博士后65人，已出站26人，在站39人。博士后合作导师主要为院内专家，长期从事与故宫有关的考古学、古书画、古陶瓷、古籍档案、出土墓志、甲骨文、古建筑保护、馆藏文物保护、明清宫廷史、藏传佛教美术、宫廷戏曲、明清工艺美术、故宫博物院史等多个领域的研究，也涉及我国文博领域相关学术问题的探索。博士后工作站的建立，一方面为故宫博物院高端学术人才培养和引进搭建了平台，另一方面也促进文博业务人员深入学科前沿开展创新性研究，为今后文博系统科研人才的培养提供可借鉴案例。2020年，故宫博物院博士后工作站荣获全国优秀博士后工作站称号。

故宫博物院的博士后来自海内外不同高校，在站期间与导师合作开展研究，取得可喜成绩。累计发表各类期刊论文、会议论文190余篇，出版著作26部；参与各类科研项目80余项，其中国家社科基金和自然科学基金11项。在站期间，通过与合作导师共同进行科研工作，与故宫的专家进行学术交流与思想碰撞，不但丰富了个人的学术研究经验，而且为故宫的学术发展带来了创新与活力。为展示故宫博物院博士后工作站成立以来的学术成果，推进"学术故宫"建设，院里决定出版《故宫博物院博士后文库》丛书。

此次出版的丛书第一辑是故宫博物院博士后科研工作站的首批学术成果。本辑共11种，均是在博士后出站报告基础上修改完成的学术著作，大体可分为四类。一是围绕文物和艺术史的研究，包括段莹《周密与宋元易代之际的书画鉴藏》、李艳梅《故宫博物院藏〈秋郊饮马图〉的研究》、王敬雅《绘画中的乾隆宫廷》、张蕊《唐卡预防性保护研究初探》等。二是故宫宫廷历史文化研究，包括张帆《明代宫廷祭祀与演剧》、张剑虹《康乾时期物质文化遗产法律保护研究》、刘净贤《清代嘉庆、道光、咸丰三朝如意馆研究》、王文欣《〈御定历代题画诗类〉研究》、多丽梅《清代中俄宫廷物质文化交流研究》。三是故宫的建筑研究，为徐斌《元大内规划复原研究》。四是故宫相关领域的学术史研究，为徐华烽《故宫的古窑址调查研究（1949～1999）》。

故宫博物院23万余平方米的明清建筑和186万余件文物具有丰富的历史价值、审美价值、文化价值、科学价值和时代价值，不论在人类文明发展史上，还是在中国当代社会主义文化建设中，都有不可替代的重要作用。从1925年成立以来，故宫博物院一直以学术立命。建院之初，故宫博物院就明确提出“多延揽学者专家，为学术公开张本”和“学术之发展，当与北平各文化机关协力进行”的理念。党的十八大以来，故宫博物院以习近平新时代中国特色社会主义思想为指导，深入落实“保护为主、抢救第一、合理利用、加强管理”的文物工作方针，切实履行文化使命，真实完整地保护并负责任地传承弘扬故宫承载的中华优秀传统文化，提出以平安故宫、学术故宫、数字故宫、活力故宫为核心内容的“四个故宫”建设和覆盖各方面事业发展的九大体系，明确了新时期办院指导思想，推动博物馆事业的高质量发展，努力将故宫博物院建成国际一流博物馆、世界文化遗产保护的典范、文化和旅游融合的引领者、文明交流互鉴的中华文化会客厅。

习近平总书记强调，“一个博物院就是一所大学校。要把凝结着中华民族传统文化的文物保护好、管理好，同时加强研究和利用，让历史说话，让文物说话，在传承祖先的成就和光荣、增强民族自尊和自信的同时，谨记历史的挫折和教训，以少走弯路、更好前进。”学术研究工作是文化遗产保护和博物馆事业可持续发展的重要支撑和强大驱动。丰硕的学术研究成果是以时代精神激活中华优秀传统文化生命力的基石。故宫博士后科研工作站广大合作导师和博士后认真学习、深入领会、切实贯彻习近平总书记关于文化文物和文化遗产保护的重要论述和指示精神，站在中华文明的高度审视与研究故宫，按照故宫博物院发展规划的目标开展研究工作，全面深入挖掘故宫古建筑群和馆藏文物蕴含的人文精神和多元价值，进一步推动故宫学术科研体系建设与完善，充分发挥好文化传承创新与智库作用，努力成为我国文博领域学术研究的重要力量。博士后研究报告要立足重大问题、前沿课题和关键难题，要以扎实的研究根基和丰厚的学术成果，为故宫博物院肩负的历史使命提供学术支撑。

我们期待故宫博物院博士后工作站不断推出新成果，《故宫博物院博士后文库》也将继续分辑出版，使之成为展示故宫学术成果的一个新平台，在新时代书写故宫学术新篇章。

感谢一汽红旗集团对故宫学术的支持，资助出版该辑文库；感谢文物出版社和文库编辑委员会同志的辛勤工作。

是为序。

王旭东

2022 年 7 月

序

与刘净贤博士结缘是在2015年，她博士毕业后申请进入了故宫博物院博士后科研工作站。因为工作关系，我们时常见面，一道工作、出差．平日亦多闲聊，不仅有学术交流，还有生活感悟，彼此也日渐熟悉。时光荏苒，经过两年的在站工作，2017年秋她顺利通过博士后出站报告《清代嘉庆、道光、咸丰三朝如意馆研究》的答辩。如今这篇报告被收入故宫博物院博士后文库，邀我作序，盛情难却，我也就不拘形式地谈谈自己的一些想法。

刘净贤博士进站后，加入到我的研究课题中，起初进行的是清代宫廷档案的整理研究工作，渐次接触到“故宫学”的范畴。故宫是明清历史文化的研究重镇，故宫设立的博士后科研工作站当然是具有故宫特色的。我们鼓励博士后开展不同的研究方向，但最终的研究成果都要为“故宫学”添砖加瓦。我当时在做清宫内务府造办处《各作成做活计清档》（简称《活计档》）的整理、校订和研究，净贤也加入进来做一些辅助工作。这样，她也开始阅读清宫档案，熟悉文献。博士后进站不久，根据要求，要进行开题，确定出站报告的题目和写作大纲。她最初的大纲涉及内容过多，我认为不是一两年的研究能够达到的，同时更需要厚重的学术积累。于是报告的题目和大纲根据搜集到的材料不断进行调整，逐渐缩小到造办处制度的相关研究，进而锁定造办处的高级作坊——如意馆的研究。从阅读档案文献，搜集资料，不断否定，再到最终确定合适的题目，剩余的时间仅有一年左右，做如意馆研究这样精当的题目是比较合适的。一者，以造办处《活计档》为主的档案浩繁庞杂、千头万绪，从中抽取一个作坊作为研究对象，不失为一条门径。再者，如意馆是造办处成做高档活计的一处综合性作坊，其下还细分若干二级作坊，结构完善，工匠技艺高超，代表了造办处的最高水平，对造办处的研究也具有一定的代表性。于是，出站报告的题目就这样确定了。

对《活计档》进行研究是故宫传统之一，也是故宫的优势所在。毕竟身处宫墙之内，被故宫珍宝环绕，才更容易身临其境地体会档案中提到的人物、事件、殿阁、器用等等。朱家溍先生曾经选编雍正朝的《养心殿造办处史料辑览》一书，所辑录的档案资料，全部是朱老于20世纪60年代在中国第一历史档案馆手抄而成。朱老嘱我将后续各朝的《活计档》也如此整理出来。秉承朱老遗愿，在故宫同事的帮助下乾隆朝的《养心殿造办处史料辑览》也已陆续出版，其中提到的典型文物的图片和相关档案也附于卷前。净贤在《清代嘉庆、道光、咸丰三朝如意馆研究》报告中，也照此思路，将能对应的相关文物附入其中作为插图，图文并茂，很好地继承了故宫这一学术传统。

很多故宫人都有在中国第一历史档案馆抄录档案的经历。从朱老等老一辈故宫人，到我这一代人，再到年轻一代的故宫人，这一传统依然如故。早期大家还能够翻阅档案原件，后来则是调阅缩微胶卷，现在越来越多档案实现了数字化。2005年，中国第一历史档案馆和香港中文大学文物馆合作将雍正、乾隆两朝《活计档》等造办处相关档案影印出版，集结为《清宫内务府造办处档案总汇》55册。这是造福学界的善举，让更多的学者能够方便地利用这一珍贵档案，并由此产生出了众多研究文章，甚至是硕、博论文，悄然形成了一个故宫学的学术分支。然而遗憾的是，嘉庆朝以迄宣统朝的《活计档》至今尚未出版，研究者仍需到中国第一历史档案馆，在胶片机前逐字摘抄，颇为辛苦。本书采用的嘉庆、道光、咸丰三朝材料大多也是如此摘抄并整理成文的。书中资料得来不易，还要加以整理、汇总分析，也属难能可贵。

净贤在写作本文的过程中，以《活计档》为主要材料，同时也加入了能够搜集到的清宫内务府《奏案》《奏销档》等档案资料，以及《清实录》《大清会典》《日下旧闻考》《啸亭杂录》等历史文献，对如意馆这一课题进行了全面深入的考察，弥补了造办处如意馆制度沿革的某些缺环。同时，也从如意馆相关档案的视角，发现了清代宫廷史中的新材料，而这些在正史记载中往往阙如。如书中辟专节讲述了嘉庆十八年宫中如意馆从内廷启祥宫迁出至外朝造办处的史事及其原因，这些在档案文献中并没有明确提到，其迁出的直接原因——天理教“禁门之变”在清宫档案中也是语焉不详、讳莫如深。经过作者的梳理考证，禁门之变在清宫及造办处的影响也随之揭露。此外，档案文献往往历朝相沿，作者在按朝代分章梳理的过程中，也注重对前后朝间某一史事承袭、变化的纵向总结。拿乾隆朝以言的宫廷玉器成做来说，在结语一章中，作者依次总结了高宗训政末年和阗、叶尔羌二处贡玉数量和宫廷玉器成做情况，到嘉庆年间罢采运大玉之役，以及仁宗亲政初年和嘉庆十七年两度玉贡减数，再至道光元年免除了每年贡玉，这一过程中清宫玉器制作的数量和质量不断下滑，反映了嘉庆、道光二帝崇俭黜奢的作风，更深层的原因则是清朝国力的式微。

刘净贤的博士后出站报告《清代嘉庆、道光、咸丰三朝如意馆研究》，颇有可圈可点之处。该报告的出版，是对她博士后在站期间工作的一个总结，希望她能够再接再厉，根植于故宫丰厚的收藏，为故宫的学术研究做出新的贡献。

张　荣

2021 年 9 月 23 日

于紫禁城寿安宫

目录

插图目录

第一章　绪　论

第一节　如意馆概说

如意馆是清宫内务府造办处下属的一处作坊。

内务府是清代管理宫禁事务的机关，掌管皇家的财务、典礼、扈从、守卫、司法、工程、织造、作坊、饲养牲畜、园囿行宫、文化教育、帝后妃嫔的饮食起居及宫廷杂务，管理太监、宫女等①。造办处是内务府下属机构之一，负责制造、修缮、收藏皇家御用品，始创于康熙年间，存续至1924年末代皇帝溥仪出宫，为宫禁服务达二百多年②。造办处下辖馆、处、作、厂等众多作坊，除如意馆外还包括：金玉作、牙作、油作、木作、裱作、匣作、皮作、漆作、砚作、珐琅作、累丝作、镀金作、铸炉作、弓作、鞍甲作、炮枪处、玻璃厂等。这些作坊各有专司并分工协作，时有增减分合，数量上前后达六十余个。

不同于上述功能较为单一的作坊，如意馆本质上是造办处下属的一处综合性作坊，下设牙作、玉作、刻字作、裱作等二级作坊③，历史上有画画人、牙匠、玉匠、刻玉册玉宝匠役、刻字匠、镶嵌匠、商丝匠、广木匠、裱匠、捏泥人匠等供职，开馆伊始即执掌绘画、装裱以及玉器、象牙器、犀角器、竹木器等高档工艺品成做，代表了清宫造办处的最高工艺水平。绘画是其最重要的职能，但如意馆绝不等同于

---

① 万依：《故宫辞典（增订本）》，北京：故宫出版社，2016年，第258页。

② 中国第一历史档案馆、香港中文大学文物馆：《清宫内务府造办处档案总汇1》，北京：人民出版社，2005年，前言，第1~2页。

③ “如意馆裱作”“如意馆玉作”“如意馆刻字作”等称呼都曾出现在《活计档》中，且与造办处“（匣）裱作”“（金）玉作”“刻字作”等既不相同，亦不相统属，而是属于如意馆下的二级作坊。

画院，成做高档御用品亦是其重要职能。在造办处所有作坊中，如意馆承担的活计数量位居前列。以乾隆朝为例进行统计，如意馆在工作量上是仅次于匣裱作、油木作的第三大作坊①。

一　存在时间

从档案记载看，“如意馆”作为一个作坊，在清宫内务府造办处《各作成做活计清档》（简称《活计档》②）中的记载始于乾隆元年（1736 年）③，此后一直延续不断，直到宣统三年（1911 年）的《奏案》《奏销档》中仍有如意馆的相关记录④。因此，如意馆作坊的存在时间为乾隆元年至清末。

二　馆名渊源

其实，“如意馆”一名早在雍正四年（1726 年）就已经存在，是位于圆明园金鱼池景区（乾隆时改建为“坦坦荡荡”景区⑤）的一处殿宇，只是彼时尚不是作坊。雍正朝《活计档》记载，雍正四年六月十五日，造办处收到雍正帝御笔“‘知鱼’扁文一张（系如意馆的）”⑥。乾隆时《钦定日下旧闻考》记载，位于“坦坦荡荡”景区东北的知鱼亭的匾额为雍正帝御书⑦。此“知鱼”匾应为知鱼亭的匾额。而

---

① 张学渝：《技艺与皇权：清宫造办处的历史研究》，北京科技大学博士学位论文，2016 年，第 89 页。

② 中国第一历史档案馆收藏的清宫内务府造办处历年《各作成做活计清档》《清档》《旨意题头清档》《旨意题头底档》《旨意题头档》等胶片档案的包装盒上“档案名称”一栏均填写“内务府活计档”字样，因此书中涉及的上述活计档案，均简称为《活计档》。

③ 《活计档》中，以如意馆立案的档案始自乾隆元年正月初九日，详见中国第一历史档案馆、香港中文大学文物馆：《清宫内务府造办处档案总汇 7》，北京：人民出版社，2005 年，第 173 页。

④ 宣统三年三月十二日《奏为找领麦折银两米石饬部给发事》（奏案 05－1066－050，中国第一历史档案馆藏）提到“造办处如意馆各作南匠役”。

⑤ 圆明园管理处：《圆明园百景图志》，北京：中国大百科全书出版社，2010 年，第 62 页。

⑥ 中国第一历史档案馆、香港中文大学文物馆：《清宫内务府造办处档案总汇 2》，北京：人民出版社，2005 年，第 163 页。

⑦ ［清］英廉等：《钦定日下旧闻考》卷八十一，第二、三叶，清文渊阁四库全书本。

《圆明园百景图志》记载，“坦坦荡荡”俗称“金鱼池”①，世宗《园景十二咏》中亦有《金鱼池》诗②。可见，知鱼亭位于雍正时期的金鱼池景区，也即乾隆四年（1739年）改建后的“坦坦荡荡”景区。又因“知鱼”匾系如意馆的，可推断知鱼亭、如意馆、金鱼池在雍正时期为一组建筑景观。此时的如意馆应为一处殿宇，而非作坊。《活计档》记载，雍正四年八月二十三日“据圆明园来帖内称，郎中海望奉旨：着照如意馆内陈设的一对书炕桌样式尺寸做高丽木边紫檀木心炕桌几张，再比此尺寸收小些炕桌亦做几张。钦此”③。如意馆内陈设考究的书炕桌，显然是皇家殿宇的摆设，而不是作坊的布置。同年世宗作《知鱼亭待月》诗，有“知鱼亭畔观鱼跃”一句④，反映了如意馆知鱼亭是皇帝待月、观鱼之处，自然不可能是作坊所在。更为直接的证据是，雍正朝《活计档》中尚未出现以“如意馆”立案的分类档案，“如意馆”仅出现过上述两次，且显然不是承接活计的作坊角色。

乾隆元年（1736年）开始，“如意馆”才作为作坊出现在《活计档》中。乾隆时期成书的《钦定日下旧闻考》记载：“洞天深处在如意馆西稍南。前宇乃诸皇子所居……前为福园门……前垂天贶、中天景物、后天不老及如意馆诸额皆世宗御书。”⑤一般认为，乾隆时期的如意馆位于圆明园福园门内东侧、洞天深处东北部，是一组四合院的建筑⑥。而如前所述，雍正时期的如意馆位于金鱼池景区（即乾隆时期的“坦坦荡荡”景区），与洞天深处相隔甚远。因此笔者认为，如意馆在雍正、乾隆间曾发生过馆舍迁移，由金鱼池搬迁到洞天深处，世宗御书的“如意馆”匾额也随之挪到新址悬挂。如意馆在雍正朝还只是普通殿宇，转变为作坊是乾隆元年以后的事情。

三　馆舍位置

如意馆作为造办处的一处作坊，在紫禁城和圆明园内均有馆舍。随着皇帝的城

---

① 圆明园管理处：《圆明园百景图志》，第61页。

② ［清］胤禛：《世宗宪皇帝御制文集》卷二十六·诗，第六叶，清乾隆三年武英殿刻本。

③ 中国第一历史档案馆、香港中文大学文物馆：《清宫内务府造办处档案总汇2》，第27页。

④ ［清］胤禛：《世宗宪皇帝御制文集》卷二十八·诗，第二十二、二十三叶，清乾隆三年武英殿刻本。

⑤ ［清］英廉等：《钦定日下旧闻考》卷八十二，第二十八、二十九叶。

⑥ 圆明园管理处：《圆明园百景图志》，第292页；《洞天深处》，《圆明园》学刊第十八期，2015年。

园往返，如意馆的匠役亦随之往来于紫禁城和圆明园间，以便随时就近服务，如意馆活计也随驾抬运①。早期的如意馆馆舍往往位于皇帝起居、理政处附近，以便皇帝莅临指导。时世变迁，圆明园、紫禁城两地如意馆的馆舍也分别有调整和挪移：

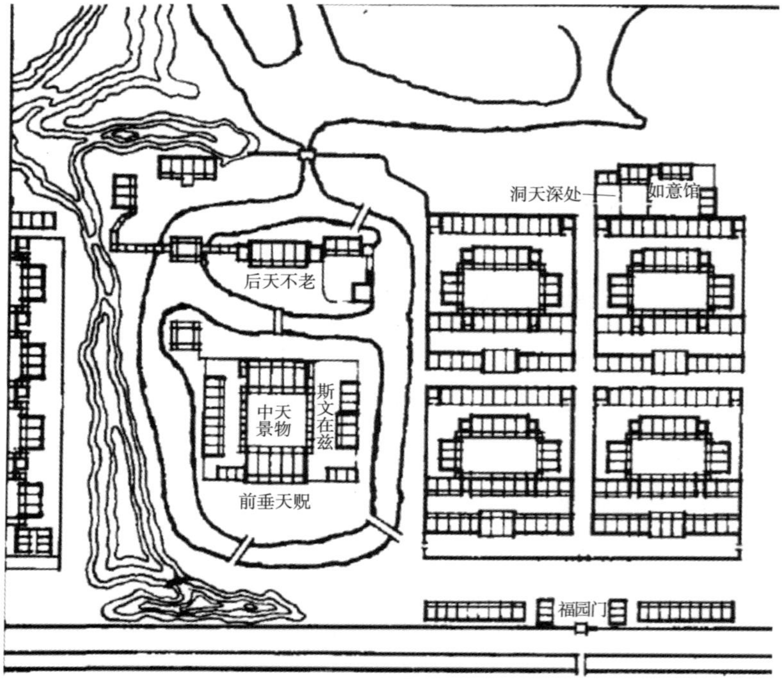

图 1.1　乾隆时期圆明园内洞天深处及如意馆位置示意图

如前所述，圆明园内的如意馆位于福园门内东侧，在皇子读书的前垂天贶、中天景物、后天不老建筑群以东，皇子所居之东四所以北的洞天深处②小院东稍北，是

① 从内务府《奏销档》中各月“宫内外各处共用过苏拉数目清单”看，一般每年正月间，如意馆从紫禁城往圆明园抬运活计；十月或十一月间，如意馆由圆明园往紫禁城内抬运活计，大体年年如此，几成定例。

② 此“洞天深处”，特指圆明园洞天深处景区中悬挂有高宗御书“洞天深处”匾额的房舍，位于整个景区的东北部。参见圆明园管理处：《圆明园百景图志》，第 292 页。又，《钦定日下旧闻考》撰者按：“洞天深处，四十景之一，额为皇上御书”，见［清］英廉等：《钦定日下旧闻考》卷八十二，第二十九叶。

一处小院落（图 1.1）①，悬挂有世宗御笔“如意馆”匾额。这组以皇子读书处和住所为主体的建筑风景群，加上洞天深处、如意馆两座小院，亦总称“洞天深处”（图 1.2）②。如意馆（图 1.2 中圈出的院落）所在的这一景区，向南直出圆明园的福园门，可与园外交通，向西与清帝园居听政和处理日常政务的勤政亲贤③毗邻（图 1.3）④，方便皇帝莅临。此后，如意馆虽历经嘉庆时的后簷墙改造以及道光时的馆舍规模缩小，但总体位置没有发生变化（详见第二章第三节、第三章第三节）。咸丰十年（1860 年），英法联军火烧圆明园，如意馆也随之化为灰烬⑤。

图 1.2　乾隆时期圆明园内洞天深处图

① 图片采自《洞天深处》，《圆明园》学刊第二期，1983 年，第 155 页。笔者对图片作了修订。

② 图片采自圆明园管理处：《圆明园百景图志》，第 290 页，图一。此为乾隆九年（1744 年）如意馆画画人唐岱、沈源所绘《洞天深处图》。图中右侧圈出的院落即为如意馆。

③ 勤政亲贤，圆明园四十景之一。西与正大光明殿毗连，为前朝区的重要组成部分，是清帝在园内听政和处理日常政务之所，功能类似于紫禁城养心殿。见圆明园管理处：《圆明园百景图志》，第 11 页。

④ 图片采自圆明园管理处：《圆明园百景图志》附页“圆明园遗址公园航拍图（1999 年）”。

⑤ 杨伯达：《清代画院观》，《故宫博物院院刊》1985 年第 3 期；《洞天深处》，《圆明园》学刊第十八期。

如意馆在紫禁城内的馆舍，最初设在内庭西六宫之一的启祥宫（太极殿的前身），紧邻皇帝起居、理政的养心殿（图 1.4）①。生活于乾隆、嘉庆、道光之际的礼亲王昭梿所著《啸亭杂录》中记载："如意馆在启祥宫南，馆室数楹。凡绘工、文史及雕琢玉器、裱褙帖轴之诸匠皆在焉。"②《清史稿》延用了这一说法③，这也和《活计档》中的记录吻合：从乾隆元年开始，"启祥宫"出现于《活计档》的"如意馆""库贮""记事录"等项记录中，并在《活计档》中以"如意馆"立案，负责完成交给如意馆的部分活计，是如意馆在宫中的做活场所。《活计档》中"如意馆""启祥宫"皆指代如意馆作坊。这种情形一直持续到嘉庆十八年（1813 年）。嘉庆十八年，如意馆作坊从启祥宫迁出至造办处（详见第二章第五节）。清晚期，如意馆最终落户于紫禁城北五所的西所（详见第四章第三节）。

图 1.3　圆明园内洞天深处、勤政亲贤等处航拍图

① 图片采自《乾隆京城全图》，作于乾隆十五年（1750 年），中国国家图书馆藏。

② ［清］昭梿：《啸亭杂录·啸亭续录》卷一·如意馆，未注叶码，清钞本。

③《清史稿》记载："设如意馆于启祥宫南，凡绘工、文史及雕琢玉器、装潢帖轴皆在焉"。见赵尔巽等：《清史稿》（第四十六册）卷五百零四·列传二百九十一·艺术三·唐岱，北京：中华书局，1977 年，第 13911 页.

至于《啸亭杂录》中记载的“如意馆在启祥宫南”一句，“南”的指向似乎不明，是指代启祥宫宫墙外以南，抑或是启祥宫宫院内的南部？从乾隆十五年（1750年）完成的《乾隆京城全图》结合今天的故宫博物院平面图看，除启祥宫曾在清末更名为太极殿外，启祥宫南边的宫殿布局并没有显著变化。在启祥宫宫墙外以南，隔一条不宽的横巷即为养心殿。在启祥宫的西南方向，则是慈宁宫宫殿群，两者间仅隔两座启祥门①以及一条巷道。因此，启祥宫宫墙外以南根本不可能留有如意馆的空间及馆舍。“如意馆在启祥宫南”，只能理解为在启祥宫宫院内的南部。实际上，启祥宫作为西六宫之一，宫院内的殿宇布局及占地面积与内廷东、西十二宫相同，占地阔大，院内中部、北部为启祥宫及其后殿，东西有配殿，殿宇等级较高，不可能全部都作为如意馆馆舍，应当是辟出院内南部的“数楹”给如意馆使用。

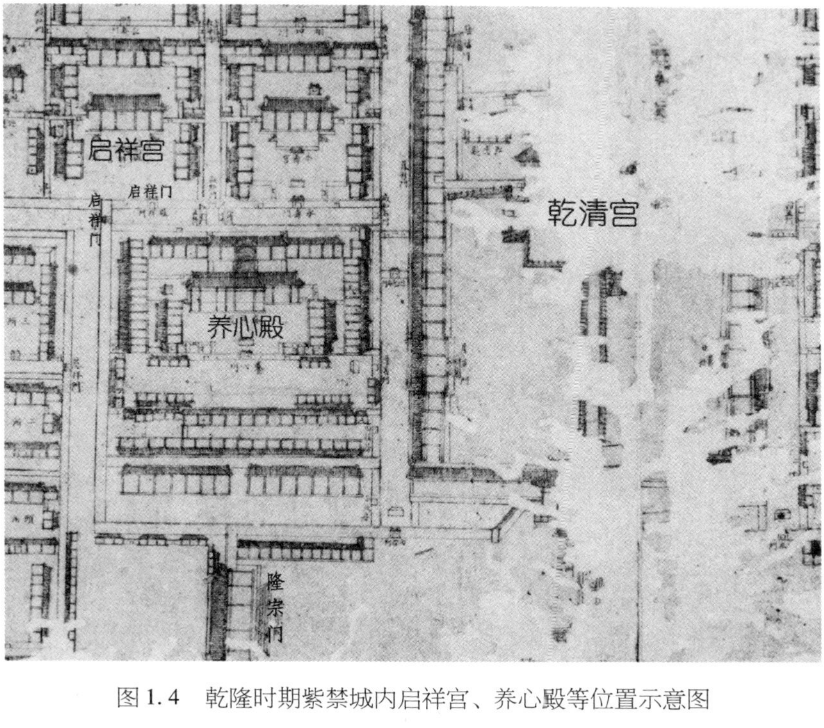

图 1.4　乾隆时期紫禁城内启祥宫、养心殿等位置示意图

---

① 乾隆时，启祥宫正门南大门曰启祥门，与嘉祉门相对的西墙门亦曰启祥门，见王子林：《唤醒沉睡的宫殿：故宫宫廷原状考察》，北京：故宫出版社，2021 年，第 141、142 页。两座启祥门的位置参见图 1.4。

四 地位待遇

在造办处众多作坊中，如意馆地位最高，在档案中有时甚至可与造办处相提并论①，主管官员品级亦高于其他作、处、厂②，好手艺人才能入选如意馆，匠役也最受优待。如意馆直接承接皇帝交下的活计，满足其喜好，并常受到皇帝的特别关注。《啸亭杂录》记载，高宗时常到如意馆指导绘士作画，“纯皇万机之暇，尝幸院中看绘士作画，有用笔草率者，辄手教之，时以为荣”③。以乾隆二十一年（1756 年）为例，高宗共园居 157 天，曾 8 次到此看画师作画④。皇帝对如意馆匠役的恩赏也十分优渥。除物质赏赐外，有才能的匠役甚至获得破格提拔。据昭梿记载，乾隆时如意馆“有绘士张宗苍以山水擅长，仿北宋诸家无不毕肖。上嘉其艺，特赐工部主事，实为一时之盛。其他如陈孝泳、徐洋辈，皆以文学优长，或赐举人一体会试，或以外郡佐杂升用，亦各视其才具也”⑤。张宗苍、陈孝泳、徐洋等人因在如意馆出色的服务，竟被破格提拔进入仕途，可见皇帝并不将如意馆人员作普通匠役看待。《清史稿》也记载如意馆“初类工匠，后渐用士流……与词臣供奉体制不同，间赐出身官秩，皆出特赏”⑥。除诸多赏赐外，乾隆年间如意馆官员、匠役每日还可从膳房领用定额分例肉，是造办处唯一受此待遇的作坊⑦。嘉庆朝以后，如意馆仍是造办处的首席作坊，继续受到皇帝的优待奖赏，这将在下文中详述。

---

① 如乾隆十五年三月，高宗曾传旨“启祥宫、咸安宫并造办处于十三日俱搬往圆明园”，可见启祥宫（如意馆）之于造办处间的隶属关系有时并不明确。见嵇若昕：《乾隆时期的如意馆》，《故宫学术季刊》第二十三卷第三期，2006 年。

② 杨伯达：《清代画院观》，《故宫博物院院刊》1985 年第 3 期。

③ ［清］昭梿：《啸亭杂录·啸亭续录》卷一，“如意馆”，未注叶码。

④ 此据乾隆二十一年《穿戴档》统计，见中国第一历史档案馆：《清代档案史料·圆明园》（下册），上海：上海古籍出版社，1991 年，第 827 ~911 页；圆明园管理处：《圆明园百景图志》，第 292 页。

⑤ ［清］昭梿：《啸亭杂录·啸亭续录》卷一，“如意馆”，未注叶码。

⑥ 赵尔巽等：《清史稿》（第四十六册）卷五百零四·列传二百九十一·艺术三·唐岱，第 13911 页。

⑦ 总管内务府：《奏销档 445 - 114 奏为严查膳房九月分用过办买肉斤银两数目等事折》，乾隆五十九年十一月初二日，中国第一历史档案馆藏。

第二节　文献记载

乾隆年间成书的《钦定日下旧闻考》中仅在记述圆明园“洞天深处”时，简略描述了如意馆与洞天深处间的方位关系，“洞天深处在如意馆西稍南。前宇乃诸皇子所居，为四所，东西二街，南北一街。前为福园门。四所之西为诸皇子肄业之所，前有前垂天贶，中为中天景物，东宇为斯文在兹，后为后天不老（圆明园册）。臣等谨按，洞天深处，四十景之一，额为皇上御书。前垂天贶、中天景物、后天不老及如意馆诸额皆世宗御书。”① ——描述了洞天深处景区的主要建筑及方位，并没有着意介绍如意馆。

介绍如意馆匠役、活计的文献记载出现较晚，要到嘉庆年间，主要有两则。一为朝廷官方编纂的《钦定大清会典》，一为当时的宗室昭梿所记笔记《啸亭杂录》。

嘉庆朝《钦定大清会典》在清代五部会典②中第一次提到“如意馆”。其“内务府·养心殿造办处”条下记载：

> 凡治器之作十有四（曰如意馆、曰金玉作、曰铸炉处、曰造钟处、曰炮枪处、曰鞍甲作、曰弓作、曰珐琅作、曰玻璃厂、曰铜鋄作、曰匣裱作、曰油木作、曰镫裁作、曰盔头作）……备其匠役（如意馆有玉匠、牙匠、画匠；金玉作有……）③。

该部《钦定大清会典》成书于嘉庆二十三年（1818 年），记事止于嘉庆十七年（1812 年），此时造办处有作坊 14 处，如意馆位列第一，是首席作坊④，匠役有玉匠、牙匠、画匠。这是清代官方对嘉庆十七年前后的如意馆的记述，最为权威。

---

① ［清］英廉等：《钦定日下旧闻考》卷八十二，第二十八、二十九叶。

② 清代康熙、雍正、乾隆、嘉庆、光绪五朝皆曾纂修、续修或重修《钦定大清会典》，先后成书五部，称清代的五部会典。

③ ［清］托津等：《钦定大清会典（嘉庆朝）》卷八十，第十六叶，清嘉庆二十三年武英殿刻本。

④ “首席作坊”一词是嵇若昕女史首次提出的。见嵇若昕：《乾隆时期的如意馆》，《故宫学术季刊》第二十三卷第三期，2006 年。

礼亲王昭梿在《啸亭杂录·啸亭续录》卷一中专列“如意馆”一条，云：

> 如意馆在启祥宫南，馆室数楹。凡绘工、文史及雕琢玉器、裱褙帖轴之诸匠皆在焉①。

前辈学者诟病这则记载不准确，认为如意馆位于圆明园，与启祥宫不相干②。然则，昭梿生于乾隆四十一年（1776 年），卒于道光九年末（1830 年），历乾隆、嘉庆、道光三朝，为当时人记当时事，又贵为宗室，常出入宫廷，对如意馆的记载应该是可靠的。从《活计档》等档案看，嘉庆十八年以前，如意馆在宫内的馆舍确实位于启祥宫。《啸亭杂录》对其位置、成做活计种类的记载大致是正确的，只是遗漏了位于圆明园内的馆舍。

《皇朝续文献通考》卷八十九中载：“圣祖天纵多能，中西毕贯，一时鸿硕云蒸雾涌，往往召直蒙养斋，又仿前代画院设如意馆于启祥宫南。”③ 将如意馆的设立定在康熙时期。这种说法于其他文献无征。而如前所述，《活计档》中如意馆作为作坊的记录始于乾隆元年，雍正朝档案中仅见两条如意馆相关记载，且当时尚非作坊。由此可见，如意馆作坊始建于康熙时期的说法更属无稽之谈。《皇朝续文献通考》为清末民国时人刘锦藻凭一己之力完成，主要记录晚清典章制度的变化。由于成书较晚，所记内容又以晚清为主，康熙时期事大概辗转抄袭，恐怕不够准确。

1914 年至 1927 年编纂的《清史稿》记载：“清制，画史供御者无官秩，设如意馆于启祥宫南，凡绘工、文史及雕琢玉器、装潢帖轴皆在焉。”④ 此则记载显然沿袭自《啸亭杂录》。

除上述官私文献记载外，清宫内务府档案中还有不少涉及如意馆的记录，我们将在下文各章节中汇总、分析，这里不再赘述。

---

① ［清］昭梿：《啸亭杂录·啸亭续录》卷一，“如意馆”，未注叶码。

② 杨伯达：《清代画院观》。

③ 刘锦藻：《皇朝续文献通考》卷八十九·选举考六·吏道·方伎，见《清朝续文献通考》（第一册），上海：商务印书馆，影印刘氏铅印本，1936 年，第 8484 页。

④ 赵尔巽等：《清史稿》（第四十六册）卷五百零四·列传二百九十一·艺术三·唐岱，第 13911 页。

第三节　研究简史

学界关于如意馆的专门性研究较少，多数都是在讨论清宫造办处、清代宫廷玉器、绘画等主题时稍有涉及。

李浴先生在1957年编著的《中国美术史纲》中说："清代没有画院这个专门机构，但有一个综合性的'如意馆'。凡御用的雕刻、绘画、工艺等工作者都集中在这里。"① 他在讨论画院的问题时提到了如意馆，并认识到了如意馆的综合性，这是颇有见地的。

日本杉村勇造先生认为："清朝虽然没有所谓画院的名称，然而设置有着与其近似意义的如意馆。"② 显然他认为如意馆近似于"画院"的性质。

杨伯达先生《清代宫廷玉器》一文指出，乾隆元年建立如意馆，清代宫廷玉器主要由如意馆、苏州、两淮等处成做③。杨先生从研究清宫玉器的角度，注意到了如意馆在制作宫廷玉器方面的职能。

稍晚，杨伯达先生在其《清代画院观》一文中，指出如意馆"管辖若干名最优秀的院画家和个别的玉、象犀、商嵌等名工，可以说是以绘画为主要任务兼顾制作精美手工艺的机构和作坊"，如意馆与启祥宫"实际上是两组建筑同一机构，在《清档》中以如意馆立案，包括启祥宫在内"。这一认识是基本正确的。然而，他又否认《啸亭杂录》记载的"如意馆在启祥宫南"，认为"把位于圆明园的如意馆与紫禁城内西六宫的启祥宫拉扯在一起，实在荒唐可笑"，这就有些偏颇了。最后，杨先生总结"如意馆……是有画院之职、而无画院之名的画院，这也是清乾隆至宣统三年间画院的特点"④，他将如意馆等同为画院，显然更重视如意馆的绘画职能。

若干年后，杨伯达先生发表《清乾隆朝画院沿革》一文，进一步总结："过去说

---

① 李浴：《画院的复兴与明清之际中国绘画所受欧洲绘画的影响》，载李浴：《中国美术史纲》，北京：人民美术出版社，1957年。转引自杨伯达：《清代画院观》。

② ［日］杉村勇造：《乾隆皇帝》，东京：二玄社，1961年。转引自杨伯达：《清代画院观》。

③ 杨伯达：《清代宫廷玉器》，《故宫博物院院刊》1982年第1期。

④ 杨伯达：《清代画院观》。

如意馆是综合性作坊是有一定道理的，然而，它实是以清廷著名院画家为主体的画院而兼作精美工艺品的高级作坊，就其总体来说，称其为一所高级画院更为妥当。”① 本质上仍将如意馆看作画院。

聂崇正先生在研究清代宫廷绘画机构时，总结了《啸亭杂录》《皇朝续文献通考》《清史稿》等有关如意馆的记载后，认为“清朝有一个类似于前代画院的专门机构——‘如意馆’，其中，除去作画的画家外，还有其他从事工艺美术和装裱书画的工匠”。根据文献，他认为如意馆设立于启祥宫之南，是内务府造办处所在地。属如意馆的画画人分散在若干地方作画，包括“慈宁宫画画人”“南熏殿画画人”“启祥宫画画人”“如意馆画画人”“春雨舒和画画人”“咸安宫画画人”等。圆明园内也设有宫内如意馆分支机构②。基本上，聂崇正先生将如意馆看作是类似于画院的专门机构，主要着眼于其绘画职能，同时也注意到从事工艺美术和装裱书画的工匠的存在。文章对如意馆与造办处的位置关系等具体问题的解释还不够准确。

朱家溍先生于 2000 年 12 月 13 日在故宫博物院举办的“清代院画讲座”上，曾对如意馆问题做过梳理和总结。朱老认为《清史稿》中关于如意馆的记载“清设如意馆，在启祥宫以南”是不确切的，其史料来源即《啸亭杂录》的作者礼亲王昭梿可能也并不熟悉内务府的分工及建制。朱老认为“如意馆只是画画处诸多地点之一，绝不是职能机构的总名称”③。后来在编辑《养心殿造办处史料辑览》时，朱老又总结道：“通过……史料还可以纠正过去对于如意馆的误解……画院处有一部分人员在造办处内的房屋工作，但房屋不敷用，于是分散在六个地点……到乾隆年间，又有一部分人员在圆明园内的‘如意馆’。如意馆是房屋原来的名称，‘如意馆’只是画院处人员使用的若干处房屋中之一处，并非为设立的一个专管画画的单位的名称。在如意馆工作的不仅有绘画人，还有些雕刻匠。”④ 朱老纠正了过去人们认为如意馆是“专管画画的单位”这一误解，并认为如意馆是房屋的名称，还有其他工匠在内工作。

---

① 杨伯达：《清乾隆朝画院沿革》，《故宫博物院院刊》1992 年第 1 期。

② 聂崇正：《清代宫廷绘画机构、制度及画家》，《美术研究》1984 年第 3 期。

③ 朱家溍：《清代院画漫谈》，《故宫博物院院刊》2001 年第 5 期。

④ 朱家溍：《〈养心殿造办处史料辑览〉（第 1 辑）后记》，《故宫博物院院刊》2003 年第 1 期；朱家溍、朱传荣：《养心殿造办处史料辑览（第一辑 雍正朝）》·前言，北京：故宫出版社，2013 年，第 7 页。

李湜女史《同治、光绪朝如意馆》一文认为，“同治、光绪朝如意馆隶属于内务府造办处，是主要以绘画供奉于皇室的一个服务性机构”①。文章以内务府造办处《各作成做活计清档》为基本文献，以故宫博物院所藏同治、光绪两朝内廷画士的奉旨之作为重要参照，探讨了晚清如意馆的诸项制度（入值画家的选拔与考核、奖惩与等级、画作的审查与作品格式等），并论述了如意馆绘画的主要功用（纪实、装饰和案头观赏）及其各自不同的绘画风格。

嵇若昕女史《乾隆时期的如意馆》一文，将乾隆朝如意馆的历史划分为前、中、后三期，每期约二十年，主要目的是厘清乾隆朝如意馆的角色变化。其中，乾隆中期为如意馆最活跃的时期。作者认为，“虽然从如意馆设置以来，绘画活计乃其大宗，然并不可视之为清代的画院……为造办处内的首席作坊”，“乾隆一朝，如意馆从一个房舍名称，变成造办处作坊之一，其地位从设置之初即相当特殊，后来甚至独占鳌头，至清仁宗视政而渐趋平淡，设置之初地位便相当特殊”②。她认为不可将如意馆视为画院，并指出如意馆在造办处中独占鳌头的首席作坊地位及其特殊性，深化了对如意馆的认知。

总体看来，学界早期对如意馆的关注较少，通常只是在研究画院、造办处等问题时蜻蜓点水般提到几句，多将其约等同于画院看待，认识还比较片面。本世纪伊始，李湜、嵇若昕两位女史分别以同治、光绪朝如意馆以及乾隆朝如意馆为对象，进行了专门的研究，在给我们启迪的同时，也给学界留下了继续探索的空间。

第四节 本书概述

一 时段界定

本书的研究对象为清代嘉庆、道光、咸丰三朝的如意馆，时段上正处于如意馆历史的中期阶段，历时六十六年。此时段的如意馆上承乾隆朝六十年的开创与鼎盛，

---

① 李湜：《同治、光绪朝如意馆》，《故宫博物院院刊》2005 年第 6 期。

② 嵇若昕：《乾隆时期的如意馆》。

下接同治、光绪、宣统三朝共五十年的衰微，处于承上启下的阶段。

从如意馆的研究史看，嵇若昕女史曾作《乾隆时期的如意馆》长文，将乾隆朝如意馆划分为三个阶段进行过系统阐述。李湜女史亦撰有《同治、光绪朝如意馆》一文，围绕如意馆以绘画供奉的职能进行了介绍和归纳。此外，罕有以如意馆为研究对象的专文。本书在时间跨度上正衔接于嵇若昕、李湜二文之间，希望能在一定程度上填补这一时段如意馆研究的空白。

二 资料来源

本书以内务府造办处在嘉庆十年（1805 年）以前记载的“乾隆/嘉庆某年各作成做活计清档”以及嘉庆十一年（1806 年）以后记录的“嘉庆/道光/咸丰某年清档”（统称《活计档》）为主要资料来源，并以内务府《奏案》《奏销档》为重要补充资料。此外，还涉及《钦定日下旧闻考》《大清会典》《清实录》《上谕档》《啸亭杂录》《皇朝续文献通考》《清史稿》等其他档案、文献资料。

三 预期成果

通过检阅档案文献，梳理、归纳出嘉庆、道光、咸丰三朝内务府造办处如意馆的基本情况，包括：成做活计种类，二级作坊及匠役，馆舍位置及规模，地位及待遇，以及如意馆档案文献反映的史事等问题。

四 创新之处

一是对“如意馆”的来历进行溯源，厘清雍正朝如意馆的性质和位置。雍正时如意馆为圆明园的一处殿宇，并非作坊，位于当时的“金鱼池”景区（乾隆四年改建为“坦坦荡荡”景区）。后来，“如意馆”匾额被移挂在“洞天深处”景区东北部的一座小院中，乾隆年间成为造办处下属作坊“如意馆”的所在。

二是大体弄清如意馆作坊在圆明园、紫禁城两处的馆舍位置和规模的变迁，总结出如意馆随驾城、园往返的时间规律。圆明园内如意馆一直在洞天深处景区东北部如意馆小院，鼎盛时包括洞天深处小院及周边库房；紫禁城内如意馆，先设在启祥宫，嘉庆十八年迁出至造办处，清晚期落户北五所。如意馆一般在每年的正月、十月随驾往返于圆明园和紫禁城。

三是以档案为依据，归纳出如意馆下属的若干二级作坊，包括如意馆牙作、如意馆裱作、如意馆玉作、如意馆刻字作等。

四是从如意馆相关档案出发，钩沉出嘉庆、道光、咸丰三朝的若干宫廷史事。

例如，乾隆六十二、六十三年（即嘉庆二年、三年）的《各作成做活计清档》中各有一册方签题名为“乾清宫、交泰殿、弘德殿、昭仁殿”的簿册。以殿宇命名的簿册很少见，其出现与嘉庆二年的乾清宫大火有关，是灾后重新布置四座殿宇陈设、装饰时的活计记录。

通过梳理档案发现，如意馆曾从启祥宫迁出至造办处，时间为嘉庆十八年，是天理教“禁门之变”的直接后果。紫禁城内正式命名的“如意馆”的肇端可能并不是过去认为的圆明园如意馆被焚毁后的同治年间，而是在嘉庆十八年或此后的某个时间。

另外，还从档案中发现新疆贡进玉子数量在嘉庆帝亲政初年、嘉庆十七年两度减半，并于道光元年停止贡玉。这种现象反映了嘉庆、道光二帝崇俭黜奢的作风，深层原因则是国力的衰落。

第二章　嘉庆朝如意馆

第一节　嘉庆朝如意馆的档案来源

嘉庆朝如意馆的记载见于清宫内务府的档案记录。其中，内务府造办处《活计档》中的记载最详细、集中，《奏销档》虽不及《活计档》记录丰富，但由于侧重不同，可以从其他角度给我们提供重要信息。

一　活计档

《活计档》是记录如意馆相关情况最集中的档案文献。嘉庆年间，《活计档》的记载体例发生了重大变化，有关如意馆的记录方式也有所变动。因此，在档案材料的利用方面也要稍加留意。

（一）嘉庆朝《活计档》记载体例的变化

自雍正元年（1723 年）至清末，清宫内务府造办处对宫廷活计成做进行了连续不断的完整记录。在这近两百年中，档案的记录形式亦有所变化。嘉庆初年，《活计档》仍大体沿袭乾隆年间的记录体例，而到了嘉庆十一年（1806 年）以后，记录体例则发生了较大变化。

从保存在中国第一历史档案馆（简称“一史馆”）的《活计档》实物看，嘉庆十年（1805 年）以前的《活计档》仍沿袭乾隆时期的记载体例及题签方式，即每一簿册封面左侧签条题“乾隆六十某年/嘉庆某年各作成做活计清档”，封面右侧贴一方签，上书本簿册所记录的作坊、宫殿或事件名称，簿册内文则分别按作坊、宫殿或事件为单位分类立案，每类均按月份、日期先后顺序，逐条记载每项活计交办、旨谕、成做情况。这种记录体例的特点就是在原始档案基础上最后誊抄、整理清稿时，将各作、宫殿或事件的活计档案分类后归纳在一处集中编次，各成一体，并将同一活计的来龙去脉归纳在一条档案内，颇有纪事本末的意味，在当时便于管理、稽查活计成做，客观上也便于后世整理、研究。

从嘉庆十一年开始，《活计档》的记录体例发生了很大的变化。其最大的特点就是在整理、誊抄清稿时，不再按各作、宫殿或事件分类记载，而是每年按月份、日期先后顺序逐条记载各类活计，每一条后落款呈稿作坊或单位名称。这种记录方式更像是一份流水档，不同的是部分活计档案记载了后续的成做情况，交代了来龙去脉。这套档案的装订形式为每一年的档案按季度分装为四本簿册，第一本簿册为正月、二月、三月的档案，以此类推。在内文首叶则附有本季度活计的简明目录，便于查阅。相应的，每本《活计档》簿册的封面题签也发生了变化：左侧签条题写为"嘉庆某年清档（某几月）"，而不再题写"嘉庆某年各作成做活计清档"，去掉了"各作成做活计"字样；由于档案不再分类（作坊）记录，封面右侧不再贴方签。此外，内务府还特别辑录了一册《（嘉庆十一）年至二十五年清档总目》①，集中了这十五年的所有活计简目，亦可印证《活计档》记录体例的变化始自嘉庆十一年。

伴随着《活计档》记录体例的变化，如意馆相关档案的记录方式亦发生了变化。嘉庆十年以前，各年如意馆的相关记录都基本集中于某本簿册中一处，封面方签中即有显示"如意馆"字样，便于翻阅。嘉庆十一年以后，如意馆的记录则散布在所有簿册中，需要逐条翻检。作为《活计档》的利用、研究者，熟知其体例变化，才能更充分利用档案，否则难免不得要领。

（二）嘉庆朝《活计档》编排及完残状况

以嘉庆十一年为界，《活计档》的编排、记录体例发生了变化。其中，嘉庆十一年至二十五年（1806～1820年）的所有《活计档》，包括"嘉庆某年清档"以及所附一册《（嘉庆十一）年至二十五年清档总目》都全部保存在中国第一历史档案馆中，一册不少。相比之下，嘉庆元年至十年（1796～1805年）的《活计档》的编排和保存状况就比较零乱了。

---

① 该簿册的签条残损，仅余《□年至二十五年清档总目》字样。册内首叶以"嘉庆十一年正月目录"起始，可知原完整题签应为《嘉庆十一年至二十五年清档总目》。

乾隆帝以太上皇身份训政的嘉庆元年至三年期间，《活计档》的相当一部分簿册封面题签仍以乾隆年号续次，其中《乾隆六十一年各作成做活计清档》现存簿册4本，《乾隆六十二年各作成做活计清档》《乾隆六十三年各作成做活计清档》皆各存5本，从内容和编次上看较为系统和详备，应该大体保存了清宫档案的原貌。除延续乾隆年号的簿册外，一史馆还藏有《嘉庆二年各作成做活计清档》（案卷号3704）[①]一本，封面右侧方签内题“毓庆宫、长春仙馆”字样。除此之外，尚有一册案卷号为3703的簿册，封面无存，内文主要包括“嘉庆二年”及少量“嘉庆元年”年末的内容，并涉及“闰六月”[②] 活计，交办任务多涉毓庆宫、继德堂、长春仙馆的活计、陈设。在太上皇训政的嘉庆元年至三年间，嘉庆帝居于紫禁城毓庆宫，继德堂为毓庆宫北部的一座大殿。而嘉庆帝在圆明园中的居所，为太上皇赐居的长春仙馆[③]。初步推测此簿册是嘉庆帝居住宫殿的活计成做记录。此外，该册档案还提到二月二十七日懋勤殿交“御笔大行皇后挽诗字八开”[④]，应是嘉庆二年二月初七日孝淑皇后去世后嘉庆帝所写挽诗。根据上述信息，推测此册亦应为《嘉庆二年各作成做活计清档》簿册之一，所记活计服务于嘉庆帝。此外，还有相对完整的4本簿册《嘉庆九年各作成做活计清档》（案卷号3707～3710）。

总体看，嘉庆朝前十年的《活计档》保存状况依次为：嘉庆元年，从缺；嘉庆二年，存2册；嘉庆三年至五年，从缺；嘉庆六年，存“记事录”一册[⑤]，其余从缺；嘉庆七年，从缺；嘉庆八年，存“匣裱作”一册[⑥]，其余从缺；嘉庆九年，齐全；嘉庆十年，从缺。尽管档案缺失严重，但现存档案案卷号连贯，表明在一史馆整理冠号以前，部分档案业已散失。档案缺失给嘉庆前期如意馆的研究造成了较大困难。

---

① 《嘉庆二年各作成做活计清档（毓庆宫、长春仙馆）》，《活计档》胶片155号，案卷3704号，中国第一历史档案馆藏。

② 嘉庆二年（1797年）有闰六月。

③ 嘉庆帝自注：“长春仙馆在圆明园正大光明殿西偏……予仰承恩命，赐居于正储之后……。”引自王子林：《发现养心殿》，《紫禁城》2016年第12期。

④ （嘉庆二年）五月十四日押帖，《活计档》胶片155号，案卷3703号。

⑤ 该册属《活计档》胶片155号，案卷3705号。封面无存，从内文判断应为《嘉庆六年各作成做活计清档（记事录）》。

⑥ 该册属《活计档》胶片156号，案卷3706号。封面无存，从内文判断应为《嘉庆八年各作成做活计清档（匣裱作）》。

二　奏销档

内务府奏销档系指总管内务府将各项事务办理完以后向皇帝请示，并经皇帝批准了解的案件，也有根据皇帝旨意办理完将情况报告皇帝的奏报。《奏销档》即是总管内务府汇抄这些文件，以备查存的一种薄册。《奏销档》涉及的问题广泛、繁杂，凡是内务府所属各单位办的事务，均包括在内。其主要内容有：宫殿、行宫的修缮及工料银两，官员的任免、奖惩，庄头的革退，造办御用物品，帝后亲王等婚丧大事，接收外国进贡礼品，承办祭器，缉拿逃跑太监，盘查库储等等①。

清宫内务府《奏销档》中并没有关于如意馆的专门档案，但从内务府其他事务的记录中却偶尔会有涉及如意馆的只言片语。由于《奏销档》所涉事务广泛，大大超出了《活计档》的奏事范围，这涉及如意馆的只言片语常能为我们提供很多有用的信息。就嘉庆朝《奏销档》看，涉及如意馆的档案虽然不多，但我们可以从中了解到如意馆馆舍规模、匠役人数及名单、接收贡品作材料、钱粮领用开销、获得年例赏赐、成做特殊活计等内容。

因此，《奏销档》也是研究如意馆问题的重要档案文献来源之一。

第二节　嘉庆朝如意馆的活计种类

一　绘　画

不同于乾隆时期宫廷绘画由画作、画院（处）、如意馆等不同单位承担的复杂状况，嘉庆朝以后的绘画活计完全归于如意馆。种类包括：

（一）帝后容像

内廷最为郑重其事的绘画活计当属为先帝后绘制圣容、为帝后绘制御容。圣容、

---

① 中国第一历史档案馆、故宫博物院：《清宫内务府奏销档》，北京：故宫出版社，2014 年。

图 2. 1　故宫博物院藏孝淑睿皇后朝服像轴

御容通常由皇帝指定如意馆中才技最为出众的画画人，在选定的吉日吉时，甚至是指定地点进内恭绘。如：

1. 圣容像

嘉庆十一年（1806 年），“三月初五日，冯祥画得涵秋馆虚明镜殿内东间南落地罩内西墙通景画圣容一张，交太监刘得意呈览，奉旨：交如意馆裱作托裱，再托高丽纸一层。钦此。”①

嘉庆二十五年（1820 年）九月十九日，“懋勤殿首领赵喜请大行皇帝圣容、孝淑皇后圣容二轴恭请在主敬殿，奉旨：着如意馆画画人冯祥敬临圣容二轴，其衣纹着画画人等俱照依寿皇殿三屏峰上供奉之衣服式样用绢敬谨恭画。钦此。”② 故宫博物院收藏的一件“清人画孝淑睿皇后朝服像轴”绢画（图 2. 1）③，旧藏于供奉圣容的寿皇殿，可能就是冯祥所绘的这件孝淑皇后圣容。

2. 御容像

嘉庆八年（1803 年）十一月初四日，“冯宁画得御容衣纹一副”交启祥宫裱挂轴④。

嘉庆十五年（1810 年）四月二十四日，“太监史福禄传旨：春泽斋殿内东里间罩中东墙用画斗一幅，着如意馆矾绢一块（高一丈七尺宽九尺），伺候上画御容。钦此。于二十七日华庆冠恭画御容一幅，奉旨：着冯祥等画衣纹，画得时交裱作托贴。

---

① 《嘉庆十一年清档》四月初六日押帖，《内务府活计档》胶片 1 号，案卷 2878 号。

② 《嘉庆二十五年清档》十月初二日押帖，如意馆呈稿，《内务府活计档》胶片 8 号，案卷 2936 号。

③ 故宫博物院藏：清人画孝淑睿皇后朝服像轴（故 00006546），参考号为“咸二 43 图像 210”，对应《故宫物品点查报告》点查号“咸二 43”，旧藏寿皇殿。见《故宫物品点查报告》第六编第一册 · 寿皇殿，故宫博物院刊行，1929 年，第 9 页。

④ 《嘉庆九年各作成做活计清档》正月十一日押帖，如意馆呈稿，《内务府活计档》胶片 156 号，案卷 3707 号。

钦此。”①

嘉庆十七年（1812 年）十一月十二日传旨：“宁寿宫五福五代堂殿内东南间西墙换御笔字横披用画横披一张，着如意馆画画人冯祥、沈焕到宁寿宫五福五代堂看殿座式样起雪景画稿一张，再用绢伺候恭画御容。钦此。”②

显然，圣容、御容的主要执笔者冯宁、冯祥、华庆冠、沈焕等是嘉庆年间如意馆最重要的“画画人”。

（二）殿宇及陈设装饰画

嘉庆朝如意馆画画人的很大一部分工作是为皇室及其所到之处的殿宇及相关附属陈设绘制装饰性画幅（附表 1）。由于清代宫廷、苑囿、行宫、庙坛等皇家建筑甚多，并常常需要收拾、见新，装饰性画幅的需求量是非常大的。这些皇家建筑包括：皇宫紫禁城，香山、万寿山、玉泉山、静宜园、静明园、清漪园、畅春园、圆明园等三山五园，避暑山庄、盘山、团河、汤山等处行宫，天坛、雍和宫、安佑寺等处庙坛，广泛分布于京畿内外。这些皇家建筑的顶棚、地罩、墙壁等部位常需要以各种形式、材质的绘画作品来装饰。这些绘画作品包括画横披、画条、画斗、画对等形式，此外还有大幅的通景画等。材质上更是有绢、纸、玻璃等多种。除此以外，皇室所用的游船等处亦需不少绘画装饰。

伴随着宫室的装修、翻新，内廷不断需要如意馆画画人大量绘制各种装饰性画幅。如嘉庆九年（1804 年）十一月十七日奉旨，“其（漱芳斋）板墙前面交如意馆照东西二面槅扇式样画通景画，后面交懋勤殿贴落挑山、对联”③，配合紫禁城内重华宫漱芳斋室内装修进行通景画绘制。又嘉庆二十三年（1818 年）十一月十四日为圆明园九洲清晏改安仙楼“着照五面俱安壁子画线法之样做其线法画，着吕进忠会同本园官员带领如意馆线法栢唐阿前往看视丈量尺寸，应如何绘画之处起稿呈览后赶紧绘画，于年内贴落妥协”④，后画得仙楼上线法壁子五张。嘉庆二十四年（1819 年）五月“着派委署库掌和柱带油画栢唐阿等前往盘山太古云岚殿内暖台线法画一

---

① 《嘉庆十五年清档》七月十五日押帖，如意馆呈稿，《内务府活计档》胶片 3 号，案卷 2895 号。

② 《嘉庆十七年清档》十一月十二日如意馆呈稿，《内务府活计档》胶片 4 号，案卷 2904 号。

③ 《嘉庆九年各作成做活计清档》十二月初九日押付，《内务府活计档》胶片 156 号，案卷 3708 号。

④ 《嘉庆二十三年清档》十二月初二日如意馆押帖，《内务府活计档》胶片 7 号，案卷 2928 号。

分，中间线法画一张过色见新”①，从京内派如意馆油画栢唐阿前往盘山行宫绘制线法画。

宫室殿宇装饰用画幅、画片等经年糟旧霉烂，亦交由造办处如意馆派员收拾、过色、见新。如嘉庆十三年（1808 年）八月初二日印文称“瀛台三海工程处……至线法画片前经如意馆揭去，其剥落处有应行收什之处，应咨行造办处并转知会如意馆自行办理”②。嘉庆十五年（1810 年）初，因“静明园敞所游廊二十三间内后簷画片颜色脱落不齐，相应呈明咨行造办处转知会如意馆作速派员前来踏勘照式绘画”③。同年夏，“北海古遗堂原贴西洋画片间有霉烂破坏……咨行贵处转行如意馆派员前来查看办理”④。嘉庆二十年（1815 年）夏，宁寿宫“倦勤斋西进间画藤萝顶棚脱落二间……咨行营造司、造办处自行踏勘修理齐整，以昭慎重”⑤。

殿宇中家具、陈设上所需绘画装饰，如围屏、插屏等所用的画斗、边对等，通常也由如意馆负责绘制。《活计档》中常见着如意馆“粘补收拾围屏”之类的记载。

（三）日常绘画

除了圣容、御容的绘制以及大批量绘制殿宇、陈设装饰用画幅外，嘉庆朝如意馆还承担年例绘画活计以及少量皇帝指定的绘画题材。

每年正月初四日，如意馆要为皇帝御笔浴佛心经绘制经头、经尾，并进行装裱；正月里，按例会交如意馆纸二张，绘制太阳像一张；夏季一般在七月（有时是五月、六月或八月）绘制太阴像一张；十一月（有时在十月），绘制养心殿内用年节画四张，并绘制笺绢对十对。这些都是如意馆每年按特定的时令照例要完成的绘画任务。

嘉庆帝对御马题材颇有兴致，《活计档》中见有要求如意馆绘画御马的几例档案。如嘉庆十四年（1809 年）十一月初九日，“传旨：着画画人冯祥等于十一日辰

---

① 《嘉庆二十四年清档》十月十九日押帖，匣裱作、如意馆呈稿，《内务府活计档》胶片 7 号，案卷 2930 号。

② 《嘉庆十三年清档》八月初二日印文，炮枪处、铜作、木作、如意馆、匣裱作、金玉作呈稿，《内务府活计档》胶片 2 号，案卷 2887 号。

③ 《嘉庆十五年清档》二月二十五日印文，如意馆呈稿，《内务府活计档》胶片 3 号，案卷 2893 号。

④ 《嘉庆十五年清档》六月十四日印文，如意馆呈稿，《内务府活计档》胶片 3 号，案卷 2894 号。

⑤ 《嘉庆二十年清档》八月初五日印文，匣裱作、如意馆呈稿，《内务府活计档》胶片 5 号，案卷 2915 号。

刻进内伺候绘画御马三匹”①，同月二十日画得，“交冯祥、程琳、沈庆兰等画御马三幅，传旨：交启祥宫照原样做洒金诗堂挂轴三轴，安玉轴头”②。又嘉庆十五年（1810年）九月十七日“太监史福禄传旨：着如意馆画画人冯祥等于明日卯正一刻进内伺候上驷院来马二匹，着按形绘画。钦此。于十八日冯祥等画得御马形式纸样二张，晚膳后交太监福禄呈览，奉旨：照样用绢细细绘画，得时交裱作按奉三无私现挂挂轴式样裱挂轴二轴。钦此”。随后在同月二十四日“懋勤殿太监刘安庆交冯祥、沈庆兰画得御马二幅，传旨：交如意馆照来原样裱挂轴二轴，安玉轴头。钦此”③。

相比其他帝王，嘉庆帝对如意馆画画人的创作题材干预较少，但偶尔亦有指定活计。如嘉庆二十三年（1818年）五月初九日，“太监刘得意交成亲王书御制诗扇一柄，传旨：着如意馆冯祥画蓬岛瑶台景致”④。

嘉庆朝如意馆档案中，册页、手卷、扇面都是较为常见的绘画形式。册页、手卷多为各式匣、百什件盒（柜）内用画手卷、册页。这些画作有时并不指定绘者，通常只是“着如意馆画画人分画”。

（四）战图

为配合清廷歌颂文治武功、宣扬国威的需要，如意馆常奉命绘制一些重大历史事件的场景，战图是其中重要的一类。如乾隆六十三年（1798年）的一则记录：

> （五月初八日）太监厄鲁里传旨：湖南苗疆战图十六开、贵州狆苗战图四开交如意馆绘画着色俱裱册页，其稿子交铜板处刊刻铜板图二分。钦此。七月十六日，懋勤殿交湖南苗疆战图十六开、贵州狆苗战图四开，随御笔字二开，传旨：交如意馆裱册页二册，将御笔字二开画泥金回纹边，壳面板用金花菓子锦糊做。钦此⑤。

随后铜板处遵旨根据此稿刊刻铜板图二分（份），于次年成板，嘉庆七年（1802

① 《嘉庆十四年清档》十一月初九日，如意馆呈稿，《内务府活计档》胶片3号，案卷2892号。

② 《嘉庆十四年清档》十一月二十日，如意馆呈稿，《内务府活计档》胶片3号，案卷2892号。

③ 《嘉庆十五年清档》十一月二十三日押帖，木作呈稿，《内务府活计档》胶片3号，案卷2896号。

④ 《嘉庆二十三年清档》六月初十日押帖，《内务府活计档》胶片7号，案卷2926号。

⑤ 《乾隆六十三年各作成做活计清档》十一月初一日，如意馆押帖，《内务府活计档》胶片155号，案卷3701号。

年）压印纸图二百一十九分（份）①。

故宫博物院收藏的“清人画平定苗疆战图册”（图 2.2）②，纸本设色，共十六开，每开有乾隆帝御题诗，并钤“太上皇帝”朱印，可能是《活计档》提到的“湖南苗疆战图十六开”。

图 2.2　故宫博物院藏平定苗疆战图册

故宫博物院还藏有“清人画平定狆苗战图册”（图 2.3）③，纸本设色，共四开，每开有乾隆帝御题诗，并钤“太上皇帝”朱印，可能是《活计档》提到的“贵州狆苗战图四开”。

二　装裱书画

书画装裱又称装潢、装治、装池、装褫、裱褙等。装裱形式多样，有立轴（挂轴）、手卷、册页、镜片、对联、贴落、挂屏、屏条、屏风、成扇、匾额等等。《活计档》中常用“裱”“托裱”“揭裱”“裱做”“装潢裱做”等字眼来指代书画装裱工作。

---

① 《乾隆六十三年各作成做活计清档》，铜板处呈稿，《内务府活计档》胶片 155 号，案卷 3701 号。

② 故宫博物院藏：清人画平定苗疆战图册，该战图册共十六开，此为第十六开（故 00006338 - 16/16）。

③ 故宫博物院藏：清人画平定狆苗战图册，该战图册共四开，此为第四开（故 00006337 - 4/4）。

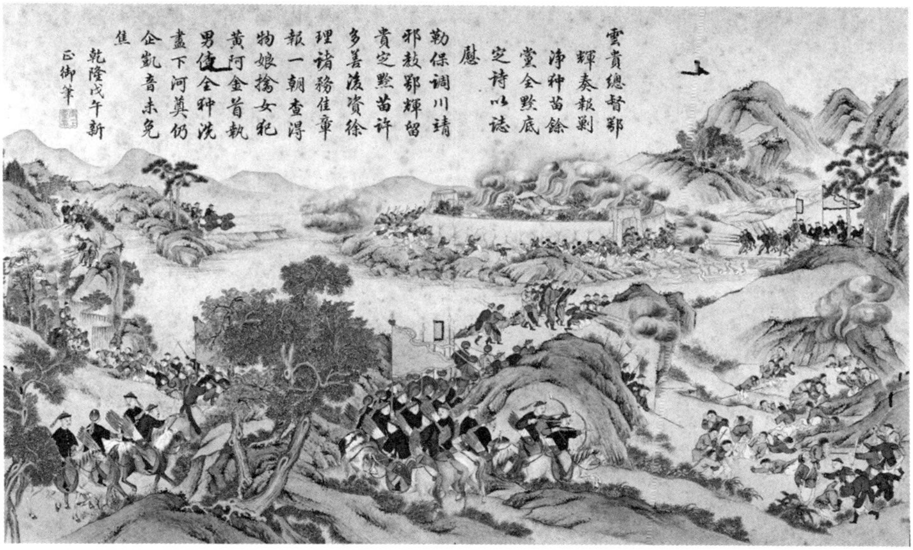

图 2.3　故宫博物院藏平定狆苗战图册

装裱活计是如意馆历来成做的最大宗的活计，定时或者不定时的工作甚多，每次奉命装裱的活计少则一件，多则数百件（附表 1）。如意馆装裱的对象，除了画画人新绘制的画作外，还有内廷交下的旧藏字画重新托裱，以及皇帝御笔和皇室成员、臣工字画等。

如每年的十一月（有时是十月），内廷都会交出嘉庆帝御笔《岁朝图》一张，随藏经纸诗堂字一张，交启祥宫（嘉庆朝后期为如意馆）裱挂轴一轴；此外一般还交出笺绢对十对，裱做挂轴二十轴①。

从如意馆装裱相关档案看，嘉庆帝的御笔画作很少，《活计档》中除年例画《岁朝图》外，似乎不见其他记载。其御笔书法作品在《活计档》中倒颇为多见，此外还有皇子习作。如嘉庆十六年（1811 年）十二月，内廷交出二阿哥、三阿哥《九成宫醴泉铭》字二页，以及冯祥、蒋懋德画二页，命将上述字画合裱册页一册②。

① 《嘉庆十五年清档》十一月十五日，如意馆呈稿，《内务府活计档》胶片 3 号，案卷 2896 号。

② 《嘉庆十七年清档》，《内务府活计档》胶片 4 号，案卷 2901 号。

三 加工玉器

与乾隆朝相比，嘉庆朝的玉器制作、加工数量不大，且每年有定例：春季四、五月间（偶尔晚至六月），新疆贡玉抵京，挑选出头等玉料（即“画样玉子”）约几十个，分派如意馆以及各地盐政、织造、税关等处成做；秋冬十月、十一月之际（偶尔早至八月、九月），内廷交出白玉或青白玉如意一柄，命如意馆“刻字填金”。以上两项，每年几成定制。此外，尚有一些临时制作，包括成造玉器、镌刻册宝之类。

（一）玉器成做

自从乾隆二十四年（1759 年）平定新疆，玉路打通，每年和阗、叶尔羌等处于春季贡玉，为宫廷提供了丰富且优良的玉料。嘉庆朝沿袭前制，从每年的贡玉中挑得画样玉子若干，分派如意馆以及各地盐政、织造、税关等处成做。由于嘉庆十年（1805 年）以前《活计档》残缺较多，现存相关记载最早见于乾隆六十一年至六十三年（1796~1798 年）以及嘉庆九年（1804 年），嘉庆十一年（1806 年）以后连续每年都有记录。如嘉庆十一年《活计档》记载：

> 五月二十五日，奏事处交来青白玉子大小二千一百零三块，共重三千四百四十六斤十三两。内挑得画样玉子六十六块……又挑得二等玉子……三等玉子……四等玉子……请留如意馆陆续成做活计应用，其余五等玉子……照例拟交广储司银库收贮。（画样玉子）拟交两淮盐政…成做玉十块……拟交苏州织造……成做玉四块……拟交杭州织造…成做玉八块……拟交长芦盐政……成做玉八块……拟交淮关监督……成做玉六块……拟留如意馆成做玉三十块……①

可知，清廷将贡玉分作五等，前四等玉子存贮于如意馆成做活计。其中的头等玉子即“画样玉子”，由如意馆画得墨道后，当即分派两淮盐政、苏州织造、杭州织

① 《嘉庆十一年清档》六月初九日押帖，档房行文，《内务府活计档》胶片 1 号，案卷 2878 号。

造、江南织造（疑即江宁织造）①、长芦盐政、淮关监督等于各地成做，做得后交回。当然，如意馆亦要承担制作相当数量的画样玉子。一般来说，每年挑得画样玉子约在四十至七八十块左右，如意馆分得大宗②，少则二十块，多则三十六块，各地各分得数量在十块以内。从所附活计清单中可以看到，如意馆虽然分得玉子数量较多，但主要是小件的把玩或饰品，题材以各种祥瑞动物、植物、花卉为主，少有大器；而各地所制则多为各式山子陈设，以及尊、觚、瓶、炉、洗等琢器。如嘉庆十七年（1812 年）的画样玉子中，拟留如意馆成做玉 27 块，包括：搬指、带钩、欢喜娃娃、双年鱼、双桃、斧佩、双枣、卧牛、荷花鱼等小件；两淮盐政成做 4 块，包括：喜雨亭山子、青鸾献寿、韩关图山子、卧牛；杭州织造 8 块，包括：观泉图山子、放鹤图山子、双骏山子、双环宝月瓶、彝炉等；苏州织造 3 块，包括：八仙插屏、五老图山子、三阳开泰山子；长芦盐政 6 块，包括：石壁题诗山子、秋山行旅山子、荷叶洗、卧牛、卧马、汉瓶；江南织造 7 块，包括：采芝图山子、松下问童子山子、花觚等；淮关监督 5 块，包括：赤壁图山子、洗砚图山子、双鱼洗等③。以上玉器虽名目繁多，但题材毕竟有限，多数都是历年反复制作的品种。

嘉庆前中期，如意馆除每年固定以头等玉子成做器物外，还在嘉庆八年（1803 年）、十二年（1807 年）、十三年（1808 年）、十五年（1810 年）、十六年（1811 年）等年份分别以“二等玉子”制作二十件到四十一件不等的玉器，但嘉庆十七年以后不见二等玉子的制作记载。

嘉庆朝如意馆除了年例批量成做玉器外，还承接一些临时加派的活计。从附表 1 可以看到，嘉庆初年太上皇训政时期，如意馆为乾隆帝制作了少量包括“太上皇帝之宝”在内的玉宝（太上皇命令新制的大量册宝仍是交由苏州制作）。不同于嘉庆中后期以小件把玩类玉器为主，嘉庆初期的如意馆尚制作不少陈设器或容器，如皮糙玉观瀑图山子、青白玉夔龙洗、白玉双螭洗、皮糙玉苍龙觥、青白玉螭虎觥、青白玉盘、青白玉小碗、白玉碗、白玉小碟等。至嘉庆二年（1797 年）十月乾清宫等处

---

① “江南织造”在嘉庆朝《活计档》中屡次出现，并与“苏州织造”“杭州织造”并列，疑特指江南三织造之一的“江宁织造”。这种现象除在乾隆五年二月十五日《活计档》“记事录”中还提到过一次“江南织造四格”外，其余各朝《活计档》中从未见有“江南织造”的称呼，应是嘉庆朝特有之现象。

② 每年如意馆成做玉子数量详见附表 1，备注栏中标明“贡玉”。

③ 《嘉庆十七年清档》六月十八日押帖，档房行文，《内务府活计档》胶片 4 号，案卷 2902 号。

火灾（详见本章第五节）之后，大约为添补陈设，又制作了玉烛长调烛台、白玉凫尊、碧玉象耳双环四喜瓶等。此外，青白玉异兽、青白玉仙人、白玉羚羊、皮糙玉双鹊暖手、皮糙玉渔翁、皮糙玉三喜斧佩、皮糙玉鱼、皮糙玉荷莲娃娃、青玉双鹌、玉喜字牌也是常见的品种。

嘉庆帝主政时期，除每年头等玉子的年例制作、嘉庆十六年以前的几次二等玉子制作外，临时加派给如意馆的玉器制作屈指可数。《活计档》中记载的嘉庆帝较为重视的玉器活计有两次。一次在嘉庆十六年（1811 年）“十一月二十二日……太监福禄交画八骏册页一册……奉旨：如意馆现做玉八骏八匹，俟做得时在画八骏册页上下安摆，配罩盖匣一件盛装……于十二月初四日……太监福禄交青白玉卧马二件、皮糙青玉卧马二件、青玉卧马四件，如意馆新做，传旨：交造办处归入八骏册页匣内安摆”①；另一次在嘉庆二十二年（1817 年），皇帝下令制作玉枕一件，“于六月十五日太监刘得意传旨：着挑玉做玉枕一件，先画样呈览。钦此。随画得纸样一张呈览，奉旨：照样准做”，随后“七月初一日传旨：如意馆所做玉枕一件，着造办处配做高二寸、上下浑楞、束腰、阴文花填金紫檀木座一件，于十五日以前做成交进”②。除此以外，嘉庆八年（1803 年）命做风神、云神玉圭二件，九年（1804 年）做放鹤图玉山子、青白玉莲荷鱼、青白玉异兽，十四年（1809 年）成做青白玉插屏二件并刻字，二十一年（1816 年）做银镀金点翠托玉顶珠四个。此外，几乎不见其他新做玉器的记载。

总体看来，嘉庆朝的玉器制作数量在平稳中又有所缩减，除每年固定的头等玉子年例制作外，嘉庆十六年及以前如意馆还常以二等玉子批量制作器物。但嘉庆十七年以后，随着玉贡减半（详见本章第五节），二等玉子制器似乎也停止了。至于临时加派的活计，在嘉庆初期，尤其是太上皇训政时期，数量还相对较多，到了嘉庆中后期，《活计档》中则仅有零星记载了。从玉器品种看，嘉庆初期如意馆尚制作观瀑图山子、一统山河山子、放鹤图山子、夔龙洗、双螭洗、苍龙觥、螭虎觥、盘、碗、碟等容器或陈设，但到了嘉庆中后期，这些器物大多由如意馆画得墨道后发往地方制作，仰赖地方制玉巧匠，如意馆仅制作各式动物、植物、花卉类小型玉玩。

---

① 《嘉庆十六年清档》匣作呈稿，《内务府活计档》胶片 4 号，案卷 2900 号。

② 《嘉庆二十二年清档》七月初八日押帖，如意馆、匣裱作呈稿，《内务府活计档》胶片 6 号，案卷 2923 号。

（二）旧玉改造刻字

内廷所用的旧式、残损玉器一般不会随意丢弃，而是因形就式改造成另有用途的器物。原有玉器也常加刻诗句或款识。

内廷旧有、残损玉器常交由如意馆改造。如乾隆六十二年（即嘉庆二年，1797年）五月初三日交出“玉带板八块，传交如意馆将花纹磨去，二面刻喜字，得时交造办处拴绦子”①，随后传旨灯裁作“如意馆现刻喜字斋戒牌八面，着交造办处拴黄绦子、打结子，以备发往军营赏用”②，将弃用的玉带板磨去花纹，二面刻喜字，拴黄绦子、打结子，改造成用作军营赏用的斋戒牌；嘉庆九年（1804年）六月十六日，“交青玉扇把一件（损伤），交如意馆改作菓乂把，造办处配做银乂”③。

为原有玉器加刻文字、款识也是如意馆的一项重要工作。每年的十月、十一月之际（偶尔早至八月、九月），内廷照例交出白玉或青白玉如意一柄，命如意馆“刻字（诗）填金”。此外，根据皇帝旨意还有一些临时指派的刻字活计。如乾隆六十一年（即嘉庆元年，1796年）热河随围期间，“七月二十日，太监鄂鲁里交白玉搬指二十件（内一件懋勤殿贴得四喜本文，系自鸣钟收贮），传旨：随报发往京内交如意馆照四喜本文刻字填红色，由报发来赏用。钦此”④。乾隆六十三年（即嘉庆三年，1798年）九月初七日，内廷交出玛瑙器若干，传旨：“俱交启祥宫将玛瑙内无款者俱刻乾隆款……（于三年十一月十八日将楠木箱一件，内盛玛瑙器三十二件，启祥宫刻得款呈进交宁寿宫讫）”⑤。嘉庆十四年（1809年）四月二十八日，内廷交白玉搬指九件，命刻做花纹，四面刻“嘉庆御用”款识⑥。嘉庆二十年（1815年）十月初四日，交白玉杯盘一分，命刻“嘉庆御用”款⑦。此外，如意馆还奉命为渣（奓）斗、洗、茶杯、碗等刻字。

---

① 《乾隆六十二年各作成做活计清档》十月初一日如意馆押帖，《内务府活计档》胶片155号，案卷3696号。

② 《乾隆六十二年各作成做活计清档》五月初三日灯裁作呈稿，《内务府活计档》胶片155号，案卷3696号。

③ 《嘉庆九年各作成做活计清档》六月十六日如意馆呈稿，《内务府活计档》胶片156号，案卷3707号。

④ 《乾隆六十一年各作成做活计清档》七月二十日热河随围，《内务府活计档》胶片154号，案卷3689号。

⑤ 《乾隆六十三年各作成做活计清档》九月初七日匣裱作，《内务府活计档》胶片155号，案卷3702号。

⑥ 《嘉庆十四年清档》四月二十八日如意馆呈稿，《内务府活计档》胶片3号，案卷2890号。

⑦ 《嘉庆二十年清档》十月初四日如意馆呈稿，《内务府活计档》胶片5号，案卷2916号。

（三）册宝图章刻字

嘉庆时期，册宝、图章主要还是发往苏州刻字。太上皇训政时期乾隆帝制作的一系列玉宝、玉册页几乎都是由如意馆挑玉，然后发往苏州刻字。如乾隆六十一年（1796年）“二月初九日，太监鄂鲁里传旨：着如意馆挑玉做宝一方……着懋勤殿篆‘太上皇帝之宝’本文，发苏州织造征瑞成做，配素紫檀木匣盛装……（于元年五月二十八日，苏州送到刻字玉宝一方并随匣呈进，交懋勤殿用讫）”①。到了嘉庆后期，大批量的册宝刻字还是要仰赖苏州。如嘉庆二十三年（1818年）十一月十五日，内廷交各式玉宝十三方，传旨发往苏州加工细刻，并配座、匣②。

虽然如此，嘉庆朝如意馆还是能够少量成做一些册宝、图章刻字的活计。嘉庆十五年（1810年）十月十九日“懋勤殿首领徐文交青玉册宝一分（随御笔诗本文一分，计十张；宝刻‘诒晋斋’篆字本文一张），传旨：交启祥宫照本文刻诗，得时填金”③。嘉庆二十年（1815年）三月初三日，内廷交碧玉宝、白玉宝皆一分计三方，册页二分计十片，传旨交如意馆刻做，得时填金④。嘉庆二十二年（1817年）十二月初八日“交白玉图章一方（上贴篆字本文一张），传旨：交如意馆刻‘嘉庆御览’”⑤。嘉庆二十五年（1820年）七月嘉庆帝驾崩，九月新帝旻宁命做“上大行皇帝尊谥并孝淑皇后尊谥应用玉册、玉宝”，由“翰林院撰文，如意馆敬谨镌刻”⑥。故宫博物院收藏有一件“碧玉嘉庆二十五年上仁宗睿皇帝谥册”（图2.4）⑦，10片1册，册皮刻戗金二龙戏珠纹，内页镌刻满汉合璧册文：“维嘉庆二十五年岁次庚辰……孝子嗣皇帝臣旻宁谨稽首再拜……钦惟皇考大行皇帝……谨奉册宝恭上尊谥曰‘受天兴运敷化绥猷崇文经武孝恭勤俭端敏英哲睿皇帝’，庙号曰‘仁宗’。”此应即嘉庆二十五年九月如意馆镌刻的一式二份“上大行皇帝尊谥玉册”之一。

---

① 《乾隆六十一年各作成做活计清档》二月初九日行文，《内务府活计档》胶片154号，案卷3692号。

② 《嘉庆二十三年清档》十一月十五日档房行文，《内务府活计档》胶片7号，案卷2928号。

③ 《嘉庆十五年清档》十月二十七日押帖，如意馆呈稿，《内务府活计档》胶片3号，案卷2896号。

④ 《嘉庆二十年清档》三月初三日如意馆呈稿，《内务府活计档》胶片5号，案卷2914号。

⑤ 《嘉庆二十二年清档》十二月二十六日押帖，如意馆呈稿，《内务府活计档》胶片7号，案卷2924号。

⑥ 总管内务府：《奏销档502－145奏为办造皇帝及皇后尊谥玉册及玉宝事折》嘉庆二十五年九月十三日。

⑦ 故宫博物院藏：碧玉嘉庆二十五年上仁宗睿皇帝谥册（故00166165）。

图2.4　故宫博物院藏碧玉嘉庆二十五年上仁宗睿皇帝谥册

道光帝于嘉庆二十五年（1820年）即位当年制作了一系列玉（石）宝、图章等，其中大部分交苏州加工细刻，配做盖匣，少量交如意馆刻做。如九月初五日“懋勤殿太监吕进祥交寿山石宝二方（着磨平），初六日交下本文，一方‘道光尊亲之宝’，一方‘道光御笔之宝’，传旨：交如意馆照本文刻阳纹字，随配紫檀木匣二件”；九月十九日，“懋勤殿太监吕进祥交石宝三方（着磨平随本文），一方引首‘朝乾夕惕’（阳文），一方‘执两用中’（阳文），一方‘道光宸翰’（阴文），传旨：交如意馆照本文刻，随配紫檀木罩盖匣一件”；九月二十日，“懋勤殿太监吕进祥交石宝三方（着磨平）随本文，一方引首‘主善为师’（阳文），一方‘道光御笔之宝’（阳文），一方‘所宝惟贤’（阴文），传旨：交如意馆照本文刻，随配紫檀木罩盖匣一件”；九月二十二日，“懋勤殿太监吕进祥交御押图书二方（阳文），传旨：交如意馆照本文刻，随配紫檀木罩盖匣一件”①；十月初八日，“懋勤殿太监吕进祥交石宝二方（随本文刻）‘道光宸翰’（阳文）、‘所宝惟贤’（阴文），传旨：交如意馆刻，随配紫檀木罩盖匣一件”②。

① 《嘉庆二十五年清档》十月初二日押帖，如意馆呈稿，《内务府活计档》胶片8号，案卷2936号。

② 《嘉庆二十五年清档》十月初八日如意馆呈稿，《内务府活计档》胶片8号，案卷2936号。

四 成做象牙器

综观嘉庆朝《活计档》，象牙器主要由如意馆成做，主要包括：插屏、盒、船、塔、扇、搬指、笔筒等。

（一）象牙插屏

嘉庆九年（1804 年）三月二十五日，“杨秀画得万年甲子象牙仙工插屏纸样一张”，奉命准做①；十一年（1806 年）三月二十七日，“杨秀画得太平有象象牙百子插屏一座纸样一张”②；十四年（1809 年）七月初十日，传做“万国来朝象牙插屏（杨秀画纸样）”③；十八年（1813 年）十月初四，“交象牙仙工遐龄永禧元插牌一件（如意馆新做），传旨配五面玻璃罩盛装”④；二十年（1815 年）十一月二十七日，“牙匠莫成纪画得三阳开泰五谷丰登象牙插屏样一件……传旨：照样准做”⑤；二十三年（1818 年）二月二十五日，“牙匠莫成纪画得九老祝寿象牙插屏纸样一张……奉旨：照样准做”⑥；二十四年（1819 年）六月初五日，“牙匠杨秀画得百子图象牙插屏一座……奉旨：照样准做”⑦；二十五年（1820 年）三月初三日，“牙匠莫成纪画得寿山福海象牙插屏一座随纸样一张……奉旨：照样成做”⑧。

（二）象牙船

嘉庆九年（1804 年）十一月二十五日，“牙匠陈琛画得流船百子象牙仙工活计纸样一张”，奉旨准做⑨；二十年（1815 年）十月初二日，“交象牙仙工船一座（如意馆杨秀做），传旨：配紫檀木盖板巴达吗座四面玻璃罩”⑩。

---

① 《嘉庆九年各作成做活计清档》四月十二日如意馆押帖，《内务府活计档》胶片 156 号，案卷 3707 号。
② 《嘉庆十一年清档》如意馆呈稿，《内务府活计档》胶片 1 号，案卷 2877 号。
③ 《嘉庆十四年清档》如意馆呈稿，《内务府活计档》胶片 3 号，案卷 2890 号。
④ 《嘉庆十八清档》钱粮库、匣作呈稿，《内务府活计档》胶片 5 号，案卷 2908 号。
⑤ 《嘉庆二十年清档》如意馆呈稿，《内务府活计档》胶片 5 号，案卷 2916 号。
⑥ 《嘉庆二十三年清档》如意馆呈稿，《内务府活计档》胶片 7 号，案卷 2925 号。
⑦ 《嘉庆二十四年清档》如意馆呈稿，《内务府活计档》胶片 7 号，案卷 2930 号。
⑧ 《嘉庆二十五年清档》如意馆呈稿，《内务府活计档》胶片 8 号，案卷 2933 号。
⑨ 《嘉庆九年各作成做活计清档》十二月初三日如意馆押帖，《内务府活计档》胶片 156 号，案卷 3707 号。
⑩ 《嘉庆二十年清档》匣作呈稿，《内务府活计档》胶片 5 号，案卷 2916 号。

（三）象牙塔

乾隆六十二年（1797年）十一月二十八日，“太监鄂鲁里传旨：着启祥宫做象牙仙工塔、仙工插屏等项，画样呈览。钦此。随先画得塔一座、插屏一座纸样二张，交太监鲁里呈览，奉旨：照样准做。钦此”①；嘉庆九年（1804年）十一月二十五日，“交雕象牙仙工塔一对（如意馆做），传旨：着造办处烫做六面玻璃罩合牌样呈览。钦此。于二十六日将雕象牙仙工塔一对配做铜镀金亭顶挑簷脊玉栏杆顶玉风铃紫檀木雕花卉六面玻璃亭式罩一件，烫得合牌样呈览，奉旨：照样成做。钦此（于十二月二十七日随节活将雕象牙仙工塔一对配得罩呈进讫）”②。

（四）象牙盒

嘉庆十三年（1808年）五月二十二日杨秀做得象牙“瓜瓞绵绵百子盒一件”③；十五年（1810年）六月初二日，传旨：“榴开百子盒内做百子图纸样，牙匠莫成纪画”④；十八年（1813年）二月十六日，“牙匠莫成纪画得花蓝（篮）象牙盒一件纸样一张，盒内装一百白猿献寿。于本日交太监史福禄呈览，奉旨：照样成做。钦此”⑤。

（五）象牙扇

嘉庆十二年（1807年）十一月二十六日命如意馆做群仙祝寿万年喜扇二柄，牙作杨秀、陈琛画纸样⑥。

（六）象牙搬指

嘉庆十五年（1810年）六月初二日“太监福禄传旨：着杨秀、莫成纪画象牙搬指样呈览。钦此。于六月初三日画得透地活万字四喜锦花纹纸样一张、透地五福活万字锦花纹纸样一张，交太监福禄呈览，奉旨：准照样每样做四件，杨秀、莫成纪赶做，六月内要得。钦此。如意馆呈稿”⑦。

---

① 《乾隆六十二年各作成做活计清档》十一月三十日押帖，《内务府活计档》胶片154号，案卷3694号。

② 《嘉庆九年各作成做活计清档》十一月匣裱作呈稿，《内务府活计档》胶片156号，案卷3709号。

③ 《嘉庆十三年清档》如意馆呈稿，《内务府活计档》胶片2号，案卷2886号。

④ 《嘉庆十五年清档》六月如意馆呈稿，《内务府活计档》胶片3号，案卷2894号。

⑤ 《嘉庆十八年清档》三月二十七日如意馆押帖，《内务府活计档》胶片4号，案卷2905号。

⑥ 《嘉庆十二年清档》如意馆呈稿，《内务府活计档》胶片2号，案卷2884号。

⑦ 《嘉庆十五年清档》六月如意馆呈稿，《内务府活计档》胶片3号，案卷2894号。

（七）象牙笔筒

嘉庆十六年（1811 年）七月十七日，命做四季平安象牙笔筒，莫成纪画纸样[①]。

上述精工细琢的象牙活计以外，少量简单象牙活计则分派给金玉作完成。如嘉庆十四年（1809 年）二月三十日，皇帝命金玉作“配做象牙秀才牌一件，将象牙牌俱收拾见新”，再由匣裱作“配做楠木匣一件盛装”[②]。

五 成做犀角器

嘉庆朝如意馆还成做少量犀角器，亦由牙匠完成。乾隆六十一年（即嘉庆元年，1796 年）九月三十日如意馆“做得福共海天长犀角杯一支呈进，奉旨：着配紫檀木座。钦此。随画得蕉叶座子纸样一张持进呈览，奉旨：照样准做”[③]；次年五月二十三日，“杨秀告假带去做得寿同山岳永犀角杯一件呈进，奉旨：交木作配座。钦此。于二十四日画得蕉叶座纸样一张……呈览，奉旨：照样准做紫檀木座一件”[④]。在两年间，如意馆先后做得“福共海天长”“寿同山岳永”犀角杯各一件，皆配紫檀木蕉叶座，大约是作为一对呈进。又嘉庆九年（1804 年）十月初三日，“牙作陈琛做得群仙祝寿犀角觥一件，上留”[⑤]；十二年（1807 年）十月初三日，如意馆做得“九龙庆寿犀角觥一件，配紫檀木云龙座子一件”[⑥]。此二件犀角觥大约都是赶在嘉庆帝十月初六生辰前进呈的寿礼。这里提到的匠役杨秀、陈琛皆为如意馆牙匠。

犀角是珍贵的制器材料，多由外邦进贡而来，且数量有限。如嘉庆二年（1797 年）皇帝下旨将暹罗国王所进贡物“犀角交启祥宫二个，余交皮库；金刚钻、翠鸟

---

① 《嘉庆十六年清档》如意馆呈稿，《内务府活计档》胶片 4 号，案卷 2899 号。

② 《嘉庆十四年清档》金玉作、匣裱作呈稿，《内务府活计档》胶片 2 号，案卷 2889 号。

③ 《乾隆六十一年各作成做活计清档》十月如意馆呈稿，《内务府活计档》胶片 154 号，案卷 3690 号。

④ 《乾隆六十一年各作成做活计清档》六月十一日如意馆押帖，《内务府活计档》胶片 155 号，案卷 3696 号。

⑤ 《嘉庆九年各作成做活计清档》十一月十三日如意馆押帖，《内务府活计档》胶片 156 号，案卷 3707 号。

⑥ 《嘉庆十二年清档》如意馆呈稿，《内务府活计档》胶片 2 号，案卷 2884 号。

皮、象牙交造办处"①，特别指派交两个犀角至如意馆所在的启祥宫，反映了犀角由如意馆收贮以便成做活计。

六　嵌做商镶活计

为器物嵌做金丝、银丝以及金宝、玉底等亦是如意馆的一项工作。其所嵌做对象主要是枪鞘上的金银丝（片）清汉字、金宝、玉底。根据档案记载，乾隆六十三年（即嘉庆三年，1798 年）和嘉庆十一年（1806 年）、十四年（1809 年）、十六年（1811 年）、二十二年（1817 年），如意馆均成做过此类活计。嘉庆十六年（1811 年）档案记载最为详细，"嘉庆十六年十月二十九日……奉旨：用二等交枪木鞘配装旧虎神枪，其商金银丝清汉字、金宝款式着交懋勤殿誊写本文，得时交如意馆商做，其枪上玉底挑玉成做。钦此……于嘉庆十七年七月初六日炮枪处具报单一件，内开将如意馆交来新配装旧虎神枪云秋木鞘上商做得金银丝清汉字、金宝并配做得玉底安装旧虎神枪"②。

除枪鞘外，如意馆还负责为木碗、紫檀盒等镶嵌银片字、金宝、花纹等。如乾隆六十一年（即嘉庆元年，1796 年）十一月二十六日，闪廷"交木碗一件，交启祥宫镶银片字、金宝"③；嘉庆二十三年（1818 年）七月二十日，"交紫檀木厢嵌圆盒一件（上下口厢嵌万字锦花纹银丝不全），传旨：着如意馆照旧式厢嵌银丝"④。

第三节　嘉庆朝如意馆的匠作馆舍

如意馆的匠、作、馆舍，是指其匠役、作坊以及馆舍的位置和规模。凡是档案

---

① 总管内务府（广储司）：《奏案 05－0466－001 奏为暹罗国王恭进贡物事》，嘉庆二年正月初八日，中国第一历史档案馆藏。

② 《嘉庆十六年清档》十一月十三日报单，炮枪处、如意馆、铜鋄作呈稿，《内务府活计档》胶片 4 号，案卷 2900 号。

③ 《乾隆六十一年各作成做活计清档》十二月如意馆呈稿，《内务府活计档》胶片 154 号，案卷 3690 号。

④ 《嘉庆二十三年清档》如意馆呈稿，《内务府活计档》胶片 7 号，案卷 2927 号。

文献中所见嘉庆朝如意馆匠、作、馆舍的情况，均胪列于下。尚未见于档案记载的，则暂付阙如。

一 二级作坊及匠役

如意馆是一个综合性作坊，下设若干二级作坊，并有各色匠役供职。下文将按照成做活计种类的不同，分类介绍各二级作坊及其匠役。在嘉庆、道光、咸丰三朝如意馆相关档案中，某个二级作坊及其匠役，并不一定都会明文提到，有时仅是二者只见其一，我们仅将档案中提到的作坊或匠役列入下述标题中。

（一）如意馆画画人、画匠

在整个嘉庆朝《活计档》及《奏案》中，对于承担绘画活计的人员只有“如意馆画画人”或“启祥宫画画人”的称呼。《钦定大清会典（嘉庆朝）》“内务府·养心殿造办处”条下，则提到如意馆有“画匠”。后世档案中“画士”“画工人”的称谓尚未见到。

在嘉庆元年（1796 年）的一则《奏案》清单中，罗列了上至太上皇下至内务府部分匠役每日盘肉鸡鸭分例，提到“如意馆画画（人）十九名、匠役三十八名，分例肉三十八斤”①。可见嘉庆初年，如意馆画画人的人数有近二十人。

在嘉庆朝《活计档》中，见于记载的画画人有：清柱、和柱、庄豫德、黎明、冯宁、蒋懋德、冯祥、程琳、沈庆兰、华庆冠、沈焕、沈振麟等人。其中，清柱、和柱、庄豫德、黎明四人主要出现于嘉庆三年（1798 年）以前太上皇训政时期（和柱在嘉庆后期仍在如意馆行走），冯宁主要活动于嘉庆十年（1805 年）之前，冯祥等人则主要活动于嘉庆十一年（1806 年）以后，华庆冠仅出现过一次。冯祥的作品最多，且常被指定绘制圣容、御容等高等级画作，应是所有画画人中水平最为高超者。

嘉庆二十年（1815 年）六月十一日内务府的一则奏案涉及如意馆呈递的畅和堂、澄心堂画通景图样画画人名单，包括：冯宁、蒋懋德、沈庆兰、和柱、嵩贵

---

① 总管内务府：《奏案 05－0462－080 呈报嘉庆元年太上皇帝皇帝等每日盘肉鸡鸭分例并销银数目清单稿》，嘉庆元年。其中，“如意馆画画（人）”的“人”字脱漏，此处补足。

五人①，补充了《活计档》的记载。

（二）如意馆牙作及牙匠

嘉庆朝《活计档》如意馆呈稿中，偶有提及“牙作”。一次是在嘉庆九年（1804年）十一月十三日如意馆押帖，内开：“十月初三日，牙作陈琛做得群仙祝寿犀角觥一件，上留”②；一次是在嘉庆十二年（1807年）十一月二十六日命如意馆做瓜瓞绵绵百子盒一件、群仙祝寿万年喜扇二柄，提到由“牙作杨秀、陈琛画纸样”③。上述档案所提到的“牙作”，推测与如意馆有隶属关系，否则不会出现在如意馆呈稿中。而这位“牙作杨秀”数次出现于如意馆呈稿的记载里（附表1），从嘉庆朝初期一直活跃至末期，有时亦被称为“如意馆杨秀”④或“牙匠杨秀”⑤，应当是常年供职于如意馆的牙匠。综合判断，此“牙作”当隶属于如意馆，系其二级作坊。

《钦定大清会典（嘉庆朝）》“内务府·养心殿造办处”条明确提到如意馆有“牙匠”。见于《活计档》记载的嘉庆时期有名姓的牙匠共有四人，分别是黄兆、杨秀、陈琛以及莫成纪。其中，黄兆是乾隆中后期最重要的牙匠，嘉庆朝其成做活计的记载仅见于乾隆六十一年（即嘉庆元年，1796年）一次，“五月十四日……交沉香山子一件，上有玉镶嵌仙台一座，亭子一座，牙子损坏，镶嵌不全（随座），传旨：交如意馆黄兆画样，配树木、人物成做山子一件。有损坏不全之处俱找补收拾。钦此”。⑥次年，粤海关送来“替黄兆之缺牙匠一名”⑦，随后便不再有关于黄兆的记录，想必已不在造办处行走。陈琛在《活计档》中出现三次，两次在嘉庆九年（1804年），一次在十二年（1807年），其所成做活计除象牙器外，还有犀角觥⑧。

---

① 总管内务府：《奏案05－0577－094奏为造办处六品库官德恩率行写匠役名单为七品事》嘉庆二十年六月十一日。

② 《嘉庆九年各作成做活计清档》十一月十三日如意馆押帖，《内务府活计档》胶片156号，案卷3707号。

③ 《嘉庆十二年清档》如意馆呈稿，《内务府活计档》胶片2号，案卷2884号。

④ 《嘉庆二十年清档》匣作呈稿，《内务府活计档》胶片5号，案卷2916号。

⑤ 《嘉庆二十四年清档》如意馆呈稿，《内务府活计档》胶片7号，案卷2930号。

⑥ 《乾隆六十一年各作成做活计清档》五月如意馆呈稿，《内务府活计档》胶片154号，案卷3690号。

⑦ 《乾隆六十二年各作成做活计清档》热河随围七月初一日信帖，《内务府活计档》胶片155号，案卷3697号。

⑧ 《嘉庆九年各作成做活计清档》十一月十三日如意馆押帖，《内务府活计档》胶片156号，案卷3707号。

莫成纪共出现七次，前两次在嘉庆十五年（1810 年），十六年（1811 年）、十八年（1813 年）、二十年（1815 年）、二十三年（1818 年）、二十五（1820 年）年各一次。杨秀共出现十二次，从乾隆六十二年（1797 年）、嘉庆九年（1804 年）、十一年（1806 年）至十六年（1811 年）、二十年（1815 年）、二十四年（1819 年），每年至少有一次记录，嘉庆十二年（1807 年）甚至有三次活计记录，在嘉庆朝自始至终供职于如意馆。考虑到嘉庆四年（1799 年）至十年（1805 年）《活计档》残缺不全，以及某些未记入档案的活计及工匠，大致得出结论：嘉庆时期同时在如意馆供职的、有名姓的牙匠大约两名。黄兆供职于嘉庆初年，陈琛大约服务于嘉庆前期，莫成纪活动于嘉庆十五年（1810 年）以降的嘉庆后期，此三人大致前后相继，而杨秀则在嘉庆朝自始至终服务于如意馆，与上述三位牙匠相接替或同时共事，资历最老。

乾隆六十二年（1797 年）的一则热河随围信帖为我们揭示了嘉庆初年如意馆牙匠的来源、选拔以及待遇：

> 七月初一日接得粤海关坐京家人持来信帖，内开六月二十一日署粤海关监督调任福州将军福昌送到传办珊瑚荷包豆五十副、备做珊瑚小荷包豆五十副，并送到替黄兆之缺牙匠一名，试手刁象牙小瓶花一件。当即回明六大人，向例凡粤海关送到南匠，俱查前匠役所食钱粮并有无衣服银两数目，同试手活计一并具奏。现随围不知前匠役有无衣服银两并每月所食钱粮若干，难以行在具奏等情回知，奉谕：只写“应食钱粮交如意馆照例办理得给”字样，同珊瑚豆一并具奏等谕。随写得奏片并荷包豆持进交太监厄鲁里呈览，奉旨：奏片知道了。珊瑚荷包豆俱内赏，试手小瓶花交热河。钦此①。

从这则信帖可知，这名新手牙匠由粤海关选送。乾隆时期广州地区的象牙雕刻行业已经非常繁荣，并为宫廷输送了很多手艺高超的牙匠。这次不过是传统的延续。同造办处选拔匠役的规矩一样，粤海关推荐的牙匠也要呈进“试手活计”来证明自身能力。被留用匠役的待遇照前匠役由如意馆依例办理，包括所食钱粮及衣服银两。

---

① 《乾隆六十二年各作成做活计清档》热河随围七月初一日信帖，《内务府活计档》胶片 155 号，案卷 3697 号。

（三）如意馆裱作及裱匠

从附表1可以看到，如意馆历年承接大量装裱活计，自然需要为数不少的匠役以及固定的工作场所。因此，如意馆中专门设置“裱作”以专司其职。如嘉庆十一年（1806年）的一条活计档中提到：“三月初五日，冯祥画得涵秋馆虚明镜殿内东间南落地罩内西墙通景画圣容一张，交太监刘得意呈览，奉旨：交如意馆裱作托裱，再托高丽纸一层。钦此。”① 这则记载中出现了“如意馆裱作”一名，明确了此“裱作”为如意馆的二级作坊。

如前所述，为方便服务皇帝，造办处如意馆的馆舍一处位于圆明园如意馆，一处位于紫禁城启祥宫。因此，如意馆裱作亦相应地分设两处，这在嘉庆十六年（1811年）的《活计档》如意馆呈稿中有明确的记载，“八月二十七日，接得库掌富赛克、希善持来呈稿一件，内开如意馆呈为报明修理墙壁事，所有如意馆、启祥宫二处裱作墙壁七堵并大案二张、小案二张……查得如意馆裱案三张……北墙壁一面……东西墙壁二面……；启祥宫裱案一张……北墙壁一面……东西墙壁二面”②。也即圆明园如意馆、宫内启祥宫皆置裱作，如意馆有裱案三张，启祥宫有裱案一张，似乎位于如意馆的裱作规模还稍大于启祥宫裱作。

如遇内廷交下的活计太多，如意馆裱作匠役不足，还可外雇裱匠进馆帮做。如嘉庆二十一年（1816年）二月初六日，交圣祖御书八卷裱手卷，九十五件裱挂轴；世宗御书一册裱册页；高宗御笔书画若干装裱……以上圣祖、世宗、高宗御笔共计二百七十七幅，“传旨：交如意馆照单托裱，如匠役不足，准其外雇裱匠进馆帮做，不许持出。钦此。”③ 在随后的同年九月十三日报单中提到：“如意馆呈为奉派恭办圣祖仁皇帝、世宗宪皇帝、高宗纯皇帝御笔手卷、册页、挂轴等二百七十七幅，又奉续交御笔册页、挂轴等八十五幅，现在督率匠役赶紧成做，约于十月间全行完竣。惟裱得时卷幅浩繁，由圆明园如意馆运往城内路途较远，按件必须敬谨包裹……交造办处成做杉木夹板箱、挖单若干。”④ 即便外雇匠役进馆帮做，这二百七十七件装

---

① 《嘉庆十一年清档》四月初六日押帖，《内务府活计档》胶片1号，案卷2878号。

② 《嘉庆十六年清档》八月二十七日如意馆呈稿，《内务府活计档》胶片4号，案卷2899号。

③ 《嘉庆二十一年清档》二月初六日档房行文，《内务府活计档》胶片6号，案卷2917号。

④ 《嘉庆二十一年清档》九月十三日报单，如意馆、油木作、灯裁作呈稿，《内务府活计档》胶片6号，案卷2917号。

裱活计加上后续交办的八十五件活计还是从二月间一直持续到十月间，历时约八个月，工作地点在圆明园如意馆。

（四）如意馆玉作及玉匠、刻玉册玉宝匠役

在嘉庆朝《活计档》中，偶有出现“玉作”字眼。细究上下文，此“玉作”与造办处之“玉作”或“金玉作”并无关联，而是出自如意馆呈稿的相关档案中。如《乾隆六十二年各作成做活计清档（灯裁作、铜鋄作、如意馆、钱粮库、铸炉处、鞍甲作）》簿册中，在“如意馆”档案下，十二月初一日押帖内开：“八月三十日，玉作做得皮糙玉观瀑图山子一件、青白玉异兽一件、青白玉夔龙洗一件呈进，奉旨：交木作配紫檀木座”；“九月初一日，玉作做得皮糙玉苍龙觥一件……奉旨：交木作配座”；“九月二十五日，玉作做得青白玉盘一件刻得款……着交木作配紫檀木座”①。同样，在《嘉庆九年各作成做活计清档（行文、如意馆、热河随围）》簿册中，在“如意馆”档案下，正月十一日押帖内开：嘉庆八年（1803 年）十月二十五日玉作做得皮糙玉一统山河山子一件②；十一月十三日押帖内开：嘉庆九年（1804 年）十月初三日玉作做得放鹤图山子一件③。这一反复提及的“玉作”，应当是隶属于如意馆的下属单位。在咸丰三年（1853 年）的《活计档》中甚至明确提到“如意馆玉作”④ 这一单位。

《钦定大清会典（嘉庆朝）》“内务府·养心殿造办处”条明确提到如意馆有“玉匠”。此外，嘉庆朝档案还提到“刻玉册玉宝匠役”。嘉庆二十年（1815 年）六月十一日内务府的一则奏案随附如意馆“刻玉册玉宝匠役”名单，包括：陆鸣皋、陈宗善、阮甸宁、王嘉会、吴维让、朱耀六人⑤。借由这则奏案可以知道，嘉庆时期玉册宝虽然主要交由苏州刻做，但造办处如意馆亦设有刻玉册玉宝匠役承担部分刻做活计。

---

① 《乾隆六十二年各作成做活计清档》十二月初一日如意馆押帖，《内务府活计档》胶片 155 号，案卷 3696 号。

② 《嘉庆九年各作成做活计清档》正月十一日押帖，《内务府活计档》胶片 156 号，案卷 3707 号。

③ 《嘉庆九年各作成做活计清档》十一月十三日押帖，《内务府活计档》胶片 156 号，案卷 3707 号。

④ 《咸丰三年清档》，《内务府活计档》胶片 30 号，案卷 3064 号。

⑤ 总管内务府：《奏案 05－0577－094 奏为造办处六品库官德恩率行写匠役名单为七品事》，嘉庆二十年六月十一日。

二　馆舍位置及规模

上文述及，嘉庆朝如意馆明确设有牙作、裱作、玉作等二级作坊，有画画人、牙匠、裱匠、玉匠、刻玉册玉宝匠役等供职，这些作坊、匠役皆需要场地安置。从档案记载中，可以了解到嘉庆朝如意馆的馆舍位置及规模信息。如嘉庆元年（1796年）内务府呈报的一份圆明园急修处所清单中开列："如意馆画房五间，裱房五间，司房、库房十五间，头停俱间有渗漏，山墙间有闪裂。"① 这表明嘉庆初年的圆明园如意馆不仅有画房、裱房，还有司房及库房，加起来已有房屋二十五间，而这还只是其中的部分馆舍，加上玉作、牙作等作坊，整个圆明园如意馆的馆舍规模应更大。洞天深处的如意馆院落房屋似乎无法容纳这些为数不少的作房，推测除如意馆主体院落外，相邻的洞天深处院落甚至周边的库房建筑，此时都归如意馆使用（详见第三章第三节）。嘉庆元年前后的圆明园如意馆仍然保持了乾隆朝以来较大的规模。嘉庆十八年（1813 年），如意馆加盖了后簷墙，随墙门常闭，个中缘由详见本章第五节。

再看如意馆在紫禁城内的馆舍。如前所述，如意馆作坊原本位于启祥宫宫院内的南部数楹。嘉庆十八年（1813 年）发生了天理教攻入紫禁城的"禁门之变"，随后启祥宫内的如意馆作坊便迁出至造办处，馆舍位置发生了较大变化（详见本章第五节）。

三　随驾城园间往返

内务府所属机构皆服务于皇室，并主要向皇帝负责。随从皇帝来往于紫禁城、各处苑囿、行宫。圆明园是清代皇帝最常驻的皇家园林，嘉庆皇帝亦不例外，他往来于紫禁城与圆明园，如意馆亦随之迁徙。一般每年十月间，皇帝由圆明园回到京内紫禁城，开春后，又从紫禁城返回圆明园。以嘉庆二十四年（1819 年）冬为例，

---

① 总管内务府：《奏案 05－0465－017 呈报修理圆明园等处工程用过银两数目清单》，嘉庆元年十二月初四日。

十月“十三日，如意馆由圆明园往城内抬运玉器活计二十抬，用苏拉四十名”①，如意馆跟随御驾回到紫禁城，并带回大量成做的玉器活计。

四 物料银两领用开销

如意馆绘画买办颜料需用银两一般向造办处领用，但若遇圆明园修殿座等工程有应绘画需用银两，则向圆明园银库领用。具体事例见嘉庆十一年（1806 年）圆明园多稼轩线法画见新所需颜料银“照例向圆明园银库行领，不由造办处开销钱粮”②。

如意馆成做活计凡是涉及到工匠以及物料开销，一般要缮写名单递呈。嘉庆二十年（1815 年）六月十一日内务府的一则奏案为参奏事“如意馆呈递畅和堂、澄心堂画通景图画人名单内，将刻玉册玉宝匠役等滥行开列”，所开列名单中不仅包括五名画画人，还将六名刻玉册玉宝匠役也冒列在内。此事被查出后，该管大臣请将责任人“值班六品库掌德恩罚俸一年，所有办理通景图画物料银两即罚令该员赔补，不准开销”，缮写名单之匠役德喜“重责四十板，罚钱粮六个月”，最终库掌德恩由六品降为七品③。惩罚如此严厉，大概是因为滥行开列匠役有冒领物料银两和钱粮银两之嫌。由此可见，如意馆物料钱粮的管理还是很严格的。

第四节 嘉庆朝如意馆的地位待遇

如前所述，造办处是专司为皇室制造、维修器用的内务府下属机构，其下设的如意馆不仅成做玉器、象牙器、犀角器等高档工艺品，且兼有为宫苑绘制装饰用画、为皇室成员及功臣等绘画容像、装裱书画等重要职能，得到皇帝颇多指示与关注，

---

① 总管内务府（关防衙门）：《奏案 05－0605－067 呈十月分用过苏拉数目清单》，嘉庆二十四年十一月二十六日。

② 总管内务府：《奏案 05－0524－040 奏报查明同乐园内等处贴落开市大吉需用银两过多拟减三成事》，嘉庆十一年十一月二十六日。

③ 总管内务府：《奏案 05－0577－094 奏为造办处六品库官德恩率行写匠役名单为七品事》，嘉庆二十年六月十一日。

好手艺人才能入选如意馆。因此，如意馆在造办处乃至内务府所有下属作坊中地位最高，自然也受到颇多恩赏，主管官员的品级也高于其他作、处、厂等作坊。乾隆时期，高宗常莅临如意馆指导绘士作画，优异者甚至有破格提拔进入仕途的机会，如意馆官员、匠役所受分例及赏赐也优于普通作坊。嘉庆时期，据《钦定大清会典（嘉庆朝）》记载，如意馆在造办处所属作坊中位列第一，彰显了其重要地位。如意馆所得每日分例、年例分赏及皇帝赏赐在造办处众作坊中常常也是独一份。如嘉庆元年（1796 年）如意馆画画人、匠役每日共可得分例肉三十八斤，为匠役中所仅见。自嘉庆十一年（1806 年）始，以随围所得鹿肉等项赏给在京王公大臣成为定例[①]，如意馆每次都在赏赐名单中。以嘉庆二十二年（1817 年）为例，内务府奏请当年“由木兰带来鹿肉、鹿尾等项……谨将本年未经随围在京王公满汉文武大臣、呼图克图并造办处如意馆等处分别等第，酌拟赏赐数目分缮清单恭呈御览”，这份清单中，在众亲王、郡王领衔的王公大臣之后，“造办处如意馆（克尔森二条、鹿肋二块、发尔什二块、鹿肉条六十把）”亦列于赏赐名单中，并且是造办处唯一得到恩赏的处作[②]。除此以外，历年佛手、荔枝等分赏亦惠及如意馆。如嘉庆二十四年（1819 年）八月“二十六日……谕旨：所有福建进呈蜜渍荔枝着在京按年例分赏……旋经总管太监常永贵发出四十一瓶，清单二件”，在清单中，赏仪亲王永璇等三位亲王各二瓶，肃亲王永锡、明亮、曹振镛等十一人每人一瓶，汪廷珍等五人合共三瓶，如意馆二瓶，西北两路十九瓶[③]。这种鹿肉、佛手、荔枝等项的赏赐成为定例，如意馆每次皆作为造办处唯一的处作得到分赏，极受皇帝及内务府重视。

如意馆匠役所做活计称旨时，亦常受到嘉庆帝赏赐。如嘉庆十八年（1813 年）“十一月初六日，总管内务府大臣征□奉旨：朕在园驻跸之时，如遇有赏如意馆匠役

---

① “嘉庆十一年十月十一日奉旨：围上带来鹿尾等项，随围王公大臣等业经赏过不必再行赏给，只赏在京王公大臣等，所余鹿肉、鹿尾等项交膳房抵对钱粮使用，嗣后为例。钦此。钦遵。”见总管内务府：《奏销档 484－013 奏呈遵旨拟赏本年未经随围在京王公大臣等鹿肉等项数目清单折》，嘉庆二十二年十月十三日。

② 总管内务府：《奏销档 484－013 奏呈遵旨拟赏本年未经随围在京王公大臣等鹿肉等项数目清单折》，嘉庆二十二年十月十三日。

③ 总管内务府：《奏销档 495－056 奏为遵旨分赏蜜渍荔枝事折》，嘉庆二十四年八月二十六日。

等物件，该匠役不必在内谢恩，嗣后着常□、征□代奏该匠役等着在门外谢恩。钦此”①。可见，如意馆匠役及其所做活计颇得嘉庆帝赏识，常获恩赏物件。

第五节 如意馆档案所见嘉庆史事

查阅如意馆相关档案，不仅可以了解到如意馆的活计成做种类，作坊及匠役、馆舍及规模、地位及待遇等问题，还可以发现一些不见于正史记载的史实和线索。虽然常常是微末小事，却也可以启迪我们从一个新视角去看待历史，探寻宫廷史中湮没的角落。笔者在查阅造办处如意馆档案、文献资料的同时，不可避免地涉及到内务府相关档案。内务府在长期政务活动中形成的大量档案，不仅有反映宫廷事务的内容，还有涉及国家政务的材料，其中很多内容是不见于史书记载的。梳理嘉庆朝内务府、造办处、如意馆相关档案文献，可以从新的角度反映若干史事。

一 太上皇帝训政与内廷造做

嘉庆元年（1796 年）元旦，清廷举行授受大典，乾隆帝禅位于颙琰，改元嘉庆。但从禅位之日起直至嘉庆四年（1799 年）正月初三日驾崩，在这三年零三天的时间里，乾隆帝作为太上皇训政，仍然总揽大权。他在传位诏书中说“可称朕为太上皇帝……凡军国重务，用人行政大端，朕未至倦勤，不敢自逸。部院衙门及各省题奏事件，悉遵前旨行”②。从国家大政的层面讲，乾隆皇帝虽然归政，但仍未让权。从内廷庶务的角度看，嘉庆初年的宫廷生活亦未摆脱太上皇帝深重的影响。这一点在内务府档案，尤其是如意馆相关记载中多有反映。

从年号纪年来看，乾隆帝禅位后改元嘉庆，但宫中却是两套纪年并行：外朝改用嘉庆纪年，而内廷则仍沿用乾隆年号。《活计档》簿册的封面题签就是最直接的证

---

① 《嘉庆十八年清档》十一月初六日如意馆呈稿，《内务府活计档》胶片 5 号，案卷 2908 号。

② ［清］曹振镛等：《大清仁宗睿皇帝实录》卷一·嘉庆元年正月，第十四叶，清道光年内府抄大红绫本。

据。中国第一历史档案馆保存有较完整的乾隆六十一年、六十二年、六十三年《各作成做活计清档》，薄册签条上就明白无误地沿用乾隆纪年。不管是出于乾隆帝授意或是嘉庆帝尊亲之举，这都反映了太上皇帝仍是紫禁城真正主人的这一事实。

内廷沿袭前朝旧制最明显之处，除了仍以“乾隆”纪年外，再就是太上皇帝的居所仍在养心殿。乾隆帝在六十二年（即嘉庆二年，1797 年）十月二十二日的勅旨中说“（朕）自上年举行授受典礼后，又仍每日训政弗懈……且朕仍居养心殿，皇帝则居毓庆宫”①，他亦曾说过“将来朕移居宁寿宫之养性殿”②，但事实上他一直居于养心殿直至驾崩③，从未离开过权力的中心。训政期间造办处尤其是如意馆成做的相当数量的活计仍然交进养心殿，服务于太上皇。如乾隆六十二年（1797 年）十一月初四日“传旨：启祥宫现改做玉苏武牧羊一件，着造办处随形配座，先做样呈览。钦此。随按形式配做得木座样一件，木座底面留得诗堂分位，交太监鄂鲁里呈览，奉旨：照样准做，得时不必交乾清宫，在养心殿博古格内换摆。钦此。于十一月十二日将玉苏武牧羊一件配得紫檀木座一件呈览，奉旨：交懋勤殿刻字。钦此”④。这道旨意显然是太上皇乾隆帝下达的，因为只有他才有权决定这件玉苏武牧羊是否摆放于养心殿。此外，该条档案中提到的“太监鄂鲁里”（或作“厄鲁里”）自乾隆三十五年（1770 年）至六十三年（1798 年）频频出现于《活计档》中，负责传旨和呈览事宜，是高宗身边资历很深的内监⑤。凡是由“太监鄂鲁里”传达、呈览的活计，应当都是太上皇交做的。

太上皇相关的档案不胜枚举。如乾隆六十一年（即嘉庆元年，1796 年）八月初七日“太监鄂鲁里交镶红绿玻璃垫子白玉回子刀靶四件，传旨做腰刀靶用，先呈

---

① ［清］庆桂等：《大清高宗纯皇帝实录》卷一四九七・乾隆六十二年十月，第十、十一叶，清嘉庆年内府抄大红绫本。

② 《上谕档》嘉庆元年十二月太上皇勅谕，见中国第一历史档案馆编：《嘉庆道光两朝上谕档》（第四十二册），桂林：广西师范大学出版社，2000 年，第 83 页。

③ “辛酉，太上皇帝圣躬不豫。上侍疾养心殿……向夕大渐”。［清］曹振镛等：《大清仁宗睿皇帝实录》卷三十七・嘉庆四年正月上，第二叶。

④ 《乾隆六十二年各作成做活计清档（乾清宫、交泰殿、弘德殿、昭仁殿）》十一月初四日乾清宫，《内务府活计档》胶片 154 号，案卷 3694 号。

⑤ 太监鄂鲁里首次出现在《活计档》中是在乾隆二十年（1755 年），此后约十五年未出现，乾隆三十五年（1770 年）至六十三年（1798 年）间又频频见于《活计档》，是一位资历很深的内监。

样……于十二月初六日将玉靶四件打造得刀头四把……各贴得乾隆年制款样”①。又六十三年（即嘉庆三年，1798 年）九月初七日，内廷交出玛瑙器若干，传旨“俱交启祥宫将玛瑙内无款者俱刻乾隆款……（于三年十一月十八日将楠木箱一件，内盛玛瑙器三十二件，启祥宫刻得款呈进交宁寿宫讫）”②。同年十一月十一日“将铜器十九件配得紫檀木格一座安在养心殿呈览，奉旨：着交宁寿宫”③。太上皇时常调整养心殿、宁寿宫甚至重华宫的陈设。凡是他中意的器用珍玩还是要一如往昔加刻乾隆款。可见，作为太上皇的乾隆帝仍然时常干预、指示宫中玉玩、铜器等物品的成做、陈设，并指定刻款内容及摆放的殿宇，俨然仍是造办处及如意馆的主要服务对象。

在训政的三年时间里，乾隆帝命如意馆及苏州织造为其制作了大量的玉宝、玉册，这些宝、册的本文内容都显示了太上皇帝至高无上的权威，其中最突出的要数“归政仍训政”宝。此宝藏于故宫博物院，属三方一分的引首宝，双龙钮，阴文篆书“归政仍训政”（图 2. 5）④。与其同属一分的尚有“山近轩”“太上皇帝之宝”二方。这三方宝在《活计档》中有记载：乾隆六十二年（1797 年）八月初七日“交白玉引首宝一分（山近轩、归政仍训政、太上皇帝之宝），传旨：发往苏州交织造舒玺按本文刻字送来”⑤。除“归政仍训政”宝外，乾隆帝还命做“勅几训政”宝一方以及“太上皇帝之宝”若干方。如乾隆六十二年五月记事录记载：“二十六日，员外郎大达色、笔帖式延祥将苏州送到刻（敛时五福用敷锡厥庶民）青玉宝一方，刻千叟诗青玉册页一册（各随匣，计十片本文墨榻各一分），刻太上皇帝之宝青玉宝一方（配得素匣），刻皇极殿宝青玉宝一方，刻字白玉引首宝一分（计三方），内（保和太和一方、十全老人一方、太上皇帝之宝一方），刻字绿玉引首宝一分（计三方），内（韶

① 《乾隆六十一年各作成做活计清档》热河随围八月初七日，《内务府活计档》胶片 154 号，案卷 3689 号。

② 《乾隆六十三年各作成做活计清档》九月初七日匣裱作，《内务府活计档》胶片 155 号，案卷 3702 号。

③ 《乾隆六十三年各作成做活计清档（乾清宫、交泰殿、弘德殿、昭仁殿）》十月二十八日，《内务府活计档》胶片 154 号，案卷 3694 号。

④ 故宫博物院藏：青玉双龙纽“归政仍训政”之宝（故 00166818）。

⑤ 《乾隆六十二年各作成做活计清档》热河随围八月初七日，《内务府活计档》胶片 155 号，案卷 3697 号。

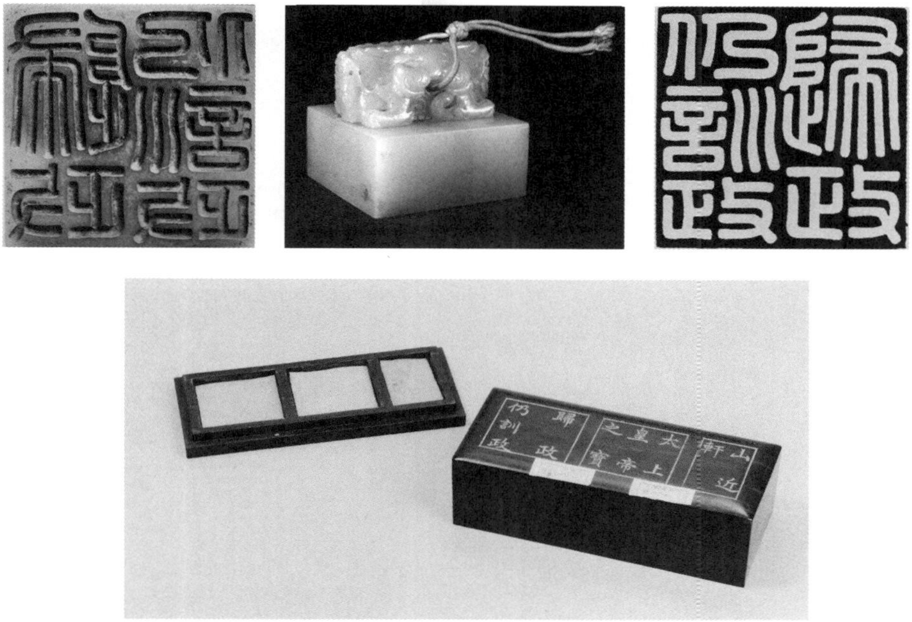

图 2. 5　故宫博物院藏“归政仍训政”宝及其宝匣

景轩一方、勅几训政一方、太上皇帝之宝一方），裱做御笔（匣衍记、入德胜门外）手卷各一卷（各随袱、别、匣），并伊呈进玉大吉葫芦佩一对、玉香囊一对、玉别子二十件、绣大荷包片五十对呈览，奉旨：刻字玉册宝一分并皇极殿宝一方交宁寿宫，其余玉宝一方、手卷二卷交懋勤殿，玉引首宝二分交保和太和一分、韶景轩一分，墨榻本文交如意馆（裱）册页，其伊呈进之玉佩一对交内殿，香囊交毓庆宫一件，赏十公主一件。玉别子二十件交如意馆，大荷包片交养心殿。”① 故宫博物院收藏有数方“太上皇帝之宝”，图 2. 6 为其一②，玉宝四周阴刻乾隆帝御制《自题太上皇宝》诗。此外，这则档案中提到的“敛时五福用敷锡厥庶民”宝、“千宴诗”（即千叟宴诗）册页、“皇极殿宝”、“十全老人”宝等，明显皆为太上皇交做的活计。又玉香囊一对“交毓庆宫一件，赏十公主一件”，显然是太上皇的口吻。

---

① 《乾隆六十二年各作成做活计清档》记事录五月二十六日，《内务府活计档》胶片 154 号，案卷 3695 号。

② 故宫博物院藏：青玉交龙纽“太上皇帝之宝”（故 00166726）。

图 2.6 故宫博物院藏青玉“太上皇帝之宝”

乾隆帝在册立皇太子上谕、传位诏书等谕旨中曾多次公开说“归政后，凡遇军国大事，及用人行政诸大端，岂能置之不问，仍当躬亲指教”①，“（朕）自上年举行授受典礼后，又仍每日训政弗懈”②，“（朕）自上年授玺后，勅几训政”③，毫不讳言自己不放权的态度。除了宣诸勅旨，乾隆帝干脆命做“归政仍训政”“勅几训政”等玉宝，以钤盖宝文的形式宣示自己“训政”之实。

二 仁宗崇俭黜奢与玉贡减数

嘉庆帝亲政后，为扭转乾隆朝好大喜功、竞尚奢华的风气，曾亲下谕旨做过不少制度上的调整，三令五申厉行节俭。如嘉庆四年（1799 年）始，除禁呈宝物外，

① ［清］庆桂等：《大清高宗纯皇帝实录》卷一四八六·乾隆六十年九月上，第十叶。

② ［清］庆桂等：《大清高宗纯皇帝实录》卷一四九七·乾隆六十二年十月，第十叶。

③ ［清］庆桂等：《大清高宗纯皇帝实录》卷一四九六·乾隆六十二年六月，第三十叶。

还叫停中秋节贡，“嗣后中秋节贡，著永远停止”①。

从《活计档》看，嘉庆帝对每年的新疆贡玉数量也至少进行了两度缩减，分别在其亲政初年以及嘉庆十七年。嘉庆十年以前的《活计档》虽然残缺不全，但是可知乾隆六十一年、六十三年，进到青白玉子分别是五千零五十二块②和五千六百三十七块③；而到了仁宗亲政之初的嘉庆九年（1804 年）（嘉庆四年至八年间相关档案缺失），青白玉子的数量已缩减至二千二百九十六块④，比乾隆帝当政末期缩减了一半有余，此后至嘉庆十七年（1812 年）一直基本维持在这个数量。虽然尚未找到嘉庆四年至九年间减少玉贡的明文规定，但时人礼亲王昭梿在《啸亭杂录》中提供了些许线索：“今上亲政时，首罢贡献之诏，除盐政、关差外，不许呈贡玩物，违者以抗旨论……时和阗贡玉，辇至陕、甘间，上即命弃诸途中，不许解入。”⑤ 有学者指出，这禁止解运入京的是从叶尔羌采得的重达数百斤的成块大玉⑥。自此，嘉庆帝革除了乾隆朝平定回疆后的采运大玉之役，基本结束了以大玉制作巨型雕塑、山子的历史。也许是在同样背景下，嘉庆帝亲政初期叶尔羌、和阗等处进贡的青白玉子数量也被勒令减半。

嘉庆十七年，鉴于库贮玉子充盈，玉贡又在嘉庆九年的基础上减数。道光元年（1821 年）涉及如意馆的一道堂钞中记载：“道光元年四月二十五日由内阁抄出奉旨，现据军机处具奏，和阗、叶尔羌年例进到玉子，从前新疆平定后和阗、叶尔羌二处每年进到玉子四千余斤。嘉庆十七年造办处存贮玉子因有盈余，曾经奉旨减数，每年止进二千斤。”⑦ 这道旨意得到了切实贯彻，从历年造办处档房行文统计，嘉庆十七年及以前，新疆每年进贡大小玉子两千块挂零，重四千斤左右；嘉庆十八年始至道光元年⑧，每年进到大小玉子在一千块上下，重二千余斤，确实做到了玉贡减

---

① ［清］曹振镛等：《大清仁宗睿皇帝实录》卷四九·嘉庆四年七月下，第二十叶。
② 《乾隆六十一年各作成做活计清档》四月二十一日行文，《内务府活计档》胶片 154 号，案卷 3692 号。
③ 《乾隆六十三年各作成做活计清档》五月初三日押帖，《内务府活计档》胶片 155 号，案卷 3700 号。
④ 《嘉庆九年各作成做活计清档》五月二十日押帖，《内务府活计档》胶片 156 号，案卷 3707 号。
⑤ ［清］昭梿：《啸亭杂录》卷一，“却贡玉”条，未注叶码，清钞本。
⑥ 关文发：《嘉庆帝》，长春：吉林文史出版社，1993 年，第 89 页。
⑦ 《道光元年清档》五月初六日堂抄，档房行文、如意馆，《内务府活计档》胶片 8 号，案卷 2938 号。
⑧ 《道光元年清档》五月初七日如意馆折片，《内务府活计档》胶片 9 号，案卷 2938 号。

数，且减少幅度达到一半。到道光元年四月起，宣宗甚至下令暂行停止玉贡。当然，这是后话。

嘉庆帝崇俭黜奢的作风正是嘉庆朝玉贡两度减半的直接原因。深层原因则是国力的衰落。

三　乾清宫大火与活计成做

在乾隆六十二年、六十三年的《各作成做活计清档》中各有一册方签题为“乾清宫、交泰殿、弘德殿、昭仁殿”的簿册。这种以宫殿名命名的题签方式与其他簿册以“某作”“某处”或“行文”“记事录”等命名的方式迥然不同，非常特殊。细观簿册中的内容，都是有关乾清宫、交泰殿、弘德殿、昭仁殿四处殿宇中陈设、器物收拾、配匣座、装裱的档案记录，似乎在乾隆六十二至六十三年间对这一组宫殿群内的器物、书画陈设进行过系统而大规模的整理、收拾。这种情况在造办处《活计档》中较为少见，该作何解释呢？

查阅史籍，原来在嘉庆二年即乾隆六十二年（1797 年）十月二十一日晚间，乾清宫、交泰殿失火，并延及乾清宫附属的弘德殿、昭仁殿。乾隆六十二年十月二十二日太上皇帝的一道敕谕中称：“于本月二十一日乾清宫、交泰殿灾，……只因承值太监等不戒于火，致有此事，……况二十一日晚间火起时，势甚猛烈，坤宁宫前簷已为熏灼所及，幸赖西北风起，而大臣等统率官员、兵役竭力汲水救护，得保无虞。”① 嘉庆二年军机处札：“现在乾清宫、交泰殿并弘德、昭仁殿，俱已被灾。”② 又嘉庆《大清会典事例》记载：“嘉庆二年，奉太上皇帝勅旨重修乾清宫并乾清宫左右之昭仁殿、宏（弘）德殿，又重修交泰殿。”③ 可见此次大火火势甚猛，延烧绞广，乾清宫、交泰殿以及乾清宫附属之弘德殿、昭仁殿均被烧毁，且差点波及坤宁

---

① 《上谕档》乾隆六十二年十月二十二日太上皇勅谕。见中国第一历史档案馆编：《嘉庆道光两朝上谕档》（第二册），第 302、303 页。

② 转引自李燮平：《清代乾清宫沿革概要》，中国紫禁城学会：《中国紫禁城学会论文集（第六辑 上）》，北京：紫禁城出版社，2007 年，第 197 页。

③ ［清］托津等：《钦定大清会典事例（嘉庆朝）》卷六百六十二，第二十五、二十六叶，清嘉庆二十三年武英殿刻本。

宫。灾后重建于嘉庆三年春全面启动，“所有应修工程著该管大臣等于春融集料兴工，即行修葺完善，诸复旧观”①，工程于同年十月完成②。而火灾后几天便开始清理、收拾乾清宫、交泰殿、弘德殿、昭仁殿所藏各类玉玩、字画等，并补做部分陈设品，可能还将其他宫殿、库房的陈设品刷洗擦磨收拾以备安设。这些活计主要由内务府造办处负责，如意馆更是承担了大量工作。造办处将所有相关活计档案单独成册，形成乾隆六十二年、六十三年的《各作成做活计清档（乾清宫、交泰殿、弘德殿、昭仁殿）》两本专门簿册。所记虽详，但只字未提火灾之事，以致很多档案利用者并未将其与乾清宫大火联系起来。

此次火灾对殿宇陈设的破坏程度在上述两册活计档簿册中有如实反映。乾清宫等处收藏有大量清朝历代帝王及列朝人珍贵字画。《活计档》记载证实，殿中珍藏的字画确实受到了火灾波及，除去可能的幸存品外，或许还曾调拨他处库存字画以为替代，这些大多需要重新装裱。火灾过后第三天，即嘉庆二年十月二十四日内廷交“世祖御笔手卷九卷、挂轴八轴，列朝人字画手卷二十卷”，着启祥宫装裱；几天之后的十一月初一日，又交世祖、圣祖、世宗、列朝人法书，着启祥宫裱手卷二十六卷，挂轴四十一轴，册页二十四册，匾额、对联、条幅、斗方共一千一百八十九张③，随后又陆续交如意馆裱册页、手卷、挂轴等活计。灾后的装裱活计甚多，以至于如意馆员外郎福庆、祥绍呈称：“现裱做御笔挂轴、手卷、条山、对联等项活计甚多，裱作托裱墙壁不敷应用。”请求修整鳌山库旧有裱案等设施救急④。大约到了嘉庆三年秋季，这一浩大工程还未完全结束。如八月初七日如意馆押帖提到：“乾清宫应安设世祖、圣祖、世宗御笔挂轴六十二轴，册页三十一册，奉旨：挂轴俱配各色锦囊，安白绫签，册页各配锦套。”⑤ 而如意馆成做的盛装字画的锦袱还需苏州织造

① ［清］庆桂等：《大清高宗纯皇帝实录》卷一四九七·乾隆六十二年十月，第十三叶。

② 李燮平：《清代乾清宫沿革概要》，中国紫禁城学会：《中国紫禁城学会论文集（第六辑 上）》，北京：紫禁城出版社，2007 年，第 198 页。

③ 《乾隆六十三年各作成做活计清档（乾清宫、交泰殿、弘德殿、昭仁殿）》四月二十五日如意馆押帖，《内务府活计档》胶片 155 号，案卷 3698 号。

④ 《乾隆六十三年各作成做活计清档（乾清宫、交泰殿、弘德殿、昭仁殿）》四月二十二日堂谕，《内务府活计档》胶片 155 号，案卷 3698 号。

⑤ 《乾隆六十三年各作成做活计清档（乾清宫、交泰殿、弘德殿、昭仁殿）》八月初七日如意馆押帖，《内务府活计档》胶片 155 号，案卷 3698 号。

协助制作。嘉庆三年二月初九日，“查得如意馆现成做乾清宫陈设御笔手卷并臣工手卷应用大小锦袱一百件，着交苏州织造……办理”①。

火起时殿宇内的壁面装饰用字画首当其冲。这些字画经火后必然损失惨重，需要如意馆重新绘制。嘉庆二年十一月初一日，“交乾清宫殿内明柱上画挂屏一张、东西暖阁仙楼下墙上画条四张，传旨：交启祥宫画”；十一月初三日又交昭仁殿用画幅、弘德殿用画幅若干，仍交启祥宫画②。嘉庆三年七月二十八日，交弘德殿用画若干，交如意馆绘画③。

乾清宫等处还收藏有大量历年制作的珍贵的玉玩、图章、砚台等陈设，在火灾中亦多有损伤。火灾过后几天，内廷就陆续交出过火需要收拾的各种陈设，或许还有来自别处的库存物品，交如意馆收拾，以备陈设。如嘉庆二年十月二十七日“交汉玉苏武牧羊一件（随本文一张），传旨：交启祥宫擦磨收什好刻诗”；二年十一月初一日“交汉玉马一件，传旨：着启祥宫擦磨收什光亮”；二年十一月初五日，交乾清宫陈设玉器四十九件，着启祥宫擦磨收什光亮，于当月二十六日收拾得；二年十一月二十日，“交乾清宫陈设玉玩、图章等项共六百八件，着启祥宫刷洗擦磨收拾好（附清单）以上共六百八件……共宝十九方，共陈设玉玩、图章等项活计六百二十七件，收拾得于三月初二日俱交造办处……以上通共收拾见新擦磨刷洗玉器六百七十八件”④。这些玉玩、图章收拾停当以后，还需配以匣、座。嘉庆三年“二月三十日奉御前大臣福□谕：所有交如意馆收什乾清宫陈设玉玩、图章等项活计，着该管官员逐款查清，按数全行交造办处活计房官员详细分晰，添配匣、座。其余不堪应用之件归入造办处存贮，以备汇总办理”⑤。砚台也是乾清宫收藏品中的一类，嘉庆二

① 《乾隆六十三年各作成做活计清档（乾清宫、交泰殿、弘德殿、昭仁殿）》二月初九日，《内务府活计档》胶片 155 号，案卷 3698 号。

② 《乾隆六十三年各作成做活计清档（乾清宫、交泰殿、弘德殿、昭仁殿）》四月二十五日如意馆押帖，《内务府活计档》胶片 155 号，案卷 3698 号。

③ 《乾隆六十三年各作成做活计清档（乾清宫、交泰殿、弘德殿、昭仁殿）》九月二十一日押帖，《内务府活计档》胶片 155 号，案卷 3698 号。

④ 《乾隆六十三年各作成做活计清档（乾清宫、交泰殿、弘德殿、昭仁殿）》四月二十五日如意馆押帖，《内务府活计档》胶片 155 号，案卷 3698 号。

⑤ 《乾隆六十三年各作成做活计清档（乾清宫、交泰殿、弘德殿、昭仁殿）》三月初二日堂谕，《内务府活计档》胶片 155 号，案卷 3698 号。

年十一月初一“交乾清宫收贮砚台五十方……其余二十三方着启祥宫配匣”①。

除上述玉玩、图章、砚台等陈设外，乾清宫收贮的皇帝于每年元旦在养心殿东暖阁明窗开笔仪式②御用的两件重器——金瓯永固杯、玉烛长调烛台亦惨遭回禄。“十月二十六日，御前大臣福□面奉谕旨：乾清宫收贮金瓯永固、玉烛长调业经伤损，着交造办处成造金瓯永固一件……其玉烛长调一件交启祥宫挑玉成做。钦此”③。幸运的是，这些经火伤损以及灾后重做的金瓯永固杯、玉烛长调烛台今天仍然存世。综合张世芸、侯怡利、许晓东等学者的研究，台北故宫博物院收藏的一件金瓯永固金杯，应为档案记载的乾隆五年所制者，在清代或因伤损而弃用存于南库，笔者认为极有可能是嘉庆二年火灾的孑遗。而故宫博物院收藏的金瓯永固杯（图2.7）④ 应为嘉庆二年重新制作的那件⑤。这两件金瓯永固杯均在口沿外侧一面铸篆书“金瓯永固”字样，另一面铸篆书“乾隆年制”年款。故宫博物院、台北故宫博物院各收藏一件玉烛长调烛台，形制基本相同，大烛盘内底均篆刻有“玉烛长调乾隆年制”铭文。故宫博物院所藏烛台（图2.8）⑥ 清末点查时藏于南库，编号为“昆一六九65”，与另外72件套文玩盛装于一件硬木柜中，其内器物多有破坏、脱落

---

① 《乾隆六十三年各作成做活计清档（乾清宫、交泰殿、弘德殿、昭仁殿）》四月二十五日如意馆押帖，《内务府活计档》胶片155号，案卷3698号。

② 养心殿东暖阁明窗开笔仪式始于雍正时期，定制于乾隆时期，历代相沿，直至咸丰。关于元旦开笔仪式，清嘉庆十二年（1807年）嘉庆帝《元旦试笔》诗“玉烛金瓯祖考贻，明窗试笔迓鸿禧”句自注：“养心殿元旦开笔之典，始于皇祖，而皇考继行之。予于乙卯宣谕，立为皇太子，即蒙召至养心殿东暖阁明窗，教以先朝留贻例典及开笔御用法物。今敬守遵行，罔或有阙其制。于每岁元旦子刻，即躬御是处。案设金瓯一，中注屠苏。玉烛一，手引发光。先御硃毫，后染墨翰。其笔管端镌字曰‘万年青’，管曰‘万年枝’。各书吉语数字，以祈一岁之政和事理。复进本年时宪书，流览一通，以寓授时省岁之义。诸器物经用毕，皆一一手为料检，饬司事庋藏。其仪式详备如此。”（［清］颙琰：《清仁宗御制诗二集》卷二十五，第一叶，嘉庆十六年武英殿刻本）。首见张世芸：《“金瓯永固”杯》，《故宫博物院院刊》1980年第2期。

③ 《乾隆六十二年各作成做活计清档（乾清宫、交泰殿、弘德殿、昭仁殿）》十月二十六日乾清宫，《内务府活计档》胶片154号，案卷3694号。

④ 故宫博物院藏：乾隆款金嵌珠石金瓯永固杯（故00011674）。

⑤ 张世芸：《“金瓯永固”杯》，《故宫博物院院刊》1980年第2期；侯怡利：《金瓯永固、玉烛长调：谈元旦开笔御用器》，《故宫文物月刊》第346期，2012年1月；许晓东：《返绝久非藉 沧桑全亦奇——记四件“金瓯永固”杯及其他》，《紫禁城》2012年第12期。

⑥ 故宫博物院藏：乾隆款青玉烛台（故00100406）。

现象①。据此笔者判断它可能是经火伤损的那件，而台北故宫博物院所藏烛台在清末点查时存于乾清宫西暖阁②，则有可能是嘉庆二年新做者。

图 2. 7　故宫博物院藏乾隆款金嵌珠石金瓯永固杯

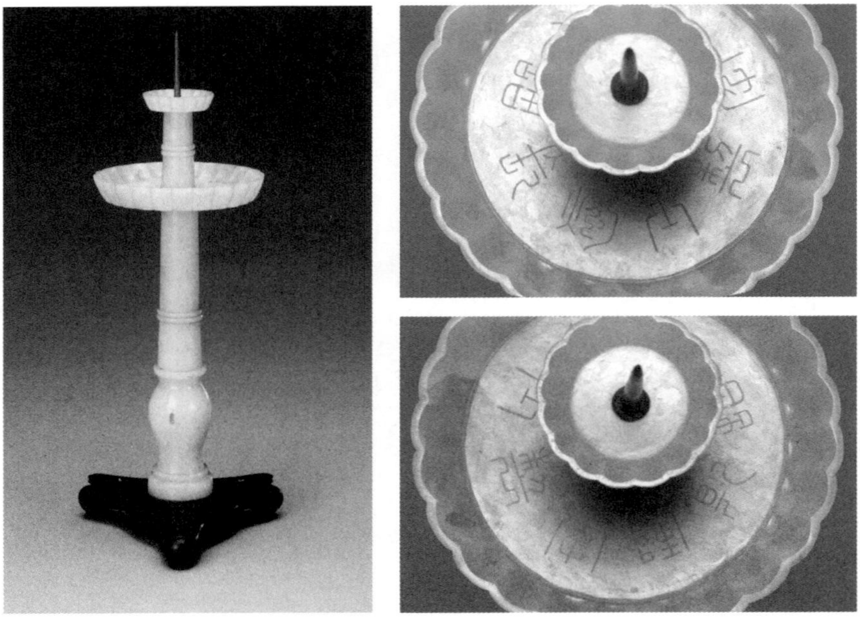

图 2. 8　故宫博物院藏乾隆款玉烛长调烛台

① 《故宫物品点查报告》第三编第二册卷二·南库，故宫博物院刊行，1929 年再版，第 23 ~ 26 页。

② 侯怡利:《金瓯永固、玉烛长调：谈元旦开笔御用器》。

皇帝还下令如意馆等处新做一批器用，以补充乾清宫等宫殿缺损的陈设。如嘉庆二年十一月二十七日“交白玉凫尊一件、碧玉象耳双环四喜瓶一件（乾清宫），系如意馆新做……传旨：配木座”①。十一月二十八日“太监鄂鲁里传旨：着启祥宫做象牙仙工塔、仙工插屏等项，画样呈览。钦此。随先画得塔一座、插屏一座纸样二张，交太监鲁里呈览，奉旨：照样准做。钦此”②。十二月二十六日“交白玉大碗一件（启祥宫新做），传旨：配座，得时在乾清宫格内摆。钦此”③。

嘉庆二年的一条档案很值得注意：十一月十四日“传启祥宫在广储司银库内挑玉做海马一件。随挑得山料玉一块……在玉上画得墨道，于十六日安设西华门内，随纸样一并呈览，奉旨：照样准做，着交两淮盐政征瑞俀玉上紧赶做。钦此（于三年八月十三日将两淮送到玉海马一件呈进安乾清宫讫）”④。该旨意出自火灾后不久，皇帝特命制作玉海马一件。此海马由一块重九百余斤的山料玉雕制⑤。不同于以往制玉流程，此件玉器在启祥宫挑玉、画得墨道后，送交两淮盐政饬作前，特于西华门内安设，似乎借由此仪式赋予其某种特殊的含义。查阅典籍，在清宫《海错图》⑥ 第二册中有“海马”一种，所附文字曰：“《杂记》载海马骨云：徐铉仕江南，至飞虹桥，马不能进。以问杭僧赞宁，宁曰：下必有海马骨，水火俱不能毁。”⑦ 此说法既出自清宫收藏之《海错图》，说明清代皇室相信海马有“水火俱不能毁”之神奇能力。在火灾过后赶做一尊玉海马安设乾清宫，大约有压制水火之灾的愿望。其实，紫禁城宫殿檐角上依次布列之仙人、龙、凤、狮子、天马、海马、押鱼、狻猊、獬豸、

---

① 《乾隆六十二年各作成做活计清档（乾清宫、交泰殿、弘德殿、昭仁殿）》十一月二十七日乾清宫，《内务府活计档》胶片 154 号，案卷 3694 号。

② 《乾隆六十二年各作成做活计清档（乾清宫、交泰殿、弘德殿、昭仁殿）》十一月三十日押帖，《内务府活计档》胶片 154 号，案卷 3694 号。

③ 《乾隆六十二年各作成做活计清档（金玉作、油木作、匣裱作）》十二月二十六日匣裱作呈稿，《内务府活计档》胶片 154 号，案卷 3693 号。

④ 《乾隆六十二年各作成做活计清档（乾清宫、交泰殿、弘德殿、昭仁殿）》十一月十八日押帖，《内务府活计档》胶片 154 号，案卷 3694 号。

⑤ 杨伯达：《清代宫廷玉器》。这是清代史料记载的最后一次大件玉器的制作。

⑥ 《海错图》由清代画家聂璜所作，约成书于康熙三十七年（1698 年），后于雍正四年（1726 年）进入皇宫，乾隆年间著录于《石渠宝笈续编》。“海错”系指中国古代对水族之中种类繁多的海洋生物的统称。参见故宫博物院：《清宫海错图》北京：故宫出版社，2014 年，前言，第 5 ~ 14 页。

⑦ 故宫博物院：《清宫海错图》，第 180 ~ 181 页。

斗牛、行什，各有含义，海马位列其中，可能专司驱避水火的职责。

在一般史料中，有关嘉庆二年乾清宫大火的记载都较为简略，多仅涉及事件、责任人及相关处理。借助这两册《活计档》的记录以及器物清单，我们得以了解到乾嘉之交紫禁城内廷最重要的一组宫殿的陈设种类、数量甚至是部分器物名目。除了器物、字画外，昭仁殿珍藏的“天禄琳琅”善本珍籍亦在此次火灾中全部焚毁，灾后皇帝亦令重汇善本。昭仁殿“天禄琳琅”之书厄虽未见于《活计档》，但其与字画、器物的损毁一样，都是难以估量的重大损失。也许，《活计档》以及其他文献记载可以引导我们去关注和思考乾清宫、交泰殿、弘德殿、昭仁殿这些殿堂中所陈设的物品及其所承载的文化、礼制内涵。

四　禁门之变与如意馆移出启祥宫

嘉庆十八年（1813 年）十一月总管内务府呈报本年“十月分用过苏拉数目清单”一则。这种清单原本极其平常，每月都会上奏，实为例行公事，内容无外乎呈报各宫殿、苑囿、皇家寺观等处事务需用苏拉数目。由于内务府运转有序，宫中事务亦年年循例，历年十月份清单所涉各处事务及所需苏拉数目皆大同小异。然而，这份嘉庆十八年“十月分用过苏拉数目清单”却多出一则内容：

造办处来文：十月初一日，启祥宫各作移至造办处，用苏拉六十名①。

这在以往从未出现过，此后亦再未提及，是一则非常罕见的记录。说明嘉庆十八年十月初一日，如意馆位于宫内启祥宫的各作坊②移出至造办处。由于记载简略，很难判断这是一项临时性的举措还是一次永久性的迁离。难道启祥宫作为如意馆馆舍的历史就此终结？带着这一疑惑，笔者在翻阅《活计档》时特别留意了嘉庆十八年前后有关如意馆的记载。

---

① 总管内务府（关防衙门）：《奏案 05－0567－075 呈十月用过苏拉数目清单》，嘉庆十八年十一月二十六日。

② “启祥宫各作”应即如意馆的各个二级作坊。至于启祥宫内是否还有如意馆以外的其他作坊，目前并未见档案提及。

如前所述，从乾隆年间开始，圆明园内如意馆和紫禁城内启祥宫同为“如意馆”所属馆舍，一年中其集中承办活计的时段取决于皇帝的居所：当皇帝驻跸圆明园及巡幸时，所需活计“交如意馆”在园中成做；而当皇帝居于皇宫时，所需活计则“交启祥宫”在内廷成做。档案中两处所指皆为造办处作坊“如意馆”，只是称呼上随皇帝的行止而变换。活计“交如意馆”抑或“交启祥宫”在《活计档》中都有明确的记录，从不混淆。纵观乾隆朝至嘉庆十七年《活计档》，一般每年正月至十月间，皇帝多园居或巡幸，活计承办单位为“如意馆”；十月至次年正月间，皇帝居于宫内，承办单位为“启祥宫”。

细察嘉庆十八年前后的《活计档》，大约嘉庆十七年开春以后皇帝离宫园居，此后至当年十月二十三日以前如意馆呈稿涉及的活计均“交如意馆”成做；自十月二十四日至转年嘉庆十八年正月，皇帝回宫居住，相关活计则“交启祥宫”成办。直至嘉庆十八年正月初四日“交御笔元旦浴佛万寿心经头尾三分……传旨：交启祥宫绘画……裱册页三册，照例装潢裱做”[①]，承办单位还都是“启祥宫”。然而，这则档案却是启祥宫成做活计的最后一条记载。此后，嘉庆帝先居圆明园，又至避暑山庄，再于九月十九日回銮紫禁城[②]，期间所有活计均沿旧例由“如意馆”成办，“启祥宫”字样即使在皇帝回宫后在《活计档》中亦再未出现过。

综合嘉庆十八年“十月分用过苏拉数目清单”以及《活计档》的相关记载，我们可以确定，嘉庆十八年十月初一日如意馆在启祥宫的作坊被永久性地迁出，移至造办处所在地（图2.9）[③]。启祥宫自此不再作为如意馆的馆舍使用。

启祥宫自乾隆元年被辟为如意馆在宫内的作坊，一直沿用到嘉庆十八年，历时近八十年，为何会在嘉庆十八年十月初一日一朝迁出？此事仅见于前述清单中一句话的简略记录，《活计档》中竟无只字提及，各类史料文献中亦没有记载此等微末小

---

① 《嘉庆十八年清档》三月二十七日如意馆押帖，《内务府活计档》胶片4号，案卷2905号。

② 嘉庆十八年秋七月十八日，嘉庆帝按常年惯例，自圆明园启銮东巡，秋狝木兰，并谒东陵。九月十九日还宫。见关文发：《嘉庆帝》第472、478页。

③ 图片采自《故宫博物院全图》（1930年），转引自宋旸：《未曾退色的光辉——易培基任上的故宫博物院》，《紫禁城》2005年第5期。笔者未能找到嘉庆十八年前后紫禁城平面图，仅在1930年绘制的《故宫博物院全图》上加以标注，示意造办处、太极殿（启祥宫旧址）、养心殿间的位置关系。从嘉庆时期至1930年间，这些殿宇的位置并没有变化，作为参照图是没有问题的。

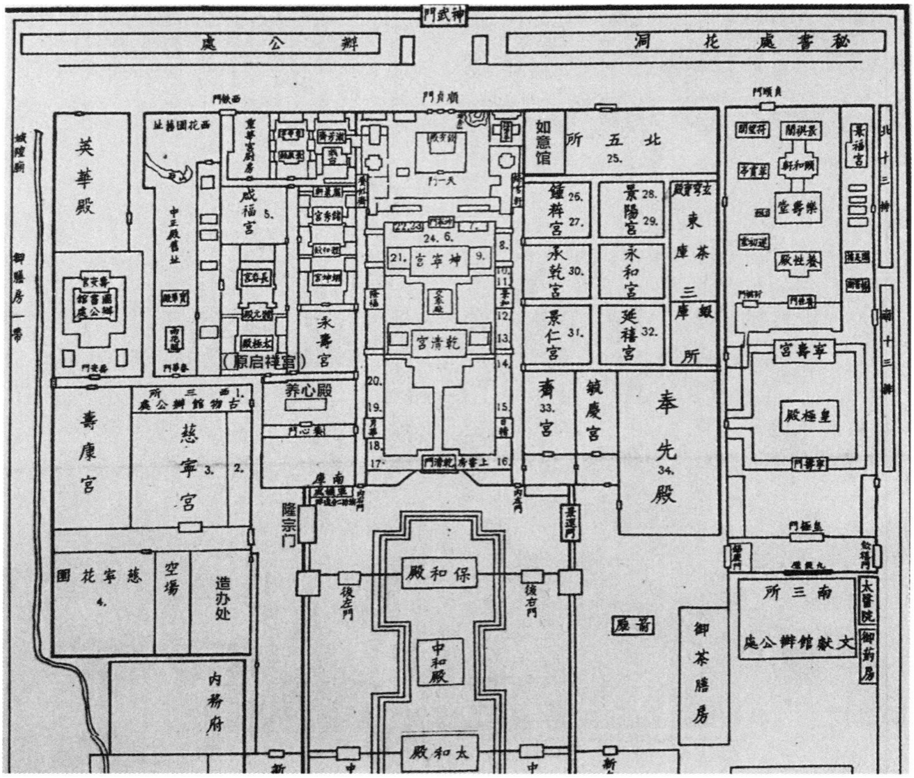

图 2. 9　紫禁城内造办处、养心殿等处位置示意图

事。笔者推测，此事当与嘉庆十八年九月十五日天理教进攻紫禁城的“禁门之变”有关。

嘉庆十八年九月十五日午时刚过，约两百名天理教徒扮作商贾小贩，分作两队从东华门、西华门攻入紫禁城，并由数名入教的太监内应、向导①。西路人马一路攻至隆宗门外与守军展开激战，甚至有教徒攀垣将入养心门②，几乎攻入内廷。最终，在皇次子绵宁的指挥围剿下，天理教徒全数被歼灭、擒获。这次事变史称“禁门之变”③，由于这一年是癸酉年，亦称“癸酉之变”④。

---

① 关文发：《嘉庆帝》，第 474 页。

② 关文发：《嘉庆帝》，第 475 页。

③ 孙文范、冯士钵、于伯铭：《道光帝》，长春：吉林文史出版社，1993 年，第 35 页。

④ 关文发：《嘉庆帝》，第 475 页。

“禁门之变”后，清宫加强了戒备并添置兵器，这在《活计档》中有所反映：嘉庆十八年十月十二日档房过印文一件，“据三旗参领处报称，查本旗骁骑营披甲人等在紫禁城内东西进班堆拨共计三十处，内二十七处因本月十五日贼匪进内砍坏伤折应添黑鞘腰刀六十五把……鞍作呈稿”①。此“贼匪进内”当指天理教徒攻入紫禁城之事，并因此要造办处鞍作添置“黑鞘腰刀六十五把”；嘉庆十九年（1814 年）正月十七日堂抄“上年十月间，景运门等八门新添兵丁七十名……请……做给（腰刀）……安（鞍）甲作呈稿”②。除了加强武备外，清廷对宫内服务匠役的管理亦更趋严格。造办处于十一月就“毓庆宫灯屏应否于二十五日随鳌山进匠之处”请旨，皇帝下旨，“灯屏准随鳌山进匠，人数务要减少”③，尽量减少进入内宫的匠役人数，以策安全。十二月初十日又传旨，“本月十五日糊饰养心殿东西佛堂窗牖不准进匠，着派造办处营造司太监进内糊饰，如一日不完匀作二日”④。为防不测，宁可拖延工期，亦不准匠役入养心殿。

在此背景下，如意馆作坊及匠役自启祥宫迁出便合乎情理了。启祥宫位于内廷西路，属于西六宫之一，在皇帝居住的养心殿之西北（图 1.4），穿启祥门、如意门可互通。其紧邻养心殿的地理位置，本来是便于皇帝时常驾幸、指导活计成做，而此时在清廷看来却成为一处危险隐患所在。天理教徒当日假扮小贩之流攻入宫内，清廷必然要加强对宫内匠役人等的管控，而启祥宫包括民匠在内的各色匠役往来不断，工具、物料频繁进出给内廷安保带来不便。安全起见，启祥宫内的作坊外迁是势在必行。造办处虽亦在紫禁城内，但位于外朝西路、慈宁宫以南、乾清门广场西侧隆宗门外西南，与内廷间有重重宫墙阻隔，距离养心殿较远（图 2.9）。如意馆作坊搬迁至造办处，既能继续服务皇室，又不至影响内廷防务，是种折中的处理办法。于是，“禁门之变”后仅半个月，如意馆便从启祥宫迁出了。除了馆舍的迁移，如意馆所属太监亦相应调整，“十一月初九日总管太监孙得禄口传奉旨：如意馆太监李进

---

① 《嘉庆十八年清档》十月十二日印文，鞍作呈稿，《内务府活计档》胶片 5 号，案卷 2908 号。此处的“本月”当指嘉庆十八年九月。

② 《嘉庆十九年清档》正月十七日堂抄，安（鞍）甲作呈稿，《内务府活计档》胶片 5 号，案卷 2909 号。

③ 《嘉庆十八年清档》十一月二十四日油木作、铜鋄作、匣裱作、灯裁作、金三作、珐琅作、档房呈稿，《内务府活计档》胶片 5 号，案卷 2908 号。

④ 《嘉庆十八年清档》十二月初十日匣裱作呈稿，《内务府活计档》胶片 5 号，案卷 2908 号。

得、朱玉着归内殿当差，嗣后如意馆遇有差务着造办处首领太监承应”①。这一系列的变动不过是清廷遇变之后的应对措施在如意馆的一二反映而已。

“禁门之变”后，清廷不仅加强了紫禁城的戒备，亦加强了圆明园等处的防卫。“其管理圆明园之大臣，著饬令俱赴圆明园督率该管章京、兵丁等，将御园四面附近村庄烟户以及清河等处地方，逐细访查”②。就如意馆所受影响看，不独其在宫内的作坊迁出启祥宫，其在圆明园内的作坊和人员亦加强了管控。“十一月初六日，总管内务府大臣征□奉旨：朕在园驻跸之时，如遇有赏如意馆匠役等物件，该匠役不必在内谢恩，嗣后着常□、征□代奏，该匠役等着在门外谢恩。钦此。又奉旨：如意馆现有后廊着改砌后簷墙，东边随墙门着添锁钥交吕进忠收管，俟有旨传到如意馆时再行开门。钦此。如意馆呈稿”③。皇帝授意如意馆匠役停止进内谢恩，如意馆后廊亦改砌后簷墙，随墙门常闭并添锁钥着专人收管，将如意馆隔离开来。这些举措亦当出于安全考虑。

值得一提的是，学界普遍认为自咸丰十年（1860 年）圆明园被焚毁，园内如意馆亦随之被毁，加之启祥宫后来改为太极殿，因此同治年间清廷在紫禁城东北部的北五所的西所重建“如意馆”，继续为宫廷服务。然而笔者认为，既然如意馆在宫内的作坊早于嘉庆十八年便已迁出启祥宫至造办处，迁出后的作坊命名为“如意馆”是很自然的事情，亦即宫内、圆明园两处如意馆并存。道光元年（1821 年）档案中“城内如意馆”的称呼即为佐证（详见第三章第三节）。这种宫内、苑囿、行宫的殿宇、馆舍同名的做法在清代并不罕见④。至于宫内如意馆是否在同治年间落户北五所，则需要在档案文献中找到文字证据。

① 《嘉庆十八年清档》十一月初九日如意馆呈稿，《内务府活计档》胶片 5 号，案卷 2908 号。

② ［清］曹振镛等：《大清仁宗睿皇帝实录》，卷二百七十四，嘉庆十八年九月中，第四、五叶。

③ 《嘉庆十八年清档》十一月初六日如意馆呈稿，《内务府活计档》胶片 5 号，案卷 2908 号。

④ 如宫内宁寿宫以及圆明园皆有“五福五代堂”，宫内毓庆宫及热河避暑山庄皆有“继德堂”。

第三章　道光朝如意馆

第一节　道光朝如意馆的档案来源

道光朝如意馆的记载主要见于清宫内务府的档案。其中，内务府造办处《活计档》中的记载最详细、集中，《奏销档》虽不及《活计档》内容丰富，侧重亦不同，却给我们提供了重要信息。

一　活计档

《活计档》是记录如意馆相关情况最集中的档案文献。道光年间《活计档》的记录延续嘉庆朝体例，不以作坊分别立案，而是按照时间早晚顺序记录各项活计，每则活计档案末尾开列呈稿作坊名称。簿册封面题签亦为“道光某年清档（某几月）”，每季度为一册，一年四册。除道光十一年（1831 年）第一本簿册（内容涉及正月至三月间的活计档案）、道光二十二年（1842 年）七月初六日至八月初六日档案、道光三十年（1850 年）全部档案缺失外，其余《活计档》簿册都完整地保存在中国第一历史档案馆。此外，一史馆还保留有一册造办处缮写的《道光元年至十六年清档总目》可供检索。

二　奏销档

道光朝《奏销档》中涉及如意馆的档案虽然不多，但我们可以从中了解到如意馆成做玉册宝、获得分赏等情况，是研究道光朝如意馆问题的重要文献来源之一。

第二节　道光朝如意馆的活计种类

一　绘　画

（一）皇室成员容像

内廷最重视的绘画活计当属为先帝后绘制圣容、为帝后绘制御容。此外，如意馆还为后妃及子女绘制喜容。

1. 圣容像

道光元年（1821 年）“十一月二十八日懋勤殿太监吕进祥传旨：着沈焕于十二月初一日起进内恭绘圣容、御容，俱画金龙袍，俟画得时仍交如意馆裱作裱手卷一卷。钦此”①。

道光二年（1822 年）“八月初一日请画圣容，其乘用马匹着上驷院备齐鞍毡，令沈焕去看，照样绘画。钦此”②。

道光二十年（1840 年）“七月初八日……传旨：着沈振麟画骑马式圣容一轴，高一丈一尺，宽九尺，穿全金盔甲。钦此”③。

2. 御容像

道光朝《活计档》中见有恭绘太后、皇上、皇后御容的记载。皇帝对御容的背景、姿态往往有具体的指示，或看书或持弓或骑马等等。

道光四年（1824 年）“正月二十日交徐呈祥、沈焕合笔用绢恭画御甲胄乘驶云黄御容一幅，于四月二十二日画得呈进”④。

道光六年（1826 年）“二月初三日懋勤殿太监刘国泰传旨：着贺世魁恭画御容二幅，一幅纸画，着画看书式样；一幅绢画，着画拿弓箭式样。钦此”⑤。

---

① 《道光元年清档》十二月二十八日押帖，如意馆呈稿，《内务府活计档》胶片 9 号，案卷 2940 号。

② 《道光二年清档》九月十一日押帖，如意馆呈稿，《内务府活计档》胶片 10 号，案卷 2944 号。

③ 《道光二十年清档》九月二十四日如意馆呈稿，《内务府活计档》胶片 22 号，案卷 3014 号。

④ 《道光四年清档》六月二十二日押帖，如意馆呈稿，《内务府活计档》胶片 11 号，案卷 2951 号。

⑤ 《道光六年清档》三月初五日押帖，如意馆呈稿，《内务府活计档》胶片 12 号，案卷 2958 号。

道光八年（1828 年）“五月初九、十四日……传旨：着贺世魁恭画御容半身像，要画绒冠它色袍，手拿烟壶式样，用纸画。钦此。又传旨：着贺世魁恭画御容衣纹，着沈振麟补画，要穿马褂、战裙、骑马式样画飞霞骏，用绢画。钦此”①。

道光十六年（1836 年）“七月初四日……着沈振麟恭画皇上、皇后御容，四阿哥喜容行乐”②。

道光帝御容像等往往署有专门的画名，如“策骏清尘”（图3.1）③、“情殷鉴古”（图3.2）④ 等，盛贮在特制的木匣中。《活计档》中记载，道光二十九年（1849 年）“五月初九日……交樟木扣盖匣一件（随本文一件‘策骏清尘’道光二十九年四月），樟木扣盖匣一件（随本文一件‘情殷鉴古’道光己酉清和月），传旨：将匣盖上刻字填蓝。钦此”⑤。这两幅御容像至今还珍藏在故宫博物院。

图 3.1　故宫博物院藏旻宁策骏清尘图像轴

图 3.2　故宫博物院藏旻宁情殷鉴古图像轴

---

① 《道光八年清档》七月初二日押帖，如意馆呈稿，《内务府活计档》胶片 14 号，案卷 2968 号。

② 《道光十六年清档》九月十一日押帖，如意馆呈稿，《内务府活计档》胶片 19 号，案卷 2998 号。

③ 故宫博物院藏：清人画旻宁策骏清尘图像轴（故 00006566）。

④ 故宫博物院藏：清人画旻宁情殷鉴古图像轴（故 00006563）。

⑤ 《道光二十九年清档》油木作呈稿，《内务府活计档》胶片 27 号，案卷 3049 号。

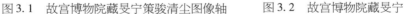

3. 喜容像

道光四年（1824 年）“六月十七日太监禄儿传旨：着贺世魁画大爷喜容，着沈振麟补衣纹地景。钦此”①。

道光十二年（1832 年）“七月初四日……传旨：着沈振麟恭画六公主、四阿哥、五阿哥喜容三轴。钦此。七月二十一日……交四阿哥、五阿哥喜容二张，随厢锦一块、黄绢一块，传旨：交如意馆糊壁子二扇……钦此……七月二十三日，交六公主像一张，传旨：交如意馆裱软挂一轴。钦此”②。

（二）重臣画像

除为皇室成员绘制画像外，如意馆还奉命为功勋卓著、德高望重的王公大臣绘制画像，以示褒奖。如：

道光二年（1822 年）“奉旨：（七月）二十二日画索特那多布齐脸相，二十四日画禧恩脸相……钦此”③。索特纳木多布齐④、禧恩⑤都是嘉庆、道光之际的重臣，禧恩在道光帝即位时更有拥护之功。

道光三年（1823 年）“七月初一日传旨：沈庆兰、沈振麟踏勘万寿山玉澜堂式样画王大臣十五老人像，起稿一张。十九日起得呈览，照样用绢绘画。钦此”⑥。此后《活计档》中提到的“万寿山玉澜堂赐宴十五老臣像大横披”应该就是此次绘制的这幅绢画，或是以之为粉本的其他作品。

如意馆还奉命为征讨有功的功臣绘制肖像，详见本章第五节。

（三）殿宇及陈设装饰画

绘制各种图画是道光朝如意馆成做数量较多的活计种类之一。其中，宫殿及陈设的装饰画又是其中的大宗。宫殿的修缮装修往往需要大量的画幅，如画条、横披、

---

① 《道光四年清档》八月初十日押帖，如意馆呈稿，《内务府活计档》胶片 11 号，案卷 2952 号。

② 《道光十二年清档》九月十八日押帖，如意馆呈稿，《内务府活计档》胶片 17 号，案卷 2982 号。

③ 《道光二年清档》九月十一日押帖，如意馆呈稿，《内务府活计档》胶片 10 号，案卷 2944 号。

④ 索特纳木多布齐，科尔沁扎萨克郡王。

⑤ 爱新觉罗·禧恩，字仲蕃，隶正蓝旗，睿亲王淳颖之子。嘉庆二十五年（1820 年），仁宗崩于热河避暑山庄，事出仓猝，禧恩以内廷扈从，建议宣宗有定乱勋，当继位。会得秘匮朱谕，乃偕诸臣奉宣宗即位。道光初年被恩眷，命在御前大臣、领侍卫大臣上行走。

⑥ 《道光三年清档》九月三十日押帖，如意馆呈稿，《内务府活计档》胶片 10 号，案卷 2948 号。

斗方、画对以及贴落、通景画等。

慎德堂及湛静斋是道光时期的两项大工程。二者比邻，均是圆明园中的重要院落。道光十一年（1831年）三月，二者同时落成。在当年的《活计档》中留下了很多如意馆奉旨为慎德堂及湛静斋绘制宫殿装饰用画幅的记录，例如“四月十四日木作具报单一件，内开：懋勤殿传慎德堂、湛静斋用白画绢七百五十三块，胶矾用杉木框子四副……如意馆为画慎德堂、湛静斋玻璃挡，传杉木框二十副……油木作呈稿”①。两处院落共需要白画绢753块，要通通绘画完成，工作量是相当大的。此前，仅二月十六日一天就交出诸如“慎德堂殿内中层东明间东墙槅扇门上向东用画横披一张”等60张画幅，并“传旨：交如意馆俱画水墨画”②。三月二十八日交“湛静斋殿内东间西墙兰花式槅扇上向东用画条一张”等53张，又交“湛静斋殿内前层西间梅花式栏杆罩内西墙北边用（画）条一张”等23张画幅③，皆交如意馆绘画。除画幅外，如意馆还为慎德堂及湛静斋成做一块玉扁壁子、一块玉对壁子等等。

道光帝有时候会指定殿宇、陈设用画的画画人及题材。如：

道光六年（1826年）“四月初二日……传旨：养心殿东暖阁现安玻璃屉窗五块，着进内踏勘里堂尺寸。钦此。于四月初四日踏勘得玻璃細软挡五块，持进呈览，奉旨：……二块着沈焕画红梅花一块，金鱼荇草一块；一块着冯祥画山水；一块着焦和贵画野鸭子；交门二寸二块，着沈振麟画栀子、杏儿。钦此”④。

道光十四年（1834年）四月，钟粹宫用画幅一张，传旨：“沈振麟画孟母择邻”⑤。

除壁面装饰外，屏风、插屏等家具、陈设装饰画也是如意馆的常见活计。如道光十一年（1831年）“三月二十七日，懋勤殿太监张进忠交沈振麟画鹁鸽、狗园光二张，随插屏一件，传旨：交如意馆将园光二张糊在插屏二面，周围厢蓝绫边。钦此”⑥。

殿宇装饰用画幅、画片等年久破败，亦由造办处如意馆派员过色、见新或重新绘制。如如意馆于道光四年（1824年）三月二十二日接得圆明园移付一件，“……

---

① 《道光十一年清档》四月十四日木作报单，《内务府活计档》胶片16号，案卷2978号。

② 《道光十一年清档》四月十一日押帖，如意馆呈稿，《内务府活计档》胶片16号，案卷2978号。

③ 《道光十一年清档》五月十九日押帖，如意馆呈稿，《内务府活计档》胶片16号，案卷2978号。

④ 《道光六年清档》如意馆呈稿，《内务府活计档》胶片13号，案卷2959号。

⑤ 《道光十四年清档》六月二十六日如意馆报单，《内务府活计档》胶片18号，案卷2989号。

⑥ 《道光十一年清档》五月十九日押帖，如意馆呈稿，《内务府活计档》胶片16号，案卷2978号。

长春园玉玲珑馆粘修殿宇、房间等工……线法画大小十九张换新用白绢另画，西洋线法画八张过色见新，棚顶过色见新，十三块通景线法另画”①。

从附表2的统计看，道光二十年（1840年）以后罕有如意馆为殿宇大量绘制装饰用画幅的记载，仅在道光二十七年（1847年）七月为新改建的皇子所居的圆明园东所、西所制作过画幅84张②，同年十月为城内阿哥所中所、东所绘制贴落画100张③。

（四）日常绘画

除了绘制人物画像以及殿宇、陈设装饰用画幅外，道光朝如意馆还承担少量年例绘画以及一些皇帝指定题材的绘画活计。

道光朝的年例绘画很少，《活计档》中仅见每年正月里命画太阳像一幅，夏季七月前后命画太阴像一幅。道光帝指定绘制的题材却很丰富，包括关帝、美人、牛郎、织女等人物，菊花、梅花、竹等植物，马、狗、猫、鹰、鹁鸽、黄雀、蝴蝶、螃蟹、蝈蝈等动物。这些画作亦常指定专人完成。如：

道光四年（1824年）三月二十日“传旨：奉三无私殿内盆景梅花着沈庆兰踏勘照样绘画。钦此”④。

道光十五年（1835年）五月皇帝命画折扇二柄“着沈振麟画地陂松树莺雄”，又“着沈振麟画墨判团扇一柄，焦和贵、沈元、沈利三人画正面、背面蝴蝶十六对”，又交画团扇三柄，着“沈振麟画竹子黄雀，焦和贵画美人，沈利画菊花蝴蝶”⑤。

道光二十年（1840年）五月二十六日“着沈振麟画瑞玉骏马大小二张”，六月初九日，“交慎德堂安设白太湖石，传旨：着沈振麟用绿绢一块……绘画，补景添画小猫、小狗二个”⑥。

---

① 《道光四年清档》六月二十二日押帖，如意馆呈稿，《内务府活计档》胶片11号，案卷2951号。

② 《道光二十七年清档》如意馆呈稿，《内务府活计档》胶片26号，案卷3043号。

③ 《道光二十八年清档》四月十一日如意馆呈稿，《内务府活计档》胶片27号，案卷3045号。

④ 《道光四年清档》六月二十二日押帖，《内务府活计档》胶片11号，案卷2951号。

⑤ 《道光十五年清档》八月初六日如意馆报单，《内务府活计档》胶片19号，案卷2994号。

⑥ 《道光二十年清档》八月初五日呈稿，《内务府活计档》胶片22号，案卷3014号。

（五）战图

清廷素有以图画记录盛大庆典、重大胜利以及万国来朝等事件的传统，以歌颂文治武功、宣扬国威。这些场景往往场面宏大、人物众多、气势恢宏，有的还富有叙事性，被绘制为长卷或数十开大幅册页，需要众多技艺高超的画师参与绘画。如意馆奉命绘制的“重定回疆战图”是道光朝该类图画的代表作。

道光八年（1828 年）重定回疆是道光朝首屈一指的重大胜利。为纪念这场历经数年才取得的胜利，道光帝命如意馆绘制“重定回疆战图”。《活计档》中记载，道光八年十二月十六日档房持来折片一件，内开：“本管大臣谨奏，为遵旨交如意馆绘画重定回疆战图一分，于七月起拟稿呈览后，令沈焕、沈振麟率同雇募画手敬谨绘画、着色，全图十张现已办理完竣。除将原稿暂存以备刻铸铜板外，谨将着色全图恭呈御览。谨奏。于道光八年十二月十五日具奏，于十六日奉旨：着赏沈焕、沈振麟每人线紬二匹、银十五两，余知道了。钦此。档房。”① 这十张战图即由如意馆画画人沈焕、沈振麟领衔绘制，画成定名为“平定回疆剿擒逆裔战图”，今藏故宫博物院。

二　装裱书画

同前朝一样，装裱活计是如意馆的大宗工作，皇帝、宗室、臣工字画，如意馆画画人作品，列朝人字画等都是装裱的对象。在装裱形式方面，除了常见的挂轴、软挂、册页等外，如意馆还将一些字画作品装裱成匾、壁子、插屏等。如：

道光三年（1823 年）“六月十二日，交绿绢笺一幅、碎金笺四大块，传旨：交如意馆挖嵌托裱大匾一幅”②。

道光四年（1824 年）“七月初三日，传做一块玉壁子一件，边在内托钉倒环，得时送交如意馆托裱”③。

道光十五年（1835 年）九月间内廷“交御笔字十六张，传旨：交如意馆托裱得

① 《道光八年清档》十二月十六日档房持来折片，档房呈稿，《内务府活计档》胶片 15 号，案卷 2969 号。

② 《道光三年清档》八月十五日押帖，如意馆呈稿，《内务府活计档》胶片 10 号，案卷 2948 号。

③ 《道光四年清档》七月初三日油木作、铜鋄作呈稿，《内务府活计档》胶片 11 号，案卷 2952 号。

糊大插屏”①。

字画的原有装裱年久残破，也往往交由如意馆换轴头、绦带、撆子、锦壳面、包首等等。

三 加工玉器

从《活计档》看，道光朝玉器成做数量很少，种类有限。由于道光元年（1821年）暂停新疆玉贡，乾隆、嘉庆朝以来以新疆贡玉每年成做数十件大件陈设类、容器类玉器的年例也随之停止。《活计档》中亦几乎不见各地织造、盐政、关差等为宫廷制作及进贡玉器的记载。如意馆奉命制作的玉器多为小件，几乎再无大件的陈设类、容器类精品玉器，连小型玉玩把件都罕见记载，仅制作一些首饰、饰件、鼻烟壶盖等。

（一）玉器成做

道光朝《活计档》中仅见一次由如意馆成做玉质容器的记载，为圆盒、鼻烟碟各一件，都是极简单的器类，恐怕难称精品。道光十五年（1835年）七月初十日“交白玉山子一件、小长方鼻烟碟样一件（随盖），传旨：用交出玉山子照圆盒样成做圆盒一件，外身高放一分，径过放一分，盒盖上刻阳纹寿字一个，内加万字二个，再照鼻烟碟样成做鼻烟碟一件，盖放大些，盖上亦刻阳纹寿字二个。钦此”②。

道光朝如意馆还制作少量玉首饰、饰品，也只是翎管、搬指、搯子、戒指、小饰件等极为简单的品种。如道光二年（1822年）闰三月二十八日内廷交出“青白玉翎管、搬指、蟾、蝠，如意馆新做，传旨：入百什件”③；道光四年（1824年）闰七月初十日“交白玉回残山子一件，传旨：着做万寿无疆搯子一件，十寿字搯子一件，毂辘钱搯子一件，二蝠捧寿戒指一件，俱做阳纹。钦此”④；道光十五年九月初十日“交白玉一件，画弥勒佛、画寿星纸样各一件，传旨：用交出白玉照画纸样，每样成做二件，上鼓下平，每件背后打象鼻眼三个。钦此”⑤。

---

① 《道光十五年清档》十一月二十四日如意馆呈稿，《内务府活计档》胶片19号，案卷2995号。

② 《道光十五年清档》七月初十日如意馆呈稿，《内务府活计档》胶片19号，案卷2994号。

③ 《道光二年清档》闰三月二十八日匣裱作呈稿，《内务府活计档》胶片9号，案卷2942号。

④ 《道光四年清档》闰七月初十日如意馆呈稿，《内务府活计档》胶片11号，案卷2952号。

⑤ 《道光十五年清档》九月初十日如意馆呈稿，《内务府活计档》胶片19号，案卷2994号。

除玉器活计外，如意馆尚成做珊瑚、松石、青金石、碧玺、红蓝宝石等材质的饰品，这些也都是采用治玉工艺制作的诸如花头、腰结（节）、佛头、佛嘴等“小式活计”，且往往与玉饰件使用相同的“样”。如道光三年（1823 年）三月二十日“传旨：画三、四分花篮样一张，三、四个小鱼样一张。钦此。随画得大小花篮四个纸样一张，大小鱼四尾纸样一张，持进交太监平安呈览，奉旨：花篮着照指出样二件，用前交绿玉每样成做一对，扁形，两面透花。其鱼样另行改画三尾式样。钦此。随画得鱼样一张呈览，奉旨：鱼照三尾样式用珊瑚成做一对，得时打扁眼。钦此”①；同年十一月十一日“交青金珠二个（随白玉鲇鱼腰节样一件），青金珠一个（随白玉秋蝉腰节样一件），传旨：青金珠二个照白玉鲇鱼腰节样成做四件，做白玉四件；青金珠一个，照白玉秋蝉腰节样成做二件，做白玉四件。钦此”②。又道光五年（1825 年）十一月初五日“交画纸样三件，传旨：照牡丹样用松石成做一支，照栀子花样用松石成做一支，照菊花样用白玉成做一支，每支按圈出分位打眼。其牡丹花、芝子花俱用本库松石成做，菊花用如意馆白玉成做。钦此”③。

上述材质以外，如意馆还偶有成做水晶制品。道光十五年（1835 年）闰六月十八日，内廷“交小木罐样一件、水晶一块，传旨：照罐样用水晶成做小罐一件”④；次年十二月十八日，“交水晶纽头图书一方，传旨：着将水晶纽头图书一方成做水晶烟壶一件，去纽头做圆嘴，四围倭角，先做木样呈览，奉旨：照样准做，其壶嘴长三分二厘，要□口”⑤。

（二）旧玉刻字（花）

道光时期如意馆还成做少量在旧有玉器上刻字、刻花纹的活计。而嘉庆朝每年秋冬之际交白玉或青白玉如意一柄“刻字（诗）填金”的年例传统入道光朝便停止了。皇帝只是偶尔零星交出一些旧玉加刻文字、花纹。如：

道光三年（1823 年）十一月初五日“交玉宝三方，传旨：交如意馆上面刻云

---

① 《道光三年清档》三月二十日如意馆呈稿，《内务府活计档》胶片 10 号，案卷 2946 号。

② 《道光三年清档》十一月十一日如意馆呈稿，《内务府活计档》胶片 11 号，案卷 2949 号。

③ 《道光五年清档》十一月初五日如意馆、钱粮库呈稿，《内务府活计档》胶片 12 号，案卷 2957 号。

④ 《道光十五年清档》如意馆呈稿，《内务府活计档》胶片 19 号，案卷 2993 号。

⑤ 《道光十六年清档》匣作、如意馆呈稿，《内务府活计档》胶片 20 号，案卷 2999 号。

龙，得时填金。钦此”①。

道光七年（1827 年）二月十二日内廷交出“玉喜字搬指四件”，传旨“喜字背后分中镌刻‘道光御用’”②。故宫博物院收藏有一件金里带皮青玉喜字扳指（图 3. 3）③，一侧刻阳文“喜”字，对称的一侧镌刻隶书“道光御用”字样，很有可能就是档案中所记载的四件搬指之一。

图 3. 3　故宫博物院藏“道光御用”款青玉喜字扳指

道光十五年（1835 年）八月初四日“交统玉如意一柄（上贴本文亿龄私祝寿无疆、宝模一方），传旨：将如意按本文、宝模镌刻阴文填硃。钦此。初七日交出紫檀木如意匣一件，传旨：收拾见新，如意托换面板，配装统玉如意。钦此”④。

（三）册宝图章刻字

道光朝玉册、玉宝部分仍派发苏州织造在当地镌刻。如道光元年（1821 年）五月初七日，如意馆持来折片一件，内开：“查道光元年和阗、叶尔羌年例呈进青白玉一千四十七块……挑得……通共堪以成做玉宝三方、玉册二十七分，拟请照例交苏州织造敬谨如式成做”⑤，后奉旨依议⑥成做。又道光七年（1827 年）五月二十七日

① 《道光三年清档》十二月二十九日押帖，《内务府活计档》胶片 11 号，案卷 2949 号。

② 《道光七年清档》二月十二日如意馆呈稿，《内务府活计档》胶片 13 号，案卷 2962 号。

③ 故宫博物院藏：“道光御用”款带皮青玉喜字扳指（故 00099131）。

④ 《道光十五年清档》如意馆、匣裱作呈稿，《内务府活计档》胶片 19 号，案卷 2994 号。

⑤ 《道光元年清档》五月初七日如意馆折片，《内务府活计档》胶片 9 号，案卷 2938 号。

⑥ 总管内务府：《奏销档 506－012 奏为拟请照例交苏州织造成做广储司银库玉册及玉宝事折》，道光元年六月十一日。

"交皮糙玉宝六方（随粘本文），传旨：交苏州织造文祥照本文字样敬谨镌刻，配做紫檀木匣盛装，得时赶紧送京。钦此"①。

一些玉宝、石宝尤其是寿山石宝及图书则由如意馆刻字。如道光元年"正月十七日懋勤殿太监吕进祥交寿山石宝三方：一方虚心实行，阳文；一方恭俭惟德，阳文；一方政贵有恒，阴文。碧玉龙钮宝二方：一方顺健无疆，阳文；一方道光御用，阴文。传旨：交如意馆照本文刻，随配紫檀木罩盖匣一件，换紫檀木罩盖匣三件。钦此"②。又道光二十一年（1841 年）四月二十二日"交各样石图书四块、本文四件共一张，内：一件（皇四子）、一件（存诚）、一件（履信书屋）、一件（奕詝敬书），传旨：用交出图章照本文镌刻。钦此。如意馆镌刻"③。二十七年"九月十五日……交长方锦匣一件，内盛图书六方，随本文六件，内［狮钮三方：慎厥身（硃）、皇六子章（白）、正谊书屋（硃）；平面三方：礼制心（硃）、皇六子书（白）、乐道堂（硃）］。长锦匣一件，内盛图书三方，随本文三件［百度正（白）、皇四子章（白）、履信书屋（硃）］。方锦匣一件，内盛图书三方，本文三件［静泰（硃）、皇四子（白）、同道堂（硃）］。传旨：交造办处按照本文款式镌刻。钦此"④。这些玉（石）宝、图书印文寄托了道光帝的自勉之意以及对皇子的殷切期望。其中，"顺健无疆"（阳文）、"道光御用"（阴文）二方一分的碧玉龙钮宝（图 3. 4）⑤ 仍珍藏在故宫博物院，并随附有紫檀木罩盖匣一件。

道光三十年（1850 年）道光帝驾崩后上尊谥所用玉册、玉宝，以及加上孝贤纯皇后等位尊谥所用玉册，则"请交翰林院撰文，如意馆敬谨镌刻"⑥。

道光时期的玉册还存在正文交由苏州镌刻而空写首二行日期，再由如意馆补刻的现象。如道光八年为"加上（恭慈康豫安成）皇太后徽号玉册、宝，发交苏州织

---

① 《道光七年清档》五月二十七日，《内务府活计档》胶片 13 ~ 14 号，案卷 2953 号。

② 《道光元年清档》二月初八日押帖，如意馆呈稿，《内务府活计档》胶片 8 号，案卷 2937 号。

③ 《道光二十一年清档》四月二十二日如意馆呈稿，《内务府活计档》胶片 22 号，案卷 3017 号。

④ 《道光二十七年清档》如意馆呈稿，《内务府活计档》胶片 26 号，案卷 3042 号。

⑤ 故宫博物院藏：碧玉蹲龙纽"顺健无疆"印（故 00166861），碧玉蹲龙纽"道光御用"方印（故 00166862）。

⑥ 总管内务府：《奏销档 645 - 113 奏为上大行皇帝等遵谥应用玉册玉宝事折》，道光三十年三月二十二日；总管内务府：《奏销档 645 - 125 奏为加上孝贤纯皇后等位尊谥镌刻玉册编号事折》，道光三十年三月三十日。

图 3.4 故宫博物院藏“顺健无疆”“道光御用”碧玉龙钮宝

造镌刻”，“文镌刻妥协，惟空写首二行日期……转行礼部择定吉日”后再“交造办处补行镌刻”①。又道光二十五年（1845 年）为加上皇太后徽号玉册交苏州织造镌刻，内空写满文前二行、汉文前二行，择吉日交如意馆补行镌刻②。

四 改做玻璃器

道光朝如意馆还以内廷交下的各色玻璃改做玻璃器，包括腰结、娃娃、簸箕等，如：

道光七年（1827 年）四月初七日“交蓝玻璃簸箕一个（破坏），蓝玻璃一块，

① 《道光八年清档》十月初八日印文，《内务府活计档》胶片 15 号，案卷 2969 号。

② 《道光二十五年清档》九月十八日来文，如意馆呈稿，《内务府活计档》胶片 25 号，案卷 3034 号。

传旨：着照样成做簸箕一件，要纯厚些。钦此”①。

道光十五年（1835 年）闰六月十七日“交紫玻璃一块，娃娃纸样一件，传旨：用紫玻璃照样成做娃娃一件。钦此”②。

玻璃器一向属于清宫珍品，其制作在乾隆朝盛极一时，此后工艺逐渐没落，制品大不如前。因此精美的玻璃器即使破损一般也不会轻易丢弃，而是加以改造利用。如道光二十四年（1844 年）二月初二日内廷“交套红破瓶嘴一件，套红破葵花一件，传旨：着将瓶嘴破处铡去，用葵花做底粘妥，得时配做紫檀木高座。钦此”③。

五　改做砚台

道光朝如意馆成做的砚台活计不多，主要是将旧有砚台改做、刻字等。如：

道光九年（1829 年）三月二十六日，内廷“交石砚一方（随紫檀木匣），传旨：着将砚上瓶式花样做平，当中微凹，并将砚匣粘妥。钦此”④。

道光十七年（1837 年）正月二十八日，内廷“交砚石一块（角有磕缺），传旨：将砚石角不齐处着铡去，先烫合牌样呈览，再照样成做砚台一方。其砚台墙子高三分，砚水槽底厚三分，周围厚三分。钦此。随烫得合牌砚台样持进呈览，奉旨：照样准做。钦此”⑤。

道光二十二年（1842 年）九月十六日，内廷交砚台一个，命如意馆镌刻“道光御用”字样⑥。

六　成做象牙器

综观道光朝《活计档》，象牙器仍多由如意馆成做，主要包括：盒、花囊、梳、

① 《道光七年清档》如意馆呈稿，《内务府活计档》胶片 13 ~ 14 号，案卷 2963 号。

② 《道光十五年清档》如意馆呈稿，《内务府活计档》胶片 19 号，案卷 2993 号。

③ 《道光二十四年清档》如意馆、匣裱作呈稿，《内务府活计档》胶片 24 号，案卷 3028 号。

④ 《道光九年清档》如意馆、匣作呈稿，《内务府活计档》胶片 15 号，案卷 2970 号。

⑤ 《道光十七年清档》如意馆呈稿，《内务府活计档》胶片 20 号，案卷 3000 号。

⑥ 《道光二十二年清档》如意馆呈稿，《内务府活计档》胶片 23 号，案卷 3022 号。

船、塔、葫芦盖、插屏等。

（一）象牙盒

道光二年（1822 年）十二月初七日“牙匠杨秀画得安喜盒纸样，成做二对。如意馆呈稿”①。

道光五年（1825 年）四月二十四日“交画四喜象牙方盒纸样一张……传旨：四喜方盒照样成做一对……钦此。如意馆呈稿”②。

道光七年（1827 年）“十一月二十二日牙匠莫成纪画得纸样象牙葫芦，内做百子图盒子一件……持进交太监祥庆呈览，奉旨：准照样成做。钦此”③。

道光十一年（1831 年）“六月初五日，牙匠杨志、黄庆画得佛手盒子一件、象牙福禄寿插屏一件纸样二张呈览，准照样成做。钦此。如意馆”④。

道光十七年（1837 年）“八月初七日值房首领武进忠来说，如意馆奏请牙匠成做象牙活计纸样四件，传旨：……黄庆照福寿盒纸样成做象牙福寿百子盒一件。钦此”⑤。

（二）象牙花囊

道光五年（1825 年）四月二十四日“交……画万寿无疆大吉葫芦象牙花囊纸样一张，如意馆新画，传旨：……大吉葫芦花囊照样成做二对，要鼓腔。其万寿无疆样不必成做。钦此。如意馆呈稿”⑥。

（三）象牙插屏

道光元年（1821 年）十月十三日“牙匠莫成纪画得五老象牙插屏纸样一张……奉旨：照样准做”⑦。

道光二年（1822 年）十月二十四日传做象牙仙工插牌一件⑧。

道光十一年（1831 年）“六月初五日，牙匠杨志、黄庆画得佛手盒子一件、象

---

① 《道光二年清档》十二月初七日如意馆呈稿，《内务府活计档》胶片 10 号，案卷 2945 号。

② 《道光五年清档》四月二十四日如意馆呈稿，《内务府活计档》胶片 12 号，案卷 2955 号。

③ 《道光七年清档》十二月初七日押帖，《内务府活计档》胶片 14 号，案卷 2965 号。

④ 《道光十一年清档》六月初五日如意馆呈稿，《内务府活计档》胶片 16 号，案卷号缺失。

⑤ 《道光十七年清档》八月十六日如意馆押帖，《内务府活计档》胶片 20 号，案卷 3002 号。

⑥ 《道光五年清档》四月二十四日如意馆呈稿，《内务府活计档》胶片 12 号，案卷 2955 号。

⑦ 《道光元年清档》十月十三日如意馆呈稿，《内务府活计档》胶片 9 号，案卷 2940 号。

⑧ 《道光二年清档》十月二十四日，《内务府活计档》胶片 10 号，案卷 2945 号。

牙福禄寿插屏一件纸样二张呈览，准照样成做。钦此。如意馆”①。

（四）象牙船

道光七年（1827 年）“十一月二十二日……牙匠杨志画得纸样象牙游湖船一件，持进交太监祥庆呈览。奉旨：准照样成做。钦此”②。

道光十九年（1839 年）“十一月初八日如意馆请做象牙活计，画得来仪舟纸样一张……太监鞥可传旨：着黄庆做来仪舟一对……又于二十年十月初七日将来仪舟一对做得交进，随交出，传旨：着配做紫檀木四面玻璃罩一对，顶儿要紫檀木板，高要离活三分，周围离活二分。钦此。又交出帽缨一匣，酱色宫绸袍料一件，传旨：赏黄庆。钦此。如意馆、匣作、金玉作呈稿”③。

（五）象牙塔

道光十七年（1837 年）“八月初七日值房首领武进忠来说，如意馆奏请牙匠成做象牙活计纸样四件，传旨：着杨志照宝塔纸样成做象牙六方宝塔一件……钦此”④。

（六）象牙梳

道光十八年（1838 年）九月初三日“交象牙木梳一把，黄杨木梳一把，传旨：照黄杨木梳式样做象牙梳一件，两边收小二分，其齿照象梳疏密，得时打通眼。钦此。如意馆呈稿”⑤。

（七）象牙葫芦盖

道光十二年（1832 年）九月二十五日“交象牙口葫芦一件（随蓝倭缎套）、雕透象牙万字葫芦盖样一件，传旨：照万字葫芦盖样用象牙成做葫芦盖一件，照式样雕透万字在原交象牙口葫芦厢安。钦此。如意馆”⑥。

道光十九年（1839 年）“十一月初八日如意馆请做象牙活计，画得……各样茜绿葫芦幪子纸样一张……首领武进忠呈览，随交出七孔象牙葫芦盖一个，太监鞥可传旨：……着杨志照圈出葫芦幪子四样各做一对，地子不要彀辘钱花纹，仍要七孔，

---

① 《道光十一年清档》六月初五日如意馆呈稿，《内务府活计档》胶片 16 号，案卷号缺失。

② 《道光七年清档》十二月初七日押帖，《内务府活计档》胶片 14 号，案卷 2955 号。

③ 《道光十九年清档》如意馆、匣作、金玉作呈稿，《内务府活计档》胶片 21 号，案卷 3011 号。

④ 《道光十七年清档》八月十六日如意馆押帖，《内务府活计档》胶片 20 号，案卷 3002 号。

⑤ 《道光十八年清档》九月初三日如意馆呈稿，《内务府活计档》胶片 21 号，案卷 3006 号。

⑥ 《道光十二年清档》九月二十五日如意馆呈稿，《内务府活计档》胶片 17 号　案卷 2982 号。

其仔口比交出葫芦盖仔口往外微放大些，余毋庸议。钦此。于二十年八月二十六日将葫芦盖四对做得交进，随交出宝蓝线紬袍料一件，石青宫绸褂料一件，传旨赏杨志。钦此……如意馆、匣作、金玉作呈稿”①。

此外，如意馆还成做马牌、枪炮牌、钥匙牌、合符信牌等象牙牌并刻字填蓝、打眼、穿绦，制作象牙匙、骰子、滑子、笼条夹板等等（详见附表2）。

除新做象牙器外，如意馆还负责对旧有象牙器进行改造、收拾。如：

道光五年（1825年）十二月二十一日，内廷“交象牙匣二件，传旨：交如意馆，匣内做象牙人物房屋陈设。钦此”②。

道光六年（1826年）五月二十九日，内廷“交镶玻璃仙宫插牌一件，传旨：着将插牌上牙活找补齐全。钦此”③。

除上述活计由如意馆成做外，诸如牌、匙、起子等简单的象牙活计一般交由金玉作来完成。如：

道光二年（1822年）正月初八日“交纸匙样二件，传旨：着照样成做象牙匙二件。钦此。金玉作呈稿”④。

道光四年（1824年）四月二十七日传旨金玉作成做象牙起子一件⑤。

道光四年（1824年）九月十三日传旨金玉作成做象牙骨牌三十二件⑥。

七 成做犀角器

道光朝库存犀牛角原料似乎并不充裕，如道光二十六年（1846年）“正月十九日……委署主事多善、太监赵禄来说，太监鞥可传旨：问本处库存犀牛角有无？钦此。于二十一日首领高长喜将存贮犀牛角二枝零十九两持进呈览，随将犀角交出，鞥可传旨：着正月二十九日带往城内听要，如若不要，着二月初六日再往圆明园听

---

① 《道光十九年清档》如意馆、匣作、金玉作呈稿，《内务府活计档》胶片21号，案卷3011号。

② 《道光六年清档》正月二十二日押帖如意馆呈稿，《内务府活计档》胶片12号，案卷2958号。

③ 《道光六年清档》五月二十九日如意馆呈稿，《内务府活计档》胶片13号，案卷2959号。

④ 《道光二年清档》正月初八日金玉作呈稿，《内务府活计档》胶片9号，案卷2942号。

⑤ 《道光四年清档》正月初八日金玉作呈稿，《内务府活计档》胶片11号，案卷2951号。

⑥ 《道光四年清档》九月十三日金玉作呈稿，《内务府活计档》胶片11号，案卷2952号。

要。钦此。于十月二十四日钱粮库催长广顺将犀牛角二枝零十九两由活计库领去讫。活计库”①。由这条档案可见，当时造办处活计库库存的犀角材料只有二枝零十九两，以致于不便皇帝随时随地取用。

从《活计档》看，道光朝如意馆的犀牛角器物制作主要集中于道光二十三年（1843 年）以后，此前未见有记录。道光朝的犀牛角制品有酒杯、茶盅等饮器，搬指、簪子等饰品，梳子、起子等日用品，灵芝、螺蛳、骆驼等象生玩意。如：

道光二十三年六月二十八日，内廷传做犀牛角扁簪三枝②。

道光二十三年“七月初二日……交犀牛角一段，传旨：将犀牛角形式镟做酒杯一件，底足高三分多些，其犀牛角皮不必动。钦此”；又“七月初三日……交犀牛角一段，传旨：将交出犀牛角按形式镟做酒杯一件，要摸稜。钦此”③。

道光二十六年正月二十四日，内廷“交翡翠搬指样一个、犀牛角一块，传旨：着照翡翠搬指式样用犀牛角做片绺搬指一个，其里口比原样收小些。钦此。于二十七日交进讫”④。

道光二十六年二月初二日，内廷“交画骆驼纸一件、犀牛角一块，传旨：照画骆驼样成做犀牛角骆驼一件，不要撕毛。钦此。于本月十二日交进讫”⑤。

道光二十九年“九月初八日……交青花白地瓷茶盅样一件、犀牛角一个，传旨：照茶盅式样用犀牛角镟做茶盅一个，得时盅足上刻‘慎德堂制’，先镟做木样呈览。钦此。于初九日镟得茶盅木样一件持进呈览，奉旨：照样准做。钦此”⑥。

八　成做伽楠香器

道光朝如意馆还成做伽楠香器，主要是一些“随形玩意”以及小件饰品。

道光六年（1826 年）六月十一日，内廷“交伽楠香二块，传旨：一块做猴儿一

---

① 《道光二十六年清档》活计库，《内务府活计档》胶片 25 号，案卷 3036 号。

② 《道光二十三年清档》如意馆呈稿，《内务府活计档》胶片 24 号，案卷 3025 号。

③ 《道光二十三年清档》如意馆呈稿，《内务府活计档》胶片 24 号，案卷 3026 号。

④ 《道光二十六年清档》如意馆呈稿，《内务府活计档》胶片 25 号，案卷 3036 号。

⑤ 《道光二十六年清档》如意馆呈稿，《内务府活计档》胶片 25 号，案卷 3036 号。

⑥ 《道光二十九年清档》匣裱作、如意馆呈稿，《内务府活计档》胶片 27 号，案卷 3050 号。

件，打通眼；一块做竹式。先画样呈览，钦此……传旨：着照样准做。钦此”①。

道光十七年（1837年）二月二十一日，内廷传做伽楠香四面阳纹边线寿字佩一件、伽楠香莲子十八个②。

九 嵌做商镶活计

道光朝如意馆还负责少量为枪鞘、葫芦、壁子等商银（片）字、镶金字边等活计。

道光二年（1822年）四月初二日，内廷“交威烈枪木鞘一件（随本文二张），传旨：着照本文在枪鞘上做商银字。钦此”③。五月初五日，又交“桦木根大药葫芦二个（随道光御用本文一张、黄毡布套各一件）……传旨：照本文商银片字，配做黄毡套一件”④。

道光二十五年（1845年）九月二十三日，内廷交敷春堂殿内壁子一件，命如意馆“用大红片金厢字边”⑤。

十 协作活计

由于造办处成做的器物往往是多种工艺、不同材质复合而成，需要多个作坊通力协作，因此如意馆常与金玉作、匣裱作等作坊协作活计。如：

道光二年“四月二十日……交铜镀金珐琅洋磁小太平车一件，传旨：照样成做一件，其车上洋磁活计用玉做。钦此。四月二十四日传旨：照前交铜镀金珐琅洋磁太平车式样成做一件，用楠木滑子、紫檀木靶。钦此。如意馆、铜鋄作、金玉作、匣裱作呈稿”⑥。

---

① 《道光六年清档》如意馆呈稿，《内务府活计档》胶片13号，案卷2959号。

② 《道光十七年清档》如意馆呈稿，《内务府活计档》胶片20号，案卷3000号。

③ 《道光二年清档》如意馆呈稿，《内务府活计档》胶片10号，案卷2943号。

④ 《道光二年清档》如意馆、灯裁作呈稿，《内务府活计档》胶片10号，案卷2943号。

⑤ 《道光二十五年清档》如意馆呈稿，《内务府活计档》胶片25号，案卷3034号。

⑥ 《道光二年清档》如意馆、铜鋄作、金玉作、匣裱作呈稿，《内务府活计档》胶片10号，案卷2943号。

第三节　道光朝如意馆的匠作馆舍

一　二级作坊及匠役

档案中可查得的道光朝如意馆下设之二级作坊及其匠役的情况如下：

（一）如意馆画画人、绘画匠士、画士、画工人

沿袭嘉庆朝，如意馆画师在《活计档》中一般被称作“画画人”或“如意馆画画人”①，如道光二十年（1840年）二月，命“画画人焦和贵、沈元”绘制坤宁宫神像②。此外，他们有时还被称作“绘画匠士”或“画士”，如道光十三年（1833年）为绘画坤宁宫神像，“除派官员率领如意馆绘画匠士人等并将应用一切物料预为妥备……监视如意馆画士在文华殿斋戒敬谨绘画”③。

而在道光朝内务府《奏销档》中，这些画师又被称作“如意馆画工人”。道光时期，年例赏赐王公大臣等麅鹿等物，如意馆画工人每次都在受赏之列。以二十八年（1848年）十二月的赏赐清单为例：“如意馆画工人等共一分：汤羊一只、野鸡五只、万年青一匣、挂面一把、木耳一匣、柿霜一匣。”④在整个造办处下属作坊及匠役中，只有如意馆画工人能得此殊荣。这不仅反映了如意馆在造办处作坊中地位最高，亦反映了在如意馆匠役中，画工人最受重视及优待。

检索《活计档》，道光朝画画人有：冯祥、沈焕、沈庆兰、徐呈祥、贺世魁、焦和贵、沈元、沈利、沈贞、沈振麟、杨文德、蒋映杓、陆吉安等人。其中比较重要的有冯祥、贺世魁、沈振麟等人。

冯祥自嘉庆朝就服务于如意馆，道光二年（1822年）、十三年（1833年）还有其奉命作画的记载。

---

① 《道光四年清档》如意馆呈稿，《内务府活计档》胶片11号，案卷2952号。

② 《道光二十年清档》如意馆呈稿，《内务府活计档》胶片21～22号，案卷3012号。

③ 《道光十三年清档》七月十九日印文，铜鋄作、铸炉处、如意馆、匣裱作、泊木作呈稿，《内务府活计档》胶片18号，案卷2986号。

④ 总管内务府（福济等）：《奏销档641－195奏为王公大臣等分赏麅鹿等物事折》，道光二十八年十二月。

贺世魁是一名技艺高超、享有特殊优待的画画人。《活计档》记载，道光四年（1824年）“闰七月十六日，库掌常明、太监武进忠来说，总管内务府大臣禧□面奉谕旨：画画人贺世魁着自八月起照如意馆画画人，每月着赏给钱粮公费银六两，不必入馆当差，毋庸支给口分米石。钦此。如意馆”①。虽然贺世魁不必入如意馆当差，但待遇却比照颇受优待的如意馆画画人，显然皇帝对其青眼有加。检索《活计档》，贺世魁成做如意馆绘画活计的时间主要在道光四年至十三年间，绘画内容多为皇室成员以及功臣的肖像画，包括太后、皇帝、皇后御容，皇后、贵妃关防像，阿哥、公主喜容，功臣像等，主要负责人物面部等关键部位的绘制，而沈焕、沈振麟等人为其补画衣纹、地景，起辅助作用。如道光四年“六月十七日太监禄儿传旨：沈振麟起皇上御容稿一张，于二十一日着贺世魁请御容，着沈振麟补衣纹、地景。钦此”②。此前，沈振麟也曾恭画过御容，但自从贺世魁被钦点画肖像画以后，沈振麟等便常常负责为其补画地景、衣纹等辅助性工作。

沈振麟亦是道光朝如意馆最重要的画画人之一。他最早在嘉庆二十一年（1816年）的《活计档》中出现过一次，其后自道光三年至三十年，每年都有绘画活计的记录，可谓如意馆资深且多产的画画人。尤其到了道光后期，几乎所有题材的画作都指派给沈振麟，包括：圣容、御容、功臣像、关帝像、山水、各色御马、龙、凤、龟、麟、虎、小狗、小猫、鹅、鸭子、鹁鸽（图3.5）③、黄雀、螃蟹、蝴蝶、蝈蝈、竹、栀子、菊花、杏儿，以及孟母择邻、文王百子图等等。

图3.5　故宫博物院藏沈振麟、焦和贵合画鹁鸽谱册

① 《道光四年清档》如意馆呈稿，《内务府活计档》胶片11号，案卷2952号。

② 《道光四年清档》八月初十日押帖，《内务府活计档》胶片11号，案卷2952号。

③ 故宫博物院藏：沈振麟、焦和贵合画鹁鸽谱册（故00006115－1/2）。

（二）如意馆牙匠

道光朝《活计档》中未见有如意馆“牙作”字样，而如意馆呈稿中却数次出现“牙匠某某”成做象牙活计的记录。

《活计档》记载的道光时期有名姓的牙匠共四人，分别是杨秀、莫成纪、杨志以及黄庆（详见附表2）。其中，杨秀、莫成纪是从嘉庆时期就在如意馆牙作服务的牙匠，杨秀成做象牙活计的记录更是贯穿于整个嘉庆朝。到了道光二年（1822年）、四年（1824年）、五年（1825年），《活计档》中还有杨秀绘制象牙盒、香囊纸样的记载。莫成纪亦活动至道光前期，道光元年（1821年）绘制五老象牙插屏纸样，七年（1827年）绘制象牙葫芦纸样。杨志主要活跃于道光中期，道光七年（1827年）、十一年（1831年）、十七年（1837年）、十九年（1839年）都有其绘制纸样、成做象牙活计的记录，包括象牙游湖船、佛手盒子、六方宝塔、葫芦盖等。黄庆成做象牙活计的时段也主要在道光中期，如十一年（1831年）画象牙福禄寿插屏纸样，十七年（1837年）成做福寿百子盒，十九年（1839年）制作来仪舟一对等等。综合档案记载看，道光朝同时服务于如意馆的、有名姓的牙匠亦在两名左右，基本与嘉庆朝的牙匠数量持平。皇帝有时会同时指定两名牙匠各成做一套活计。如道光七年（1827年）“十一月二十二日牙匠莫成纪画得纸样象牙葫芦，内做百子图盒子一件；牙匠杨志画得纸样象牙游湖船一件，持进交太监祥庆呈览。奉旨：准照样成做”①；道光十一年（1831年）“六月初五日，牙匠杨志、黄庆画得佛手盒子一件、象牙福禄寿插屏一件纸样二张呈览，准照样成做”②；道光十七年（1837年）“八月初七日值房首领武进忠来说，如意馆奏请牙匠成做象牙活计纸样四件，传旨：着杨志照宝塔纸样成做象牙六方宝塔一件，黄庆照福寿盒纸样成做象牙福寿百子盒一件”③。道光二十年（1840年）以后，虽然《活计档》中还有如意馆成做象牙活计的记录，但都是诸如制作象牙牌、葫芦盖、捩靶、骰子、起子等简单小式活计，以及承担象牙图书刻字活计，牙匠姓名已不见记载。

---

① 《道光七年清档》十二月初七日押帖，《内务府活计档》胶片14号，案卷2965号。

② 《道光十一年清档》六月初五日如意馆呈稿，《内务府活计档》胶片16号，案卷号缺失。

③ 《道光十七年清档》八月十六日如意馆押帖，《内务府活计档》胶片20号，案卷3002号。

（三）如意馆裱作

延续前朝旧制，道光朝如意馆仍设有裱作。如意馆呈稿中有数处提到了“裱作”，甚至明确是“如意馆裱作”，如：

道光元年（1821年）“十一月二十八日懋勤殿太监吕进祥传旨：着沈焕于十二月初一日起进内恭绘圣容、御容，俱画金龙袍，俟画得时仍交如意馆裱作裱手卷一卷。钦此”①。

道光二十七年（1847年）“八月二十七日……报单，内开：如意馆为呈报事，本馆成裱上交字画、挂轴、册页、手卷等项活计均关紧要。今查得裱作应用裱案二块……因年久未经修理”②。

从《活计档》中可知，内务府造办处下辖的作坊中，除如意馆“裱作”外，另有“匣裱作”亦成做托裱活计。这两处托裱作坊的职能差别在道光二十七年《活计档》如意馆、匣裱作各自的呈稿中说得很清楚：

道光二十七年（1847年）“正月二十八日，如意馆具报单一件，内开：如意馆为呈报事，本馆托裱上交字画、挂轴、册页、手卷等项活计最关紧要。今因修理房间挪安裱墙二块……俱因年久未经修理，遇有上交活计诚恐有误，理合呈明。请将裱墙二块另行裱糊妥协，预备成做活计。为此具呈等因随回明堂台总管批准。记此。如意馆呈稿”③；同年“二月初六日，库掌珠隆阿持来报单一件，内开：匣裱作呈为圆明园、京内裱案四张、支案凳八张、高凳四件、壁子墙七堵，前经修理在案，迄今已逾五年，托裱御笔、臣工字画不堪应用，请交本作照式修理，为此呈报等因呈明总管。记此。匣裱作呈稿”④。

上述档案点明如意馆裱作成做的活计为“上交（皇上交下的）字画、挂轴、册页、手卷等项”，而匣裱作负责“托裱御笔、臣工字画”。相比之下，如意馆裱作承接的活计由皇帝亲自交下，直接服务于皇帝，似乎较之匣裱作活计更关紧要。

（四）如意馆玉作及玉匠

道光元年（1821年）的一则内务府档案中提到“城内如意馆玉作东房二间、木

---

① 《道光元年清档》十二月二十八日押帖，如意馆呈稿，《内务府活计档》胶片9号，案卷2940号。

② 《道光二十七年清档》八月二十七日报单，《内务府活计档》胶片26号，案卷3042号。

③ 《道光二十七年清档》正月二十八日报单，如意馆呈稿，《内务府活计档》胶片26号，案卷3040号。

④ 《道光二十七年清档》二月初六日报单，匣裱作呈稿，《内务府活计档》胶片26号，案卷3040号。

作西房二间”①，可知道光朝如意馆仍然下辖有“玉作”。联系嘉庆朝《活计档》中“玉作做得皮糙玉苍龙觥一件……奉旨：交木作配座”，“玉作做得青白玉盘一件刻得款……着交木作配紫檀木座”②之类的记载，可推测如意馆还下辖“木作”，可为玉作成做的玉器配座。

道光朝《活计档》虽未提及“如意馆玉作”，却出现有“如意馆玉匠”的字眼。如道光十二年（1832 年）十月二十一日，内廷“交蝈蝈葫芦一件，传旨：将象牙口撤下，配做绿玉口、白玉盖，得时厢安。钦此。于十一月初十日交进，随交出宝蓝宫紬一连、绿彭缎一匹，（传）旨：赏玉匠。钦此。如意馆”③。又道光二十九年（1849 年）“七月初三日库掌宝禄、太监王福寿来说，太监范常禄交石青江紬褂料一件、五钱重银锞十个，传旨：赏如意馆玉匠。钦此。档房”④。如意馆玉匠因活计做得好，受到了皇帝的赏赐。而道光二十三年（1843 年）二月二十八日内廷交出为各色腰结打通眼的活计，则有“如意馆玉匠”前来反映活计成做遇到的问题⑤。

二　馆舍位置及规模

一如乾隆、嘉庆时期，道光朝如意馆在紫禁城内及圆明园均有馆舍。

紫禁城内如意馆在道光元年曾经过翻修。档案记载“（道光元年）造办处文开：查城内如意馆玉作东房二间、木作西房二间、值房一间俱头停渗漏、苇箔糟烂……相应行文贵司（笔者按：营造司）派员前来踏勘修理”⑥。顾名思义，此“城内如意馆”当指京城内的如意馆，或曰紫禁城内如意馆。在翻修过程中，需“拉运阜成门外黄土”作材料，应为在城边就近取材。后经查验得“造办处如意馆玉作东厢房二

① 总管内务府：《为修理造办处如意馆房间支领银两事》，道光元年九月十九日丙寅，见中国第一历史档案馆：《长编 67488》，内务府呈稿道营 8。

② 《乾隆六十二年各作成做活计清档》十二月初一日如意馆押帖，《内务府活计档》胶片 155 号，案卷 3696 号。

③ 《道光十二年清档》如意馆呈稿，《内务府活计档》胶片 17 号，案卷 2983 号。

④ 《道光二十九年清档》档房呈稿，《内务府活计档》胶片 27 号，案卷 3050 号。

⑤ 《道光二十三年清档》如意馆呈稿，《内务府活计档》胶片 23 号，案卷 3024 号。

⑥ 总管内务府：《为修理造办处如意馆房间支领银两事》，道光元年九月十九日丙寅，见中国第一历史档案馆：《长编 67488》，内务府呈稿道营 8。

间、木作西厢房二间、值房正房东一间”房屋破损情况属实，从侧面透露出道光元年紫禁城内如意馆馆舍布局有正房、东厢房、西厢房，房间数量在六间以上。考虑到除玉作、木作、值房外，如意馆还有裱作以及画画人、牙匠等在内劳作，房间数量还应更多。鉴于道光元年距如意馆从启祥宫迁至造办处的嘉庆十八年刚刚过去八年，推测此时的如意馆仍位于造办处。

圆明园内如意馆在道光二十六年（1846 年）曾有过馆舍挪移以及添盖事件，《活计档》中的相关记载有以下三条：

> （道光二十六年）十月十二日奉文大人谕，面奉谕旨：如意馆着挪在东院三间，再行添盖房二间。其如意馆匾额着安在东院。其如意馆存贮水晶、玉料等俱存在圆明园造办处活计库等谕。记此①。
>
> （道光二十六年）十月十二日，总管内务府大臣文□面奉谕旨：将如意馆现挂洞天深处匾额，着明春正月二十七日摘撤，交懋勤殿；将如意馆匾额着安挂在东院。钦此。铜鋄作、油木作呈稿②。
>
> （道光二十七年）正月二十二日主事那明阿、懋勤殿太监张得喜传：洞天深处所有匾额摘下，于正月二十七日交本殿。记此。于二十七日将洞天深处匾一面摘下交懋勤殿；如意馆匾一面挪挂在东院，用大铜如意钉一对、铁挺钩二根、曲须四个。记此。铜鋄作呈稿③。

其中，第二则大意是要将如意馆现挂之“洞天深处”匾摘撤交懋勤殿，将“如意馆”匾安挂在东院，似乎此二匾原都挂在如意馆内。但第三则是说将洞天深处所有的匾额摘下，其中“洞天深处”匾交懋勤殿，“如意馆”匾挪挂东院，又似乎此二匾原都挂在洞天深处，这便出现了矛盾。“洞天深处”匾和“如意馆”匾究竟挂在何处，令人费解。笔者推测，这是因为洞天深处、如意馆两处房舍毗临，前者在后者西稍南，且洞天深处的后廊与如意馆的前廊相连④，两处房舍本就连通，位于同一院

① 《道光二十六年清档》十月十二日谕，《内务府活计档》胶片 26 号，案卷 3039 号。

② 《道光二十六年清档》铜鋄作、油木作呈稿，《内务府活计档》胶片 26 号，案卷 3039 号。

③ 《道光二十七年清档》铜鋄作呈稿，《内务府活计档》胶片 26 号，案卷 3040 号。

④ 圆明园管理处：《圆明园百景图志》，第 292 页。

落群里（图 3. 6）①。从乾隆年至道光二十六年间，随着如意馆活计成做的兴盛，洞天深处房舍最终也并入如意馆作坊使用，统称为“如意馆”，如意馆的馆舍规模达到最大，扩大到图 3. 6 中右上角大圈的范围，甚至周边库房也供其使用。这时不论“洞天深处”还是“如意馆”都指代同一院落群。从档案内容看，推测“洞天深处”“如意馆”两面匾此时都是挂在西边洞天深处院落内。而前引第一则档案表明，到了道光二十六年，宣宗下令将这座由两处房舍合并而成的大如意馆，集中“挪在东院三间”，“如意馆”匾额也安在东院。东院即如意馆本初的房舍，西院的洞天深处房舍不再属于如意馆作坊。如此，如意馆的面积就缩小了近半。如意馆原本存贮的水晶、玉料等无处存放，只好移存圆明园造办处活计库。东院也在原来三间房的基础上，再行添盖房屋两间，稍稍缓解用地不足的问题。《圆明园百景图志》称，如意馆小院内“原为三间前后有廊”，后“改为五间”，正可与第一则档案记载的东院改扩

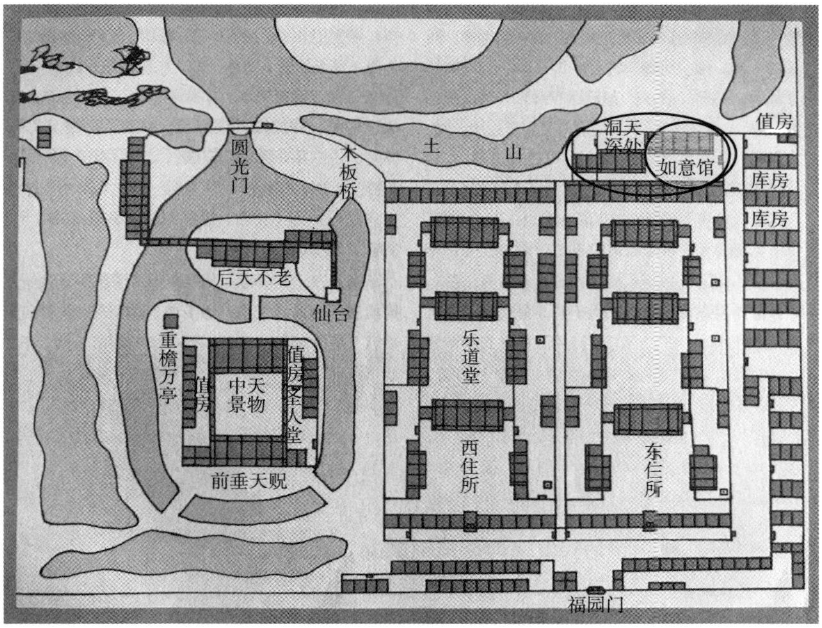

图 3. 6　道光末期圆明园内洞天深处及如意馆位置示意图

① 图片采自圆明园管理处：《圆明园百景图志》，第 291 ~ 292 页，图二。此图为道光二十六年（1846 年）改建后的格局。图中两个椭圆圈为笔者添加。

建相印证①。要之，道光二十六年以后的如意馆缩减并集中至东院五间房的小院里，即图3.6中小圈的范围内。可以说，道光末年如意馆总体位置未变，规模却大为缩减了。

不仅如此，道光二十六年，宣宗将洞天深处景区皇子居住的“福园门东四所”也大规模改建为东、西二所，中国国家图书馆所藏“样式雷”道光二十六年九月《洞天深处东西二所添改奏准画样》及《说帖》中有详细的规划和说明②。这些资料也证实了洞天深处景区若干建筑均于该年改建。当然，如意馆馆舍规模的紧缩，客观上反映了道光末年如意馆活计的减少，同时也是道光帝厉行节俭的举措成效。

三 随驾城园间往返

沿袭传统，道光帝亦常往返于紫禁城与圆明园之间，如意馆亦随之迁徙。从《奏销档》看，道光时期如意馆大规模城园往返抬运什物一般发生于每年的正月和十月（或十一月）。如道光十八年（1838年）“造办处来文，正月……初四日，如意馆往圆明园抬运活计二十抬”③；道光二十年（1840年）“造办处来文，十一月……二十一日，如意馆由圆明园往城内抬运活计二十抬”④。

正如上述两条档案所载，如意馆来往于城园之际还要携带未完成的活计，皇帝有时也会特别指定需携带的活计。如道光十四年（1834年）“正月初八日，……交青玉二块，传旨：如意馆带下圆明园，每块上铡下一块呈览。钦此”⑤。

---

① 《圆明园百景图志》称：“此殿（如意馆正房）原为三间前后有廊，西接耳房一间……后期又向东接出一间，改为五间。”见圆明园管理处：《圆明园百景图志》，第292页。笔者认为这“西接耳房”及“向东接出一间”应当同为道光二十六年事。

② 圆明园管理处：《圆明园百景图志》，第292～293页。

③ 总管内务府：《奏销档598－077奏为十八年正月宫内外各处共用过苏拉数目事折》，道光十八年二月二十六日。

④ 总管内务府：《奏销档609－269奏为二十年十一月宫内外各处共用过苏拉数目事折》，道光二十年十二月二十六日。

⑤ 《道光十四年清档》如意馆呈稿，《内务府活计档》胶片18号，案卷2988号。

第四节　道光朝如意馆的地位待遇

综上所述，如意馆成做玉器、象牙器、犀角器等高档工艺品，同时又为皇室成员及功臣等绘画容像，并直接承接皇上交下的活计，因此得到皇帝颇多指示与关注，在造办处乃至内务府所有下属作坊中具有超然的地位。表现之一就是受到皇帝的恩赏。如前所述，自嘉庆十一年（1806 年）始，以随围所得鹿肉等项赏给在京王公大臣成为定例，如意馆皆在赏赐名单中。道光时期，木兰秋狝废止，但仍沿袭传统年例赏赐王公大臣等麅鹿等物，如意馆画工人亦在受赏之列。以道光二十八年（1848 年）十二月的赏赐清单为例，赏“如意馆画工人等共一分：汤羊一只、野鸡五只、万年青一匣、挂面一把、木耳一匣、柿霜一匣”[①]。在整个造办处下属作坊及匠役中，只有如意馆画工人能得此殊荣。这不仅反映了如意馆在造办处作坊中地位最高，亦反映了画工人在如意馆匠役中最受重视及优待。

第五节　如意馆档案所见道光史事

本书在写作过程中，以搜集造办处如意馆档案为主，厘清了如意馆相关内容，同时也不可避免地涉及到内务府相关资料。内务府在服务皇室过程中所形成的档案文献详尽而纷繁，小到皇帝不为人知的一面，大到国家大事，都能在其中有所体现。本书所引用的内务府、造办处、如意馆相关档案，与皇帝生活联系紧密，能从独特视角反映宫廷里的人和事。道光帝在位时期，清朝统治江河日下，国家财政日渐拮据，地方动乱持续不断，西方列强叩响国门。这些史事在如意馆及内务府相关档案中也有一二反映。

---

① 总管内务府（福济等）：《奏销档 641 － 195 奏为王公大臣等分赏麅鹿等物事折》，道光二十八年十二月。

一 宣宗其人

（一）雅好丹青

《活计档》中有很多关于道光帝（宣宗）将御笔字交如意馆装裱的记录。除此以外，道光帝早年还偶尔作画，且多为梅、兰、竹、柳等花木题材。如：

道光三年（1823 年）四月二十六日“交御笔画二幅随团扇一把，传旨：交如意馆将原来扇子揭下二方交还，来画二方糊在二面照样”①。

道光三年（1823 年）五月十五日“交御笔画竹、兰、梅、柳四开，传旨：交如意馆裱册页一本，照原来样用紫檀木壳面”②。

道光七年（1827 年）七月十九日“交御笔画兰花六幅，交如意馆裱软挂六轴”③。

道光帝虽然画作不多，但他对如意馆作画的指导却很频繁，常常亲自指定绘画题材，见于记载的有关帝、美人、牛郎、织女、菊花、梅花、竹、马、狗、猫、鹰、鹁鸽、黄雀、蝴蝶、螃蟹、蝈蝈等。可见，道光帝在闲暇之余对笔墨丹青还是颇为热衷的。

（二）关怀家人

皇帝的家庭生活状况罕见于史书记载，而如意馆等相关档案文献在记录皇帝日常活计需求的同时，偶尔也会透露出皇帝家庭生活中的细节。除了作为一国之君，道光帝还是一家之主以及父亲。《活计档》中的若干记载表现了道光帝对家庭成员的关爱，现摘录如下：

道光四年（1824 年）“六月十七日太监禄儿传旨：着贺世魁画大爷喜容，着沈振麟补衣纹、地景。钦此”④。此条档案中的“大爷”为道光帝的皇长子奕纬，生于嘉庆十三年（1808 年），此时为十六、七岁的少年，是道光帝当时唯一的子嗣。

---

① 《道光三年清档》七月初十日押帖，如意馆呈稿，《内务府活计档》胶片 10 号，案卷 2948 号。

② 《道光三年清档》七月初十日押帖，如意馆呈稿，《内务府活计档》胶片 10 号，案卷 2948 号。

③ 《道光七年清档》如意馆呈稿，《内务府活计档》胶片 14 号，案卷 2964 号。

④ 《道光四年清档》八月初十日押帖，如意馆呈稿，《内务府活计档》胶片 11 号，案卷 2952 号。

道光十一年（1831 年）“六月初四日，员外郎贻兴来说，懋勤殿太监张进忠交硃笺纸二张（内安吉一张，出门见喜一张），湛静斋前廊内明间簾架上用一块玉壁子一块（高一尺，宽六寸），不上油（安吉）。前殿迎门南墙向北用一块玉壁子一块（高二尺，宽六寸五分），撮油一层（出门见喜），闷钉护眼”①。这则档案中提到的装裱“安吉”壁子、“出门见喜”壁子两件活计，交办于道光帝全贵妃生下皇四子奕詝（即后来的咸丰帝）前数日。两个月前，道光帝二十四岁的长子奕纬去世。而在此前，皇二子、皇三子皆出生仅数月即夭折。此时，年近半百的道光帝面临无嗣的危险境况，自然对这即将出世的皇子抱有无比热切的期盼。在全贵妃居住的圆明园湛静斋前廊、前殿分别悬挂御笔“安吉”“出门见喜”壁子，反映了道光帝此刻希求皇子平安降生、喜庆安吉的殷切心情。故宫博物院所藏“旻宁楷书安吉二字匾”② 或许近似此件“安吉”壁子的面貌。

道光十二年（1832 年）“四月十一日，员外郎庆伦、首领武进忠来说，太监沈魁交云片花枪一杆、莲花口枪一杆，传旨：云片花枪赏四阿哥，莲花口枪赏五阿哥，存库听要”③。四阿哥、五阿哥先后降生于道光十一年六月间，此时皆不满周岁。由于此前序齿的三位皇子皆早夭，此二子为道光帝此时仅有的子嗣。赏赐不满周岁的皇子云片花枪、莲花口枪，正寄托了道光帝对他们的殷切期望。

道光帝还命如意馆画画人为子女绘制容像，并装裱成壁子、软挂等，以便时时观看。如道光十二年“七月初四日……传旨：着沈振麟恭画六公主、四阿哥、五阿哥喜容三轴。钦此。七月二十一日……交四阿哥、五阿哥喜容二张，随厢锦一块、黄绢一块，传旨：交如意馆糊壁子二扇……钦此……七月二十三日，交六公主像一张，传旨：交如意馆裱软挂一轴。钦此”④。道光帝还特命造办处制作盛装子女画像的木匣并亲自书写本文，七月二十五日“交御笔本文二件（皇四子行乐道光十二年七月沈振麟画，皇五子行乐道光十二年七月沈振麟画），传旨：前传做楠木插盖匣二

---

① 《道光十一年清档》六月初四日油木作、匣裱作、铜鋄作呈稿，《内务府活计档》胶片 16 号，案卷 2978 号。

② 文物号为：故 00254810。

③ 《道光十二年清档》四月十一日炮枪处呈稿，《内务府活计档》胶片 17 号，案卷 2981 号。

④ 《道光十二年清档》九月十八日押帖，如意馆呈稿，《内务府活计档》胶片 17 号，案卷 2982 号。

件，得时将每匣盖上镌刻本文，一件填蓝。钦此”①。

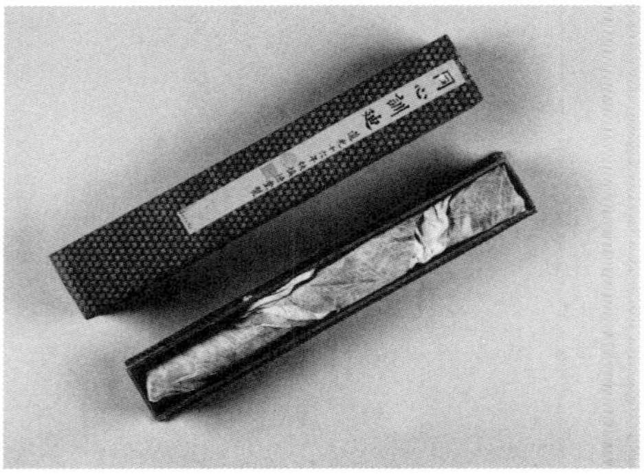

图 3.7　故宫博物院藏“同心训迪”图折扇及扇匣

除常常为子女绘制喜容、行乐图外，道光帝还多次命画师绘制皇帝及后妃、子女举家行乐等场景，如故宫博物院收藏的“璇宫春霭”图轴②、“同心训迪”折扇、“喜溢秋庭”图轴等。其中，道光乙酉（道光五年，1825 年）“璇宫春霭”图轴描绘了全贵妃携幼儿手执荷花游玩的场面。“同心训迪”折扇（图 3.7）③ 所绘推测为道

图 3.8　故宫博物院藏“喜溢秋庭”图轴

① 《道光十二年清档》七月二十五日，匣作呈稿，《内务府活计档》胶片 17 号，案卷 2982 号。

② 朱诚如：《清史图典 · 道光朝》，北京：紫禁城出版社，2002 年，第 229 页。

③ 故宫博物院藏：竹股湘妃竹边钤道光帝御玺画人物图面折扇（故 00137465）。

光帝及孝全后共同教诲训导孩儿的情景，扇匣上书“同心训迪 道光十六年秋慎德堂制”字样。道光甲午（道光十四年，1834 年）“喜溢秋庭”图轴（图 3.8）① 则表现了道光帝及后妃于庭中观看幼子、幼女嬉戏的温馨场景。这些表现和美家庭生活的画幅常被珍藏或安挂于殿宇宫室中，如道光二十年（1840 年）“正月初一日库掌毓佳、懋勤殿太监王永贵传：慎德堂养正书屋外间北墙向南喜容一轴、寝宫西墙醉仙图一张、奉三无私西间东墙向西喜溢秋庭一轴，俱于二十年正月初三日安挂。记此”②。可惜的是，“喜溢秋庭”图轴安挂于圆明园奉三无私殿为仅八天后，画中人孝全皇后便去世了。

（三）崇俭去奢

清代宫廷自乾隆中叶起，奢侈之风愈演愈烈，国家财政却日渐拮据。为扭转这一局面，嘉庆帝在位时便三令五申厉行节俭。道光帝更是提倡“节用而爱人”“崇俭去奢”。他即位之初，将“恭俭惟德”奉为座右铭，并以之为印文刻成寿山石宝。《活计档》中有此记载：

> （道光元年）正月十七日懋勤殿太监吕进祥交寿山石宝三方：……一方恭俭惟德，阳文……传旨：交如意馆照本文刻……钦此③。

今天，这方“恭俭惟德”寿山石宝（图 3.9）④ 就珍藏于故宫博物院。此外，道光帝还于元年亲书“恭俭惟德”贴落⑤张挂于殿内。

崇俭去奢是道光帝一贯的作风。其《思俭居晚坐》诗曰：

> 云净天空眼界宽，心清随地总能安。存诚尚俭毋虚论，同道知音自古难。
> 野水遥分秋墅外，斜阳初下远峰端。曰窗曰壁仍嫌巧，不见严冬破屋寒。

此诗即强调“存诚尚俭毋虚论”。道光十五年（1835 年），宣宗将这首旧作以泥

---

① 故宫博物院藏：清人画旻宁“喜溢秋庭”图轴（故 00006564）。

② 《道光二十年清档》正月初一日铜鋄作呈稿，《内务府活计档》胶片 21 ~22 号，案卷 3012 号。

③ 《道光元年清档》二月初八日押帖，如意馆呈稿，《内务府活计档》胶片 8 号，案卷 2937 号。

④ 故宫博物院藏：花寿山石“恭俭惟德”印（故 00167014）。

⑤ 朱诚如：《清史图典・道光朝》，第 15 页。

图 3.9　故宫博物院藏“恭俭惟德”寿山石宝

银书于扇面（图 3.10）[①]，落款为“道光乙未仲夏录旧作思俭居诗，御笔”，下钤“道光宸翰”白方印、“养正书屋”朱方印。扇背面为泥金彩绘仙猿桃树图。

图 3.10　故宫博物院藏旻宁书《思俭居晚坐》诗折扇

除在口头上提倡节俭外，道光帝确实做到了身体力行。他力戒宫廷浮华，降低膳食规格，罢减接驾、作乐等繁文缛节，简化皇室婚仪。在施政方面，道光帝多次颁诏，暂停、永停或削减各地向朝廷依例进奉的各类贡物。嘉庆二十五年（1820 年）八月，刚刚即位的道光帝便谕令停止一行贡献，食品也不准进呈。随后的十一月八日，停止了两淮玉贡折价，玉器免予进呈；当月二十七日，又免除了两浙玉贡折价银。道光元年（1821 年）四月二十五日，又免除和阗、叶尔羌二处每年采进贡玉。道光帝在位三十年间，各省贡赋，裁汰大半[②]。

道光元年免除和阗、叶尔羌二处每年贡玉的史事在《活计档》亦有所反映。道

① 故宫博物院藏：竹股雕花边道光帝书画山水图面折扇（故 00136801）。

② 孙文范、冯士钵、于伯铭：《道光帝》，第 76～78 页。

光元年“五月初六日档房过堂抄一件，内开：道光元年四月二十五日由内阁抄出奉旨：现据军机处具奏，和阗、叶尔羌年例进到玉子。从前新疆平定后，和阗、叶尔羌二处每年进到玉子四千余斤，嘉庆十七年造办处存贮玉子因有盈余，曾经奉旨减数，每年止进二千斤。今查造办处存贮玉子尚多，足敷应用，着和阗、叶尔羌办事大臣将此项每年应进玉子暂行停止。钦此……档房行文、如意馆”①。道光二年以后，整个道光朝新疆不再贡玉，《活计档》中亦不再有如意馆以及各地以贡玉大批量制作玉器进呈的记录。事实上，直至清朝灭亡，年例玉贡也再未恢复。

除了玉器制作随着玉贡的停止而趋于衰减外，造办处的象牙盒（罐）呈进、玻璃器皿生产亦被道光帝一度叫停。道光二十七年“十二月初三日库掌国祥、太监赵禄来说，太监王进安传旨：着总管内务府大臣柏□、阿□将年例呈进玻璃器皿内象牙盒、象牙罐，自明年起将端阳节象牙盒一对、象牙罐一对，年节象牙盒二对、象牙盒（“盒”疑为“罐”，笔者按）一对不必呈进。钦此”②。其后的道光二十八年的《活计档》中果然不见年节、端阳节呈进象牙盒、象牙罐的记载了。到了道光二十九年“十二月十五日……传旨：此次玻璃器着存造办处。三十年、三十一年毋庸烧造。自三十二年起，再行烧造，并二十九年存贮玻璃器一并呈进。钦此”③。在内廷敷用的情况下，道光末年，宣宗停止了造办处不必要的玻璃造做，将其崇俭去奢的主张进行到底。

二　重定回疆

道光帝登基伊始，由英国和浩罕汗国扶持的新疆分裂势力张格尔集团发动叛乱。道光六年（1826 年），张格尔伙同浩罕再度入侵，新疆西四城相继沦陷。道光帝调兵遣将，历时两年终于重定回疆。

在平叛过程中及大战告捷时，道光帝多次赏赐在战斗中取得胜利的有功之臣。而这些赏赐品多由造办处成做并包装，如道光七年（1827 年），“四月初三日，陆续由军机处发交长龄四喜玉搬指十个、火镰十把、玉柄小刀子二十把，用木匣一件；

---

① 《道光元年清档》五月初六日堂抄，档房行文、如意馆，《内务府活计档》胶片 9 号，案卷 2938 号。
② 《道光二十七年清档》十二月初三日，匣裱作呈稿，《内务府活计档》胶片 25 号，案卷 3043 号。
③ 《道光二十九年清档》十二月十五日，玻璃厂呈稿，《内务府活计档》胶片 27～28 号，案卷 3051 号。

五月初五日发赏杨芳白玉翎管一个、四喜白玉搬指一个、小刀子一把……”① 赏赐对象包括长龄、杨芳、哈郎阿等多人，皆立有战功。道光八年（1828 年）正月二十二日，因平定张格尔叛乱，封长龄为威勇公，并赏戴宝石帽顶，两团龙补服，授御前大臣，赏用紫缰，换戴双眼花翎；封杨芳为果勇侯，赏用紫缰，换戴双眼花翎，在御前侍卫上行走②。当年的《活计档》记载“正月二十三日陆续由军机处传发赏长龄、段永福、胡超、杨芳、伊萨克红宝石顶一件、两眼花翎二支、玉器一件并玉翎管、搬指、大小荷包等用木匣一件……二月二十二日发赏长龄白玉象暖手一件（连座）、御用大荷包一对、小荷包两个，交长龄只领用木匣一件”③。平疆功臣在获封爵位的同时，还获赐红宝石顶、花翎、玉器、翎管、搬指、大小荷包等物。

道光八年，威勇公长龄七十大寿之际，十月“二十一日交御笔本文匾一面（平格功成），御笔本文对一副（黄扉赞化星辰近，紫阁图勋剑佩高），传旨：赐大学士威勇公长龄七十寿用匾一面”④，道光帝亲书匾文、对联赐予长龄，褒奖他在平定张格尔叛乱中的功勋。

沿袭既往传统，道光帝命将此次平定回疆功臣绘像紫光阁，纪实铭勋⑤。功臣像由如意馆绘制。“道光八年四月初七日，懋勤殿太监张进忠传旨：贺世魁、沈焕、沈振麟、焦和贵等画平定喀什噶尔功臣像四十四幅，各高一尺，宽一尺二寸。钦此”⑥。同日又传旨：“着贺世魁画曹振镛、玉麟脸像，其衣纹着沈焕、沈振麟画蟒袍补褂。钦此”⑦。曹振镛、玉麟皆为平疆功臣。而画画人贺世魁、沈焕、沈振麟、焦和贵都是绘制圣容、御容、皇室成员容像的好手。道光帝特别指定画脸像、衣纹的绘制者，可见其对功臣像绘制的重视。道光九年，功臣像绘制完毕，又郑重地交由如意馆精心装裱。“道光九年二月初九日，懋勤殿太监张进忠交御笔字一幅，功臣像四十幅，

---

① 《道光七年清档》十二月十三日押帖，裁作、木作呈稿，《内务府活计档》胶片 14 号，案卷 2965 号。

② 孙文范、冯士钵、于伯铭：《道光帝》，第 165 页。

③ 《道光八年清档》三月二十三日报单，灯裁作、油木作呈稿，《内务府活计档》胶片 14 号，案卷 2966 号。

④ 《道光八年清档》油木作、铜鋄作、匣裱作、金玉作呈稿，《内务府活计档》胶片 15 号，案卷 2969 号。

⑤ 孙文范、冯士钵、于伯铭：《道光帝》第 166 页。

⑥ 《道光九年清档》正月二十二日押帖，如意馆呈稿，《内务府活计档》胶片 15 号，案卷 2970 号。

⑦ 《道光八年清档》四月二十七日押帖，如意馆呈稿，《内务府活计档》胶片 14 号，案卷 2967 号。

图 3.11　故宫博物院藏沈贞画杨遇春像轴

传旨：交如意馆裱手卷一卷，按玉轴头，金花锦包。钦此”[①]。此为进呈御览的手卷形式的功臣像，尺幅较窄。当时应该还绘制了悬挂于紫光阁内的大立轴形式的正图。故宫博物院收藏的“杨遇春像轴”（图 3.11）[②] 应即为平定张格尔后绘制的功臣杨遇春像正图之摹本。该画像中杨遇春头戴双眼花翎，右上楷书“忠谋武略”四字，画幅左下角落款为“臣沈贞恭画”，画幅上端钤“咸丰御览之宝”。《清史稿·杨遇春传》载：“宣宗即位，加太子少保，赐双眼花翎……八年正月，杨芳擒张格尔于铁盖山，遇春入觐，捷音适至，帝大悦，赐紫缰，实授陕甘总督，图形紫光阁。”[③] 可见杨遇春图形紫光阁确为道光八年事。而检索《活计档》，如意馆沈贞作画的最早记载为道光二十四年（1844 年）（见附表 2），此后记录不断，咸丰朝几乎年年有作品。此图尺寸、题字、落款、钤印皆与咸丰四年（1854 年）沈贞所摹绘的乾隆朝功臣“阿桂像”[④] 相似，推测摹绘时间亦接近。因此，该图应为后来沈贞绘制的摹本，而非道光八年原作。而杨遇春像立轴原作可能同紫光阁悬挂的数百幅功臣像一起，佚失于光绪二十六年（1900 年）庚子之变。

道光八年二月初七日，道光帝传谕长龄等，将平定回疆的各次重要战役，一一

---

① 《道光九年清档》四月初九日押帖，如意馆呈稿，《内务府活计档》胶片 15 号，案卷 2971 号。

② 故宫博物院藏：沈贞画杨遇春像轴（故 00005072）。

③ 赵尔巽等：《清史稿》（第三十七册）卷三百四十七·列传一百三十四·杨遇春，第 11197 页。

④ 故宫博物院藏“阿桂像”轴，无诗堂和满、汉文御题赞，与乾隆时期功臣像的规格不符。该画像右上楷书“紫阁元勋”四字，画幅左下角款为“臣沈贞恭画”，画幅上端分别钤“咸丰御览之宝”和“宣统御览之宝”二方藏印。此图裱背题签“大学士一等诚谋英勇公阿桂像，咸丰甲寅沈贞画”。咸丰甲寅为咸丰四年。沈贞此图应当摹自乾隆时代的原作。见聂崇正：《紫光阁功臣中的〈阿桂像〉轴》，《中国历史文物》2008 年第 6 期。

绘成战图，借以宣扬将士劳绩①。由如意馆绘制“重定回疆战图”（画成定名为“平定回疆剿擒逆裔战图”），以图记这场重大胜利，歌颂大清朝的文治武功。前引《活计档》记载，道光八年十二月十六日档房持来折片一件，内开：

> 本管大臣谨奏，为遵旨交如意馆绘画重定回疆战图一分，于七月起拟稿呈览后，令沈焕、沈振麟率同雇募画手敬谨绘画、着色，全图十张现已办理完竣。除将原稿暂存以备刻铸铜板外，谨将着色全图恭呈御览。谨奏。于道光八年十二月十五日具奏，于十六日奉旨：着赏沈焕、沈振麟每人线紬二匹、银十五两，余知道了。钦此。档房②。

可知“重定回疆战图”共十张，由如意馆绘制原稿和着色全图各一份。由于绘画称旨，领衔的画画人沈焕、沈振麟受到了道光帝的赏赐。《活计档》还记载，如意馆将战图墨稿交粤海关监督挑选好手画匠照样绘画，并在本处（就近广省城）挑选好手镌刻铜板工匠五名，送京交造办处刊刻完竣并摹印，印得陈设二十五部，内二十部配楠木匣盛装，赏用九十部。

道光八年五月初十日，张格尔被押解到京。十一日，献俘于太庙、社稷。十二日，于午门行受俘礼。受俘礼成，道光帝作诗一首以志其事，并制成墨刻手卷，由如意馆装裱。《活计档》记载，道光八年八月“初一日，交御笔御午门受俘礼成用志七言十二韵墨刻手卷二十卷，传旨：交如意馆装裱手卷二十卷，用锦包首玉轴头别子。钦此”③。这御制受俘诗墨刻手卷部分被赏赐给平疆功臣。同年，“八月初五日由军机处陆续传发御制受俘诗墨刻一卷，赏西宁办事大臣穆兰岱；御制受俘诗墨刻二卷，赏伊犁将军德英阿、参赞大臣容安，只领用木匣二件……”④

① 孙文范、冯士钵、于伯铭：《道光帝》，第166页。
② 《道光八年清档》十二月十六日档房持来折片，档房呈稿，《内务府活计档》胶片15号，案卷2969号。
③ 《道光八年清档》八月二十二日押帖，如意馆呈稿，《内务府活计档》胶片14号，案卷2968号。
④ 《道光八年清档》十二月初四日报单，油木作、灯裁作呈稿，《内务府活计档》胶片15号，案卷2969号。

第四章　咸丰朝如意馆

第一节　咸丰朝如意馆的档案来源

咸丰朝如意馆的记载亦见于清宫内务府档案。其中，《活计档》记录的如意馆活计成做情况最为直接、详实，是研究如意馆问题的主要资料来源。《奏销档》虽不及《活计档》记录丰富，往往只有只言片语，侧重亦不同，却给我们提供了《活计档》以外的重要信息。

一　活计档

《活计档》是记录如意馆相关情况最集中的档案文献。咸丰年间《活计档》的记录仍然延续嘉庆十一年以后及道光朝体例，以时间先后为序，分条记录各作坊活计成做情况。《活计档》簿册的题签仍然为“咸丰某年清档（某几月）”的格式，每季度缮写《清档》一册，每年形成四本簿册。除咸丰四年《活计档》缺失外，咸丰朝其余《活计档》簿册都完整地保存在中国第一历史档案馆。此外，《活计档》中还有造办处整理誊录的《咸丰元年至十一年清档目录》一册，以便查阅。

二　奏销档

咸丰朝《奏销档》内涉及如意馆的档案不多，仅偶有提及，但我们可以从中了解到如意馆成做玉册宝、获得分赏、城园往返等情况，是研究咸丰朝如意馆问题的重要档案文献来源之一。

第二节 咸丰朝如意馆的活计种类

一 绘 画

绘画是档案记载中咸丰朝如意馆承办较为频繁的活计。

（一）皇室成员容像

1. 圣容像

咸丰元年（1851 年）正月初六日，库掌祥麟持来报单一件，内开咸丰元年正月初四日，总管内务府大臣柏面奉谕旨恭绘热河绥成殿宣宗成皇帝圣容，著沈振麟于正月底吉日敬谨恭绘。圣容盘膝坐，前设书案，上易经首页乾卦。钦此。如意馆呈稿①。

咸丰八年（1858 年）四月初十日如意馆呈稿，内务府奏准“着画士在文华殿恭绘仁宗睿皇帝圣容一轴”②，并“请与现办恭送之玉册、玉宝并实录、圣训、玉牒于九月十二日辰刻同日启行”，择吉日吉时“恭送盛京”供奉③。

咸丰十一年（1861 年）咸丰帝驾崩后，由如意馆恭绘大行皇帝圣容④。

2. 御容、喜容像

咸丰二年（1852 年）八月初三日报单内开，该年六月初二日传旨著如意馆沈振麟恭画御容；六月初三日传旨著如意馆沈振麟、沈贞用宣纸二张各恭画云嫔、婉常在喜容二张⑤。

咸丰二年（1852 年）八月初七日报单内开，七月间传旨沈振麟画皇后喜容⑥。

---

① 《咸丰元年清档》正月初六日如意馆呈稿，《内务府活计档》胶片 28 号，案卷 3053 号。

② 《咸丰八年清档》四月初十日如意馆呈稿，《内务府活计档》胶片 32 号，案卷 3078 号。

③ 《咸丰八年清档》四月十一日铜鋄作、匣裱作、如意馆、灯裁作呈稿，《内务府活计档》胶片 32 号，案卷 3078 号。

④ 《咸丰十一年清档》十一月初七日如意馆报单，《内务府活计档》胶片 34 号，案卷 3092 号。

⑤ 《咸丰二年清档》八月初三日报单，《内务府活计档》胶片 29 号，案卷 3057 号。

⑥ 《咸丰二年清档》八月初七日报单，《内务府活计档》胶片 29 号，案卷 3057 号。

咸丰三年（1853年）七月初六日报单内开，传旨著沈振麟画皇上御容、主位喜容稿九张呈览，皇上穿盔甲乘马式御容大挂轴一张①。

咸丰九年（1859年）十月十二日，着沈贞恭画御容半身像②。同年十二月初七日，又交下皇上御容脸像一张，着沈振麟补画衣纹、景致③。

（二）殿宇及陈设装饰画

绘制宫殿、陈设装饰画是如意馆的一项重要活计。如咸丰元年（1851年）十月二十四日就一次性交如意馆画绮春园敷春堂殿内用画条、画斗横共九十二张④。

咸丰二年（1852年）八月初三日报单内开，六月二十六日懋勤殿太监张得喜交白绢一块，传旨：著如意馆画线法高楼，宽窄各四寸。慎德堂殿明间北墙画，楼上要嵌扇，外边要栏杆，内要盆景，内要小孩，底层百古格子内摆陈设要多，书籍要少，钦此等因呈明总管。准行。记此……如意馆呈稿⑤。

咸丰二年（1852年）九月初八日报单内开，八月初十日传旨如意馆画万寿山涵远堂殿内用画横披五张⑥。

咸丰六年（1856年）四月间，着沈振麟、沈贞分别绘制思永斋殿内用画斗一张；五月十三日，着沈贞画万寿山涵远堂殿内用画横披一张；六月二十二日，着焦和贵、陆吉安分别画凤麟州殿内用画斗、横披各一张⑦；十二月二十日，内廷交春藕斋殿内用画罩眼三十四张，命如意馆绘画⑧。

咸丰七年（1857年）五月二十六日，内廷交白画绢四块，用于绘制圆明园奉三无私天花。“于十一月初一日如意馆匠役画得样呈览，奉旨：着照样画，于年内要得”⑨。

咸丰十年（1860年）为装饰天地一家春，皇帝钦点沈振麟、杨文德、沈贞、沈

---

① 《咸丰三年清档》七月初六日报单，《内务府活计档》胶片30号，案卷3063号。

② 《咸丰十年清档》五月初一日如意馆报单，《内务府活计档》胶片33号，案卷3086号。

③ 《咸丰十年清档》三月初七日如意馆报单，《内务府活计档》胶片33号，案卷3085号。

④ 《咸丰元年清档》十二月十九日如意馆报单，《内务府活计档》胶片29号，案卷3056号。

⑤ 《咸丰二年清档》八月初三日报单，《内务府活计档》胶片29号，案卷3057号。

⑥ 《咸丰二年清档》九月初八日报单，《内务府活计档》胶片29号，案卷3057号。

⑦ 《咸丰六年清档》七月十八日如意馆报单，《内务府活计档》胶片31号，案卷3071号。

⑧ 《咸丰七年清档》二月初三日如意馆报单，《内务府活计档》胶片32号，案卷3073号。

⑨ 《咸丰七年清档》匣裱作、钱粮库、如意馆、油木作呈稿，《内务府活计档》胶片32号，案卷3074号。

全、谢醇、焦友仁六人分绘画条、横披、画斗等①。

如意馆与灯裁作、铜鋄作、金玉作、油木作等各作在咸丰八年十一月间、九年九月间为长春宫、钟粹宫成做（白）弥细画花卉玻璃挡②。

（三）日常绘画

咸丰朝日常画作的题材甚多，皇帝常指定画画人及绘画题材。

咸丰元年（1851 年）“四月二十九日，懋勤殿太监张得喜交黑面折扇一柄，传旨：着画岁寒三友设色松竹梅。派陆吉安画松，沈贞画竹梅。合笔画款式‘臣某某奉勅合笔恭画’钦此等因呈明总管。记此”③。

咸丰元年（1851 年）“十二月初八日……交金廷标嗜酸图旧画一轴，着陆吉安照样画仙童，起墨稿一张呈览，照样准画”④。

（四）辅助绘画

如意馆画画人还负责为御笔匾额等绘制边饰。如咸丰元年十一月间，内廷传交御笔匾两面，着沈振麟分别画百鹤流云周围边、二龙戏珠边⑤。咸丰八年三月二十七日，“传沈振麟于二十八日卯初进内，上交黄绢御笔超然堂匾一面……着将四面画金折枝，随画样呈览”⑥。又如咸丰九年正月十五日，交“御笔匾一面（九如天保）……传旨：着如意馆沈振麟画匾边，先起墨稿……于二十三日画得墨稿纸样一件呈览，奉旨：着照样准画……于二月初二日画得呈览，随交出，传旨：着在御宝四围添画五彩云”⑦。

二　装裱书画

如意馆很大一部分工作是装裱活计。《活计档》中常见命如意馆托裱挂轴、裱挂

---

① 《咸丰十年清档》五月初一日如意馆报单，《内务府活计档》胶片 33 号，案卷 3086 号。

② 《咸丰八年清档》，《内务府活计档》胶片 33 号，案卷 3080 号；《咸丰九年清档》，《内务府活计档》胶片 33 号，案卷 3083 号。

③ 《咸丰元年清档》四月二十九日如意馆呈稿，《内务府活计档》胶片 28 号，案卷 3054 号。

④ 《咸丰元年清档》十二月十九日如意馆报单，《内务府活计档》胶片 29 号，案卷 3056 号。

⑤ 《咸丰元年清档》十二月十九日如意馆报单，《内务府活计档》胶片 29 号，案卷 3056 号。

⑥ 《咸丰八年清档》四月十一日如意馆报单，《内务府活计档》胶片 32 号，案卷 3078 号。

⑦ 《咸丰九年清档》四月初六日如意馆报单，《内务府活计档》胶片 33 号，案卷 3082 号。

屏、裱软挂、旧画揭裱软挂、托裱佛经、揭裱、换包首、册页收什换边糊锦壳面、裱册页照例装潢、托裱糊壁子、上壁子等等记载。

如咸丰元年二月三十日，交“御笔画一张”命“如意馆托裱”；三月初一日，又交“洋画半身像二张（郎世宁、艾启蒙）”，传旨交“如意馆揭裱软挂二件”①。咸丰六年正月二十七日，交御笔随安室字匾一面，命如意馆揭裱②。

除书画托裱外，如意馆还负责制作匾额等活计。如咸丰九年九月初三日内廷“着如意馆用纸成做册页式样匾一块、卷书式样匾一块”③，同月十三日又命做两匾。

在装裱方面，如意馆与造办处存在分工合作的关系，如意馆负责较为精细的托裱活计，而造办处则负责包装工作。如咸丰九年六月十二日，油木作、铜鋄作、如意馆呈稿“候补员外郎春年、懋勤殿太监赵进忠交草船借箭一张、凤仪亭一张，传旨：草船借箭一张用一寸蓝绫边、单倒环，活如意馆裱，要好衣绫，壁子造办处做。钦此”④；咸丰十一年正月间，皇帝传旨将欲于内殿佛堂供奉的心经一册“交如意馆裱，裱得时交造办处裁作锦夹袱子”⑤。如意馆虽属造办处下属单位，但常与造办处并提，可见其于造办处内的特殊地位。

三　加工玉器

如前所述，嘉庆年间，玉贡两度减半。道光元年暂停玉贡，此后直至清末一直没有再恢复。清宫玉器制作亦呈持续衰退之态。从《活计档》看，咸丰时期玉器制作比之乾隆中后期玉器制作鼎盛时期已大大萎缩，几乎不再见到大件以及复杂的玉器雕制。此时期内廷交给如意馆成做的玉器活计多为小件，此外还有对旧有玉器的加工整治、玉石印章刻字、搬指刻字等简单活计。

---

① 《咸丰元年清档》，《内务府活计档》胶片28号，案卷3053号。

② 《咸丰六年清档》四月初八日如意馆报单，《内务府活计档》胶片31号，案卷3070号。

③ 《咸丰九年清档》十一月二十八日如意馆报单，《内务府活计档》胶片33号　案卷3084号。

④ 《咸丰九年清档》六月十二日油木作、铜鋄作、如意馆呈稿，《内务府活计档》胶片33号，案卷3082号。

⑤ 总管内务府（宝鋆）：《奏销档687－023奏为妥办心经一部交内殿佛堂供奉事折》，咸丰十一年正月二十日。

（一）玉器成做

咸丰帝下令如意馆成做的玉（石）器不多，多数为搬指、翎管、烟袋嘴、玉佩、玉耳圈等小件。如：

咸丰元年（1851年）正月初十日，咸丰帝下旨交“旧玉碟子一件成做搬指三个”；交“红皮玉山子”做“搬指、翎管、烟袋嘴、玉佩、玉耳圈”等物；用“小玉照汉玉搬指成做玉搬指”等活计①。

咸丰三年（1853年）“五月初七日，库掌安奎、太监赵禄来说，太监范常禄传旨：上要玉子一块，随交出厢金里喜字白玉搬指式样、圈口大小成做搬指一个。钦此。如意馆、钱粮库呈稿”②。

咸丰六年（1856年）七月十九日，皇帝命如意馆成做蓝晶搬指③。

此外，咸丰朝亦制作了少量玉插屏：

咸丰五年（1855年）“七月十三日，员外郎诚基、太监黄永福来说，太监平顺传旨：将刻心经填金玉插屏一件著存收活计库，俟如意馆现成做刻心经玉插屏赶紧成做，俟做得时随值房一并交进。钦此。活计库、如意馆呈稿”④。

（二）旧玉改造

除成做玉器外，如意馆还负责对旧藏玉器进行刻字、配盖、打眼、磨改等加工改造。

1. 刻字（花）

咸丰元年（1851年）“二月初八日，库掌福全、太监黄永福来说，太监杨如意交白玉奓斗一件，传旨：将白玉奓斗上腰做万字四个，下肚做圆寿字四个，其万字每个要飘翎二根。先画样呈览。钦此。于当日将画得万字、寿字样持进呈览，奉旨：照样准做。其奓斗上万字、寿字起阴纹线填金。钦此。如意馆呈稿”⑤。故宫博物院珍藏的一件万寿纹白玉奓斗（图4.1）⑥，口沿外壁阴刻四处带飘翎的“卐”（万）字

① 《咸丰元年清档》正月初十日，《内务府活计档》胶片28号，案卷3053号。

② 《咸丰三年清档》五月初七日如意馆、钱粮库呈稿，《内务府活计档》胶片30号，案卷3061号。

③ 《咸丰六年清档》七月十九日，《内务府活计档》胶片31号，案卷3071号。

④ 《咸丰五年清档》七月十三日活计库、如意馆呈稿，《内务府活计档》胶片31号，案卷3067号。

⑤ 《咸丰元年清档》二月初八日如意馆呈稿，《内务府活计档》胶片28号，案卷3053号。

⑥ 故宫博物院藏：嘉庆款青玉“万寿”奓斗（故00098485）。

纹，腹部阴刻四个圆“寿”字，纹样皆双钩阴刻填金，外底阴刻“嘉庆御用”款。此作品或许就是档案提到的这件奓斗，原做于嘉庆朝，在咸丰时期经由如意馆加工改刻。咸丰时，在前朝年款玉器上加刻花纹甚至“咸丰御用”款的做法并不罕见。

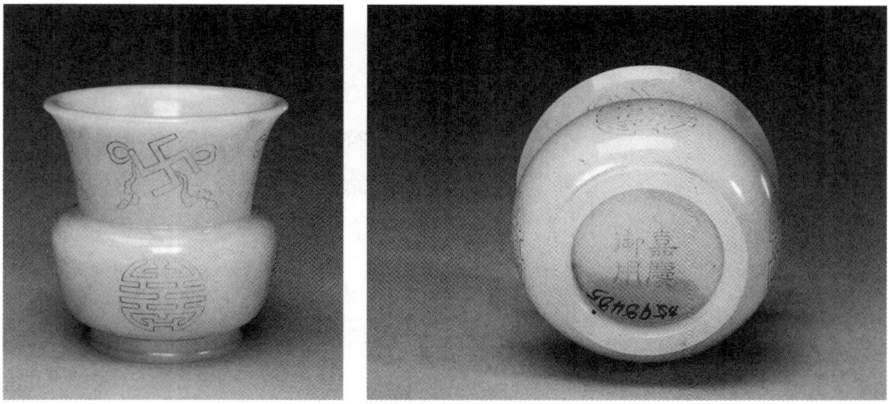

图 4. 1　故宫博物院藏万寿纹白玉奓斗

咸丰三年（1853 年）“五月初九日，库掌安奎、太监邓福来说，太监杨如意交出白玉搬指一个，传旨：照本文刻‘咸丰御用’字圈，俱要阴文。钦此。如意馆呈稿”①。

咸丰三年（1853 年）“七月初三日，库掌广顺、太监赵禄来说，太监布呼交画木根木碗一件、玉碗七件、绿玉碗二件（俱随本文），传旨：著均照本文刻字，其木碗刻字填银丝。钦此。金玉作、如意馆呈稿”②。

咸丰六年（1856 年）八月初八日，传旨“将清字本文刻在玉搬指上”③。同年九月十四日，内廷交出“白玉挂镜一件（随本文七言诗二首、图章二方），传旨：著刻字”④。

2. 配盖

咸丰元年（1851 年）二月初十日，传旨如意馆“按交出万字、寿字玉碗口镟做漫皷式碗盖一件”，做木样呈览后，“准做，用六成金打做”⑤，为玉碗配做金盖。

---

① 《咸丰三年清档》五月初九日如意馆呈稿，《内务府活计档》胶片 30 号，案卷 3061 号。

② 《咸丰三年清档》七月初三日金玉作、如意馆呈稿，《内务府活计档》胶片 30 号，案卷 3063 号。

③ 《咸丰六年清档》八月初八日，《内务府活计档》胶片 31 号，案卷 3071 号。

④ 《咸丰六年清档》十二月初三日如意馆报单，《内务府活计档》胶片 32 号，案卷 3072 号。

⑤ 《咸丰元年清档》二月初十日，《内务府活计档》胶片 28 号，案卷 3053 号。

3. 打眼

咸丰九年（1859 年）“七月十八日，员外郎诚基、太监邓福来来说，太监进喜交玉佩二件，传旨：着玉佩二件打透眼。钦此。如意馆呈稿”①。

4. 磨改

咸丰六年（1856 年）“二月二十七日，库掌广顺、太监王福寿来说，太监杨如意交白玉圆盒一件（上厢红宝石一块），内盛绿玉搬指一件（厢金里），传旨：将搬指上口钜齿磨净。钦此。如意馆呈稿”②。

（三）册宝图章刻字

咸丰朝如意馆还承办很多为册宝、图章刻字的活计。如：

咸丰元年（1851 年）“二月十二日，懋勤殿太监张得喜交冻石图章一方，随本文一件四字。传旨：交如意馆照本文刻阳纹字阴纹单线。钦此。如意馆呈稿”③。

咸丰元年（1851 年）二月十九日，一次性交出“甜黄石图章一方、冻石宝一方、冻石图章一方、旧玉图章一方”及本文，“传旨：交如意馆按照本文镌刻”④。

咸丰八年（1858 年）“八月初八日，库掌兴诚持来报单一件，内开如意馆为报题头事，咸丰八年六月二十二日，懋勤殿太监樊福交玉宝一方，传旨：交如意馆刻字作刻‘慎德堂’三字阴文。钦此。如意馆”⑤。

咸丰十一年（1861 年）十月二十二日，为办理驾崩的咸丰帝及已逝的孝德皇后尊谥应用玉册、玉宝事，总管内务府奏称：“镌刻清汉文字向交苏州织造办理。现查该省不靖，恐难恭办。拟请交造办处如意馆敬谨镌刻。”⑥ 由此可见，咸丰末年受太平天国运动的影响，历来由苏州承担的镌刻清汉文字的活计也交由如意馆完成。这咸丰十一年所上文宗显皇帝谥册两副（图 4.2）⑦、孝德显皇后谥册两副，帝、后谥

① 《咸丰九年清档》七月十八日如意馆呈稿，《内务府活计档》胶片 33 号，案卷 3083 号。

② 《咸丰六年清档》二月二十七日如意馆呈稿，《内务府活计档》胶片 31 号，案卷 3069 号。

③ 《咸丰元年清档》二月十二日如意馆呈稿，《内务府活计档》胶片 28 号，案卷 3053 号。

④ 《咸丰元年清档》二月十九日，《内务府活计档》胶片 28 号，案卷 3053 号。

⑤ 《咸丰八年清档》八月初八日如意馆，《内务府活计档》胶片 32 号，案卷 3079 号。

⑥ 总管内务府（广储司）：《奏销档 690－087 奏为办理皇帝皇后尊谥应用玉册玉宝事折》，咸丰十一年十月二十二日。

⑦ 故宫博物院藏：碧玉咸丰十一年上文宗显皇帝谥册（故 00167203）。依制，咸丰十一年上文宗显皇帝谥册一式二分，此为其一，另一副亦藏故宫（故 00167202）。

宝各一颗（原各两颗，皆加谥改镌）现藏故宫博物院。

图4.2　故宫博物院藏咸丰十一年上文宗显皇帝碧玉谥册

咸丰十一年文宗驾崩，新帝即位，为给同治帝添置玉宝，“十二月十六日，库掌福全、懋勤殿太监崔进玉交如意馆回残玉二块……随宝样尺寸五张，内同治御笔之宝一方见方三寸五分……传旨：将存诚主敬宝着刻阴纹，余四方着刻阳纹”[1]。档案中提到的这颗“见方三寸五分”[2]的“同治御笔之宝”（图4.3）[3]，为碧玉质地，交龙钮，阳文篆书，通高9.15厘米，印文11.4×11.3厘米，正合“见方三寸五分”之数，现藏故宫博物院。

图4.3　故宫博物院藏碧玉交龙纽“同治御笔之宝”

---

① 《咸丰十一年清档》十二月十六日匣裱作、广木作、如意馆呈稿，《内务府活计档》胶片34号，案卷3092号。

② 此处之“寸”应属清代的“营造尺”系统，一寸相当于今天的3.2厘米，参看王力主编：《中国历代度制演变简表》，载《王力古汉语字典》，北京：中华书局，2000年，第1810页。按此计算，三寸五分约为11.2厘米。

③ 故宫博物院藏：碧玉交龙纽“同治御笔之宝”（故00165882）。

四　成做象牙器

咸丰朝如意馆还承办少量的象牙活计，包括制作象牙牌、象牙骨牌、象牙棋子、象牙龙凤舟船等等。

（一）象牙牌

咸丰二年（1852年）“八月十二日，员外郎乌尔恭布、太监邓福来来说，太监范常禄交纸样二件，传旨：照纸样大小成做象牙牌二件，厚一分，上口要指甲圆打透眼一个，穿下鱼脊背绦子。钦此”①。

（二）象牙骨牌

咸丰三年（1853年）“十月十八日，太监王福寿来说，将画得骨牌纸样持进呈览，奉旨：照样准做象牙骨牌五十六张，象牙不要花的，得时配做楠木闷榫插盖匣，要干磨硬亮。钦此。如意馆呈稿”②。

（三）象牙棋子

咸丰三年（1853年）“十一月二十一日，员外郎乌尔恭布、太监赵禄来说，太监金环交白玉、云玉象棋子一分，传旨：成做楠木罩盖匣一件，再照交出玉象棋子大小薄厚照式样成做象牙三友棋子一分，其填颜色照前次成做象牙棋子颜色，得时成做楠木罩盖匣一件。钦此。如意馆、匣裱作呈稿”③。

（四）象牙龙凤舟船

咸丰五年（1855年）“五月十九日，库掌文琦、太监黄永福来说，太监杨如意传旨：著如意馆画舟船样二三个呈览。钦此”。

同年“五月二十一日太监黄永福将画得舟船纸样三件持进呈览，随太监平顺传旨：著照龙凤呈祥舟船样式成做象牙龙船一件、凤船一件，著如意馆牙匠二名敬谨成做。钦此”。

后于八年（1858年）“六月二十一日太监黄永福将传做龙舟、凤舟样并着色龙、

---

① 《咸丰二年清档》八月十二日，《内务府活计档》胶片29号，案卷3059号。

② 《咸丰三年清档》十月十八日如意馆呈稿，《内务府活计档》胶片30号，案卷3064号。

③ 《咸丰三年清档》十一月二十一日如意馆、匣裱作呈稿，《内务府活计档》胶片30号，案卷3064号。

凤舟纸样持进呈览，随太监进喜传旨：不用着色，著配做紫檀木几子座、五面玻璃罩。钦此”。又于八月初九日，“太监黄永福将做得象牙龙、凤舟二件持进呈览，上留，随太监进喜传旨：赏牙匠杨志蓝实地纱袍料一匹、石青实地纱褂料一匹、银三十两。钦此”①。

此外，如意馆还负责对旧有象牙器的见新、加工。如咸丰七年（1857年）八月初十日，内廷交出“茜牙蝠云座一件，著出土见新、茜红”②；同年九月十五日，又交“象牙枪牌一件，着磨退见亮，其字纹要深，仍旧填蓝，换明黄绦”③。

五　改做玻璃器

咸丰朝如意馆还偶尔被要求整治、加工玻璃器皿。如：

咸丰三年（1853年）“十月十六日库掌安奎、太监王福寿来说，太监金环交洋玻璃瓶一件，传旨：著将瓶口底它（砣）去，其盖去榫用礬焊妥。钦此。如意馆呈稿”④。

六　协作活计

如意馆还与造办处下属其他作、处协作完成活计。如：

咸丰六年（1856年）九月初五日，“著画骡子纸样、拉骡子跕童纸样呈览……传旨：照此样铸做红铜烧古特骡一匹……配做巴哒吗石座……铸炉处、如意馆呈稿”⑤。推测此活计由如意馆绘制骡子及童子纸样，再交铸炉处铸造。

咸丰八年（1858年）三月十五日，命“烫合牌胎带板二件……烫样呈览……做金带托，厢安圆碧�玹一块，碧瑥玹背后打象鼻眼三个，穿會（会）丝”⑥。这件带

① 《咸丰五年清档》五月十九日，《内务府活计档》胶片31号，案卷3066号。

② 《咸丰七年清档》八月初十日如意馆呈稿，《内务府活计档》胶片32号，案卷3075号。

③ 《咸丰七年清档》九月十五日灯裁作、如意馆呈稿，《内务府活计档》胶片32号，案卷3075号。

④ 《咸丰三年清档》十月十六日如意馆呈稿，《内务府活计档》胶片30号，案卷3064号。

⑤ 《咸丰六年清档》九月初五日铸炉处、如意馆呈稿，《内务府活计档》胶片31号，案卷3071号。

⑥ 《咸丰八年清档》三月十五日匣裱作、金玉作、如意馆呈稿，《内务府活计档》胶片32号，案卷3077号。

板交由匣裱作、金玉作、如意馆三处共同成做，其中设计图样、为碧瑶玐打象鼻眼应由如意馆承担。此外，如意馆还曾于咸丰六年与金玉作合做蓝晶带瓦、带头等①。

第三节　咸丰朝如意馆的匠作馆舍

一　二级作坊及匠役

由于迄今还未见到关于咸丰朝如意馆作坊、匠役设置的具体资料，我们只能从《活计档》《奏销档》等档案文献的只言片语中去初步勾勒当时的情况。

（一）如意馆画士、画工人

咸丰朝《活计档》对如意馆作画人员曾有“画士”的称谓，如咸丰八年内务府奏准“着画士在文华殿恭绘仁宗睿皇帝圣容一轴”②。够格绘制圣容的人员当为如意馆中作画水平最高者，他们被称作“画士”。这一称谓一直沿用到同治、光绪时期③。

除“画士”的称谓外，如意馆作画人员还被称为“画工人”，这一称呼主要见于《奏销档》。咸丰朝《奏销档》几乎每年都会记录年例分别等第赏赐王公大臣并满汉军机章京、画工人等人员麅鹿等物事。如在咸丰三年十二月赏赐清单中记载赏“如意馆画工人等共一分：野鸡六只、奶饼二斤、藕粉一斤、果丹一块、山药粉一斤、吉祥菜一匣、文水葡萄干一斤”④。整个造办处只有如意馆获此殊荣，而如意馆的人员中，只有画工人受到赏赐，可见其重要地位。

通过对咸丰朝《活计档》的耙梳可知，在咸丰朝供职于如意馆的主要画师约六人。早在咸丰帝即位之初的一条档案，就明确透露出如意馆画师的人员数量信息：

（咸丰元年）四月二十五日，懋勤殿太监张得喜交集锦画十二张，传旨：交

---

① 《咸丰六年清档》七月二十日金玉作、如意馆呈稿，《内务府活计档》胶片31号，案卷3071号。

② 《咸丰八年清档》四月初十日如意馆呈稿，《内务府活计档》胶片32号，案卷3078号。

③ 李湜：《同治、光绪朝如意馆》。

④ 总管内务府（麟魁等）：《奏销档659－267奏为王公文武大臣等分赏麅鹿等物事折》，咸丰三年十二月二十八日。

如意馆六人分画。钦此①。

这六人应该囊括了此时期如意馆的主要画师，因为在随后八年内《活计档》中搜索到的被委以绘画任务、有名姓的画师只有沈振麟、焦和贵、沈利、沈贞、杨文德、陆吉安六人。如咸丰三年（1853年）正月二十二日报单内开，上一年十二月皇帝传如意馆绘集锦画九张，令“沈振麟画一张，焦和贵画一张、沈利画二张，沈贞画一张，杨文德画二张，陆吉安画二张”②。又如咸丰五年（1855年）九月命如意馆绘制月波垆船上的装饰画，具体分工为“月波垆船上沈振麟画画条一张、横披一张；焦和贵画画条一张；沈利横披一张，杨文德横披一张，陆吉安画条一张，沈贞横披一张”③。主要画师仍是此六人。

然而到了咸丰九年（1859年）七月，如意馆被委派绘画任务的、有名姓的画师则引入了新人。如当年十二月初一日如意馆报单中提到，为预备八月节而装饰玉玲珑馆内的一架屏风，于“七月二十六日……交玉玲珑馆殿内明间五屏风上向北中间两边用画条一张……着沈贞画竹石着色……玉玲珑馆殿内明间五屏风上向北两边用画条一张……着沈全画山水着色……玉玲珑馆殿内明间五屏风上向北两边用画条一张……着谢醇画花卉着色……七月二十八日……交玉玲珑馆殿内明间五屏风上向北中间用画条一张……着沈振麟画墨云龙……玉玲珑馆殿内明间五屏风上向北中间两边用画条一张……着杨文德画花卉着色……八月节前要得。钦此”④。这则档案涉及的沈贞、沈振麟、杨文德三人是咸丰元年已供职如意馆的画师，而沈全、谢醇的名字则首次在《活计档》中出现。

随后在咸丰十年（1860年）为装饰天地一家春，皇帝钦点作画的画师又增加了焦友仁。二月二十三日“交天地一家春殿内……用画条一张……着如意馆沈振麟画荷花……画横披一张……着如意馆文德画着色藤萝……画条一张……着如意馆沈贞画着色盆兰……画斗一张……着如意馆沈全画岁寒三友合样画裱软挂……画条一张

① 《咸丰元年清档》四月二十五日，《内务府活计档》胶片28号，案卷3054号。

② 《咸丰三年清档》正月二十二日报单，《内务府活计档》胶片30号，案卷3061号。

③ 《咸丰五年清档》九月，《内务府活计档》胶片31号，案卷3068号。

④ 《咸丰九年清档》十二月初一日如意馆报单，《内务府活计档》胶片33号，案卷3084号。

……着谢醇画美人……横披一张……着焦友仁画着色山石墩兰……”①。从咸丰帝钦点的人员阵容看，画师的数量仍维持在六人左右。

（二）如意馆牙匠

（咸丰五年）五月十九日，库掌文琦、太监黄永福来说，太监杨如意传旨：著如意馆画舟船样二三个呈览。钦此。

于五月二十一日太监黄永福将画得舟船纸样三件持进呈览，随太监平顺传旨：著照龙凤呈祥舟船样式成做象牙龙船一件、凤船一件，著如意馆牙匠二名敬谨成做。钦此。

于八年六月二十一日太监黄永福将传做龙舟、凤舟样并着色龙、凤舟纸样持进呈览，随太监进喜传旨：不用着色，著配做紫檀木几子座、五面玻璃罩。钦此。

于八月初九日，太监黄永福将做得象牙龙、凤舟二件持进呈览，上留，随太监进喜传旨：赏牙匠杨志蓝实地纱袍料一匹、石青实地纱褂料一匹、银三十两。钦此。

匣裱作、如意馆、金玉作呈稿②

前引咸丰五年（1855 年）的这则活计档显示，咸丰朝至少有两名牙匠供职于如意馆。其中一位名叫杨志的牙匠还因制作龙舟、凤舟称旨，而受到咸丰帝“蓝实地纱袍料一匹、石青实地纱褂料一匹、银三十两”的丰厚赏赐。象牙舟船这般复杂的象牙活计在咸丰朝只见此一例，其制作流程仍是先由如意馆画纸样呈览，皇帝允准后成做。做好后是否着色，也要听从皇帝旨意。成做象牙龙船、凤船各一件大约要花费三年多时间。

然而从前文的梳理来看，咸丰六年（1856 年）以后《活计档》中几乎再未见到内廷交如意馆新做象牙活计的记载。咸丰七年虽有两条记录，但也都是对旧有器物的收拾，如为茜牙蝠云座出土见新、茜红，为象牙枪牌磨退见亮。到了咸丰十年正

---

① 《咸丰十年清档》五月初一日如意馆报单，《内务府活计档》胶片 33 号，案卷 3086 号。

② 《咸丰五年清档》五月十九日，《内务府活计档》胶片 31 号，案卷 3066 号。

月间，内廷先后传做象牙骰子共七副，却交金玉作承办①。这些也许反映了咸丰朝后期象牙活计基本停做，相应的如意馆的该项职能亦处于停摆状态。

（三）如意馆裱作

咸丰八年（1858年）“十一月初六日，库掌兴诚持来报单一件，内开如意馆裱作为报题头事”②。在此报单中，列举了该年八月至十月间皇帝交给如意馆“托裱”“挖镶裱册页”“裱软挂”“揭裱”的各种装裱活计。这条档案明确显示，如意馆中承接装裱活计的为下属“裱作”。当然，这个“如意馆裱作”与造办处下属的“匣裱作”是不同的机构，二者间偶有协作，还需要总管官员批准。如咸丰十一年（1861年）“十月初九日，掌稿笔帖式锡昌持来过稿一件，内亓如意馆裱作为呈报事，为在主敬殿恭裱圣容二轴，应用行糊饰裱墙二块、壁子一块，糊饰屉窗，呈明交匣裱作派匠糊饰。为此呈报等因呈明总管，准行。记此。匣裱作”③。

（四）如意馆玉作

咸丰朝“如意馆玉作”的名称见于造办处金玉作的一则呈稿：

> （咸丰三年）十一月二十四日，库掌兴福、太监黄永福来说，太监金环交：厢金里墨玉搬指一件、厢金里碧瑶玜搬指一件、白玉搬指二件，传旨：将白玉搬指照墨玉搬指圈口厢金里，其碧瑶玜搬指下口磕碰之处磨做倒园楞。钦此。
>
> 其厢金里碧瑶玜搬指一件如意馆玉作领去。
>
> 成做：足金厢白玉搬指里一件（重一钱七分），足金厢白玉万寿无疆搬指里一件（重一钱五分），足金厢碧瑶玜搬指里一件（原金改做），共用足金三钱二分。
>
> 金玉作呈稿④

这条档案提到“如意馆玉作”，明确指出如意馆下有专门的治玉作坊的存在。与造办处金玉作相较，如意馆玉作承担碧瑶玜搬指的打磨工作，而金玉作则负责为搬指厢金里，二作工艺各有侧重。除加工玉石器外，前文中提到的将洋玻璃瓶口底砣

---

① 《咸丰十年清档》正月初九日金玉作呈稿，《内务府活计档》胶片33号，案卷3085号。

② 《咸丰八年清档》十一月初六日如意馆呈稿，《内务府活计档》胶片33号，案卷3080号。

③ 《咸丰十一年清档》十月初九日匣裱作呈稿，《内务府活计档》胶片34号，案卷3092号。

④ 《咸丰三年清档》十一月二十四日金玉作呈稿，《内务府活计档》胶片30号，案卷3064号。

去的活计，应该也是由这如意馆玉作用砣玉工艺完成。

（五）如意馆刻字作

在咸丰朝如意馆除绘画、装裱以外为数不多的活计中，刻字活计是较为常见的一类。咸丰八年（1858 年）的一则呈稿中，提到了“如意馆刻字作”这一专门的刻字作坊。

> 八月初八日，库掌兴诚持来报单一件，内开如意馆为报题头事，咸丰八年六月二十二日，懋勤殿太监樊福交玉宝一方，传旨：交如意馆刻字作刻“慎德堂”三字阴文。钦此。如意馆①。

二　隶属之关系

由上文列举的档案可知，咸丰时期的如意馆仍然是一个综合性作坊，其下还细分更小的二级作坊，结构和功能较为齐全。尽管如此，如意馆在本质上仍是隶属于造办处的一个作坊，要受造办处管辖。如咸丰十年（1860 年）四月二十六日，“交下（圆明园）寄旷怀楼下天花样一件，按此样画三间，传造办处着如意馆用白绢细画竹式藤萝……圆明园为移付事，四月初二日总管太监王春庆传旨：着该路造办处于明日进匠贴寄旷怀楼下画天花”②。

三　馆舍之位置

圆明园内如意馆在道光二十六年（1846 年）挪到“东院”后，规模缩减近半，馆舍位置却没有大的变动。此后，直至咸丰十年（1860 年）如意馆随圆明园被烧毁，这十四年间没有再发现馆舍迁移的文字记载，如意馆一直位于洞天深处景区如意馆院落。

再看紫禁城内如意馆的馆舍变迁。从清宫档案看，如意馆相关记录至少持续至

① 《咸丰八年清档》八月初八日如意馆，《内务府活计档》胶片 32 号，案卷 3079 号。

② 《咸丰十年清档》四月二十六日如意馆、匣裱作呈稿，《内务府活计档》胶片 33 号，案卷 3086 号。

宣统三年（1911 年），即紫禁城的如意馆一直存在到清末。一般认为，圆明园如意馆被焚毁后，同治年间曾于紫禁城北五所之西所（即乾东五所之头所）重建如意馆①，馆舍至今尚存（图 2.9）。然而同治年间重建如意馆的说法尚未发现文献依据，恐怕只是基于咸丰末年圆明园被毁后的猜测，并未考虑到宫内如意馆一直存在的事实。实际上，嘉庆十八年（1813 年）如意馆移至造办处后不久，道光元年（1821 年）造办处曾请修“城内如意馆玉作东厢房二间、木作西厢房二间、值房正房东一间”。可见，道光元年紫禁城内的如意馆运转如常，并有一定的馆舍规模。咸丰六年（1856 年）二月初一日造办处发生一起案件，如意馆久未当差之匠役永瑞在造办处掩门后，潜入造办处南门窥探被拿获，供称还曾窃过该处首领高长喜什物②，作案轻车熟路。据此，我们有理由推测此时的如意馆很可能仍位于造办处院内。至于如意馆何时从造办处院内迁至北五所，尚未找到档案记载，但也不能简单推定为圆明园焚毁后的同治年间，因为紫禁城内的如意馆在造办处院内持续运转，并不必因圆明园如意馆的烧毁而易地重建。如意馆落户北五所的时间目前只能笼统定在清晚期。

四　随驾城园间往返

同前朝一样，咸丰帝在往来驻跸圆明园和紫禁城时，如意馆亦随侍在侧，随驾迁徙于两地之间。这从皇帝来往圆明园之月所用苏拉数目清单中可以窥见，反映了如意馆在皇帝日常生活中扮演着不可或缺的角色。

如意馆由宫内迁往圆明园的记载举例如下：

咸丰二年（1852 年）五月，造办处来文称：“（四月）二十二日，如意馆往圆明园抬运活计二十抬，用苏拉四十名。”③ 除如意馆外，一般情况下造办处尚有做钟处抬运随侍钟表、炮枪处抬运随侍枪等物、匣作抬运陈设什物木匣等项。

---

① 杨伯达：《清代画院观》；《洞天深处》，《圆明园》学刊第十八期；“如意馆……原属造办处……同治年间迁至乾东五所之头所……仍隶造办处……现建筑完好”，见万依：《故宫辞典（增订本）》，北京：故宫出版社，2016 年，第 48 ~ 49 页；嵇若昕：《乾隆时期的如意馆》。

② 总管内务府：《奏销档 668 – 023 奏为拿获私行进内人永瑞供词事折》，咸丰六年二月初二日。

③ 总管内务府（关防衙门）：《奏案 05 – 0766 – 072 呈为四月份用苏拉数目清单》，咸丰二年五月二十六日。

如意馆由圆明园迁回宫内的记载举例如下：

咸丰八年（1858 年）十一月，造办处来文称："（十月）二十八日，如意馆由圆明园往城内抬运活计二十抬，用苏拉四十名。"①

第四节　咸丰朝如意馆的地位待遇

每年腊月底，咸丰朝年例分别等第赏赐王公大臣并满汉军机章京、画工人等麅鹿等物。在造办处下辖的作、处、厂中，如意馆是历年唯一受到赏赐的单位。如咸丰三年（1853 年）十二月赏赐清单中记载赏"如意馆画工人等共一分：野鸡六只、奶饼二斤、藕粉一斤、果丹一块、山药粉一斤、吉祥菜一匣、文水葡萄干一斤"②。这在咸丰朝历年几成定例，只是赏赐品略有出入。可见，在内务府造办处下，如意馆是唯一受到皇帝特别关照、青眼有加的机构，地位超然，而如意馆中的"画工人"是最受重视的匠役。

第五节　如意馆档案所见咸丰史事

咸丰朝如意馆及内务府相关档案反映的宫廷史事虽少，却也有助于将咸丰帝（文宗）形象的某些侧面呈现给我们。

一　文宗其人

（一）雅好丹青

清代皇族教育系统而严格，皇室成员的文化水平普遍较高，书画修养较好。咸

① 总管内务府（关防衙门）：《奏案 05－0799－099 呈为十月份用过苏拉数目清单》，咸丰八年十一月二十六日。

② 总管内务府（麟魁等）：《奏销档 659－267 奏为王公文武大臣等分赏麅鹿等物事折》，咸丰三年十二月二十八日。

丰帝奕詝对书法、绘画便颇有兴趣，这从故宫博物院留存下来的奕詝书画作品以及匾额、对联等可见一斑，内务府档案材料中亦留有相关文字记载。

奕詝二十岁即帝位，部分皇子时期的书法和绘画作品至今仍保存在故宫博物院。如乾清宫旧藏一件奕詝书折扇，棕竹内股，湘妃竹边股，一面白地光素，另一面洒金，上有奕詝书诗句，楷书数首七言诗，落款“孙臣奕詝敬书”（图4.4）[①]，应是奕詝少年时期敬献给祖母孝和皇太后的。该扇楷书工丽，功底了得。

图4.4　故宫博物院藏奕詝书折扇

奕詝的绘画作品在道光朝《活计档》中曾有记载。道光二十六年（1846年）“八月二十二日懋勤殿太监张得喜交四阿哥画黑山水二张，传旨：交如意馆裱挂轴二轴”[②]。四阿哥，即奕詝。

奕詝从少年时起便钟爱画马。故宫博物院旧藏一件奕詝画马轴，画中绘骏马一匹，右侧题“岁次强圉协洽皋月”（即丁未五月），落款“皇四子画”，诗堂题杜甫《骢马行》节录“夙昔传闻思一见，牵来左右神皆竦。雄姿逸态何峭崒，顾影骄嘶自矜宠”，落款“丁未七月 皇四子书”（图4.5）[③]。画作于丁未年（道光二十七年，1847年），奕詝时年十七岁。他即位以后亦对骏马题材画作有极大兴趣。如咸丰二年

① 故宫博物院藏：棕竹股湘妃竹边奕詝书折扇（故00136830）。

② 《道光二十六年清档》十一月十三日如意馆呈稿，《内务府活计档》胶片26号，案卷3039号。

③ 故宫博物院藏：奕詝画马轴（故00236775）。

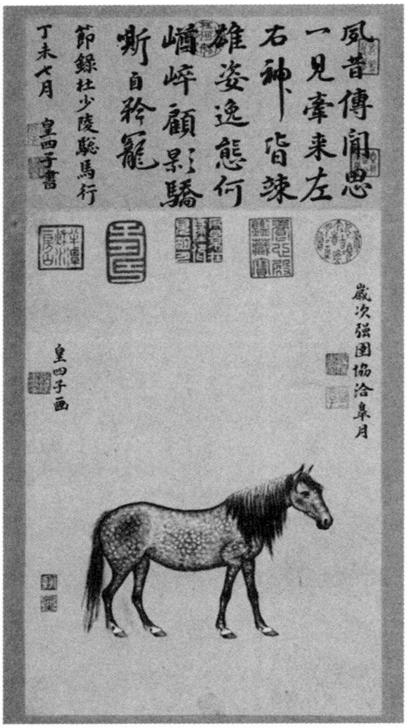

图 4.5 故宫博物院藏奕詝画马轴

(1852 年) 十一月曾交下“御笔画马”一幅，命如意馆裱软挂①。文宗亦数次命如意馆画师画马，如咸丰五年（1855 年）七月二十日，命沈振麟画小马②。九月十七日，又交沈贞画大马二张，着裱大挂轴③。咸丰六年（1856 年）三月十九日，传旨沈振麟画大马二张、小马二张④，画成后交如意馆裱软挂轴⑤。同年六月初一日，又“着沈振麟画虎蔚骝奕山库伦黄花马共三匹，每匹画大马一张、小马一张”⑥。次年三月间，先后传沈振麟画小马样二张、又二张、四骏图、大马四张⑦。

除了骏马题材，咸丰帝在山水画、花卉画、人物画等方面亦有涉猎。如咸丰二年，曾交下御笔画山水裱软挂⑧。咸丰八年（1858 年）正月二十五日，交下御笔墨莲花一张令如意馆装裱⑨。咸丰九年（1859 年）十月二十八日，交下御笔半身像一张，令如意馆托裱⑩。故宫博物院收藏一件清人画奕詝朝服作画像轴（图 4.6）⑪，描绘了咸丰帝盘膝坐于书案前提笔作画的情景。

咸丰帝常亲自指点宫廷绘画工作，他对如意馆几位主要画工人的绘画特长较为

---

① 《咸丰二年清档》十二月初八日如意馆报单，《内务府活计档》胶片 29 号，案卷 3060 号。
② 《咸丰五年清档》七月二十日如意馆报单，《内务府活计档》胶片 31 号，案卷 3067 号。
③ 《咸丰五年清档》十一月十五日如意馆报单，《内务府活计档》胶片 31 号，案卷 3068 号。
④ 《咸丰六年清档》四月初六日如意馆报单，《内务府活计档》胶片 31 号，案卷 3070 号。
⑤ 《咸丰六年清档》七月初十日如意馆报单，《内务府活计档》胶片 31 号，案卷 3071 号。
⑥ 《咸丰六年清档》七月十八日如意馆报单，《内务府活计档》胶片 31 号，案卷 3071 号。
⑦ 《咸丰七年清档》四月初十日如意馆报单，《内务府活计档》胶片 32 号，案卷 3074 号。
⑧ 《咸丰二年清档》十二月初八日如意馆报单，《内务府活计档》胶片 29 号，案卷 3060 号。
⑨ 《咸丰八年清档》四月十一日如意馆报单，《内务府活计档》胶片 32 号，案卷 3078 号。
⑩ 《咸丰九年清档》十一月二十八日如意馆报单，《内务府活计档》胶片 33 号，案卷 3084 号。
⑪ 故宫博物院藏：清人画奕詝朝服作画像轴（故 00006592）。

图4.6　故宫博物院藏奕詝朝服作画像轴

了解，常指定专人绘制重要画作，甚至在同一幅画中，咸丰帝还根据画师的专长指定其绘制画面的某一部分。如咸丰元年（1851年）“四月二十九日，懋勤殿太监张得喜交黑面折扇一柄，传旨：着画岁寒三友设色松竹梅。派陆吉安画松，沈贞画竹梅。合笔画款式‘臣某某奉勅合笔恭画’。钦此。等因呈明总管。记此”①。

又如上文提及咸丰九年（1859年）为预备八月节而装饰玉玲珑馆内的一架屏风，于“七月二十六日……交玉玲珑馆殿内明间五屏风上向北中间两边用画条一张……着沈贞画竹石着色……玉玲珑馆殿内明间五屏风上向北两边用画条一张……着沈全画山水着色……玉玲珑馆殿内明间五屏风上向北两边用画条一张……着谢醇画花卉着色……七月二十八日……交玉玲珑馆殿内明间五屏风上向北中间用画条一张……着沈振麟画墨云龙……玉玲珑馆殿内明间五屏风上向北中间两边用画条一张……着杨文德画花卉着色……八月节前要得。钦此”②。咸丰帝细致安排了这架五屏风不同部位画条的题材，并指定专人负责，最重要的中间用画条即指明由水平最高的沈振麟绘制墨云龙。

（二）关怀家人

《活计档》中的若干档案反映出咸丰帝在燕居生活中对家庭成员以及子女的关照。如：

（咸丰五年）十月十三日，候补员外郎春年、懋勤殿太监张得喜交御笔字条

---

① 《咸丰元年清档》四月二十九日，《内务府活计档》胶片28号，案卷3054号。

② 《咸丰九年清档》十二月初一日如意馆报单，《内务府活计档》胶片33号，案卷3084号。

一张（慎重和平），传旨：著用一寸蓝绫边贴储秀宫殿内，贴时地方问懿嫔娘娘，不进匠。钦此。匣裱作呈稿①。

懿嫔娘娘即后来的孝钦显皇后叶赫那拉氏，同治帝载淳生母。载淳生于次年（咸丰六年）三月，故咸丰帝御笔题“慎重和平”字条②并命贴于储秀宫懿嫔居所，当有为尚未出世的皇嗣祈福之意。及至此子诞生后的同年十二月二十七日，咸丰帝命“交御笔福禄寿喜各一张……二十八日进内贴储秀宫大爷殿内，贴时地方问贵妃娘娘在（再）贴。钦此”③。咸丰帝亲笔书写“福”“禄”“寿”“喜”字各一张，于元旦前贴于皇长子殿内，展现了他作为父亲的温情一面。

此外，档案中亦体现了咸丰帝对其唯一的女儿的关爱。咸丰六年九月二十日，命如意馆绘制“大公主喜容一张”，随后又于二十五日命绘制公主生母“丽妃娘娘喜容一张”④。咸丰七年十一月初五日，命交“丽妃、大公主行乐软挂一件”，传旨“配做楠木插盖匣一个”⑤。

① 《咸丰五年清档》十月十三日匣裱作呈稿，《内务府活计档》胶片 31 号，案卷 3068 号。

② 故宫博物院收藏有“奕詝楷书慎重和平四字字条”一张，文物号为“故 00255213”，或即为此字条。

③ 《咸丰六年清档》十二月二十七日匣裱作呈稿，《内务府活计档》胶片 32 号，案卷 3072 号。

④ 《咸丰六年清档》如意馆十月二十五日报单，《内务府活计档》胶片 31 号，案卷 3072 号。

⑤ 《咸丰七年清档》十一月初五日匣裱作呈稿，《内务府活计档》胶片 32 号，案卷 3076 号。

第五章　结　语

本书通过梳理清代嘉庆、道光、咸丰三朝《活计档》《奏销档》中有关内务府、造办处、如意馆的档案，并结合其他历史文献，分别对三朝如意馆做了较为全面的探讨，现将三朝情况连缀起来汇总如下：

一　三朝如意馆的活计种类

嘉庆、道光、咸丰三朝如意馆成做活计的种类大致相同且一脉相承，主要包括：绘画，装裱书画，加工玉器，成做象牙器，成做犀角器，嵌做商镶金银丝、金宝、玉底，改做玻璃器等。

（一）绘画

虽然如意馆不等同于画院，但绘画确实为其一项主要职能，画画人的地位、待遇在如意馆甚至整个造办处最高。如意馆的绘画活计主要包括：先帝后圣容，帝后御容，后妃及子女关防像、喜容，重臣画像；殿宇及陈设装饰用画；太阳像、太阴像、年节画等年例画；皇帝指定的日常绘画；重要战役的战图；为御笔匾额等绘制边饰等辅助性绘画。其中，圣容、御容的绘制最为郑重，要择吉日，由水平最高的画师绘画，如嘉庆朝冯宁、冯祥、华庆冠、沈焕等人，道光朝沈焕、沈振麟、徐呈祥、贺世魁等人，咸丰朝沈振麟、沈贞等人，都是被指定绘制圣容、御容的如意馆画画人。清廷也很重视战图的绘制，以记述重大胜利场景，三朝如意馆档案仅见嘉庆三年“湖南苗疆战图”和“贵州狆苗战图”，道光八年“重定回疆战图”，比之乾隆朝数量大为减少，反映了清代中期以后军事实力的下滑。此外，嘉庆、道光、咸丰三帝都青睐御马题材的绘画，嘉庆帝常指定画师绘画御马；道光帝除命令如意馆绘画御马外，还常要求绘制“骑马式样”御容；咸丰帝不仅常命画师画“大马”“小马”若干，自己也有御笔画马的作品。

（二）装裱书画

装裱是如意馆最大宗的活计，每次奉命装裱的活计少则一件，多则数百件。如意馆装裱的对象，除了画画人新绘制的画作外，还有皇帝御笔和皇室成员、臣工字画等，以及内廷交下的旧藏字画重新装裱。在装裱形式方面，除了常见的挂轴、软挂、手卷、册页、对联、条幅、斗方等外，如意馆还将一些字画作品托裱装潢成匾额、壁子、插屏等。字画的原有装裱年久残破，也往往交由如意馆旧画揭裱、换轴头、绦带、𫗴子、锦壳面、包首等等。

（三）加工玉器

如意馆玉器加工主要包括：玉器成做；旧玉改造、刻字（花）；册宝、图章刻字等。

三朝玉器成做的数量、种类以及工艺都随着朝代变迁而每况愈下。嘉庆初年太上皇帝训政时期的玉器制作尚能延续乾隆朝的繁荣。嘉庆帝亲政之后，革除了乾隆朝平定回疆以来的采进大玉之役，基本停止了巨型雕塑、山子等的制作。每年和阗、叶尔羌等处贡进青白玉子的数量也在训政时期五千余块的基础上，于嘉庆帝亲政初年和嘉庆十七年两度减半，至一千块左右。但每年尚以新疆贡玉挑选出画样（头等）玉子几十件，全部由如意馆画得墨道后，再分派如意馆以及各地盐政、织造、税关等处成做玉器。嘉庆初期，承乾隆朝余绪，如意馆尚使用画样玉子制作不少复杂的陈设用容器、山子或动植物雕塑。嘉庆中后期，如意馆分得画样玉子数量虽多，但主要是小件的把玩或饰品，题材以各种祥瑞动物、植物为主，少有大器；而大器的成做多数仰赖地方盐政、织造、税关，分派各地所制者多为各式山子陈设，以及尊、觚、瓶、炉、洗等琢器。此外，嘉庆十六年以前的多数年份，如意馆还以“二等玉子”制作二十件到四十一件不等的玉器，此后则不见记载，似乎随着嘉庆十七年的玉贡减数，以二等玉子制器也停止了。至于临时加派的玉器活计，在嘉庆初期尤其是太上皇训政时期，数量还相对较多，到了嘉庆中后期，《活计档》中则仅有零星记载了。道光朝玉器成做数量很少，种类有限。由于道光元年停止玉贡，乾嘉以来每年以新疆贡玉成做数十件陈设类、容器类大件玉器的年例也随之停止。《活计档》中亦几乎不见各地织造、盐政、关差等为宫廷制作及进贡玉器的记载。如意馆奉命制作的玉器多为小件，且以翎管、搬指等首饰、饰件、鼻烟壶盖等为主，几乎再无大件的陈设类、容器类精品玉器，仅见以白玉山子为材料制作圆盒及鼻烟碟各一件。除玉器活计外，道光朝如意馆尚成做珊瑚、松石、青金石、碧玺、红蓝宝石、水晶等材质的饰品，这些也都是采用治玉工艺制作的诸如花头、腰结、佛头、佛嘴、小罐、烟壶等“小式活计”。到了咸丰朝，文宗下令如意馆成做的玉器不多，多数为搬指、翎管、烟袋嘴、玉佩、玉耳圈等小件以及少量玉插屏。

除新做玉器外，内廷所用的旧式、残损玉器一般不会随意丢弃，而是因形就式改造成另有用途的器物。如嘉庆时将玉带板改做为赏用斋戒牌；玉扇把改作为菓义把。原有玉器也常加刻花纹、诗句或款识以及打眼、磨改等。如嘉庆时，将玉搬指等交如意馆刻字填红，或将玛瑙器、搬指等加刻乾隆款或嘉庆款等；每年秋冬之际有交玉如意一柄刻字填金的年例。道光时，玉如意刻字填金的年例停止了，宣宗只偶尔零星交出一些玉宝、搬指、如意等旧玉加刻文字、花纹。咸丰时，文宗命如意馆在玉爹斗、碗、搬指、挂镜上刻字或花纹，为玉佩打透眼，将搬指重新磨改等，都是极为简单的活计。

除此以外，册宝、图章刻字亦是如意馆的一项重要活计。嘉庆时期，册宝、图章主要还是发往苏州刻字，如意馆仅少量成做一些册宝、图章刻字的活计。道光朝亦大致如此，而一些石宝尤其是寿山石宝及图书则多由如意馆刻字。咸丰末年，受太平天国运动的影响，由于该省“不靖”，传统由苏州承担的镌刻清汉文字的活计也交由如意馆完成。此外，嘉庆二十五年、道光三十年、咸丰十一年，仁宗、宣宗、文宗驾崩后上大行皇帝尊谥所用的玉册、玉宝，皆交“翰林院撰文，如意馆敬谨镌刻”。这可能是因为丧仪日程紧张，来不及将玉册、玉宝送交苏州，只好就近由如意馆镌刻。而道光八年、二十五年为皇太后上徽号所用玉册、宝，则交苏州织造将文字镌刻妥协，内空写含有日期的满文前二行、汉文前二行，再择吉日交如意馆补行镌刻。

（四）成做象牙器

嘉庆、道光、咸丰三朝的象牙器主要由如意馆成做。《活计档》记载的嘉庆朝象牙活计主要包括：插屏、盒、船、塔、扇、搬指、笔筒等。道光朝的象牙活计主要有：盒、花囊、梳、船、塔、葫芦盖、插屏等。此外，道光朝如意馆还成做马牌、枪炮牌、钥匙牌、合符、信牌等象牙牌并刻字填蓝、打眼、穿绦，制作象牙匙、骰子、滑子、笼条夹板等等。咸丰朝如意馆象牙活计减少，仅制作少量象牙牌、象牙骨牌、象牙棋子、象牙龙凤舟船等等，呈衰落态势。除新做象牙器外，如意馆还负责对旧有象牙器进行改造、收拾。除此以外，三朝少量简单的象牙活计则分派给金玉作完成，如成做牌、匙、起子等小件。

总的来看，嘉庆年间至道光二十年以前，如意馆成做的象牙活计尚为多样，包括：插屏、盒、船、塔、扇、搬指、笔筒、花囊、葫芦盖等，牙匠姓名也屡见记载。道光二十年以后，虽然《活计档》中还有如意馆成做象牙活计的记录，但都是诸如制作象牙牌、葫芦盖、抿靶、骰子、起子等简单小式活计，以及承担象牙图书刻字活计，牙匠姓名已罕见于档案，只有咸丰五年牙匠杨志制作过龙舟、凤舟的记录。咸丰后期，如意馆的象牙成做基本处于停摆状态。三朝内廷传做的小件象牙活计常交金玉作承办。

（五）成做犀角器

如意馆还成做少量犀角器，亦由该馆牙作牙匠完成。嘉庆朝制作的见于记载的犀角器主要包括：福共海天长犀角杯、寿同山岳永犀角杯、群仙祝寿犀角觥、九龙庆寿犀角觥等，大概都是庆寿之用。道光朝犀角库贮不太充裕，如意馆的犀牛角器物制作主要集中于道光二十三年以后，此前未见有记录，主要包括：酒杯、茶盅等饮器，搬指、簪子等饰品，梳子、起子等日用品，灵芝、螺蛳、骆驼等象生玩意，似乎不再有嘉庆时期名目复杂的制品。咸丰年间未见成做犀角器的记录。

（六）嵌做商镶活计

为器物嵌做金丝、银丝以及金宝、玉底亦是如意馆的一项工作。嘉庆朝多见为枪鞘镶嵌金银丝（片）清汉字、金宝、玉底，以及为木碗、紫檀盒等镶嵌银片字、金宝、花纹等。道光朝如意馆还有少量为枪鞘、葫芦、壁子等商银（片）字、镶金字边的活计。咸丰朝则未见相关记载。

（七）改做玻璃器

如意馆还偶尔负责改做玻璃器。道光朝有以内廷交下的各色玻璃改做为腰结、娃娃、簸箕等的记载，咸丰朝如意馆亦有整治、加工洋玻璃瓶等玻璃器皿的记录。

（八）改做砚台

乾隆后期，如意馆牙匠曾奉旨为砚台做旧。嘉庆、道光、咸丰三朝如意馆未见此类记录，仅道光时有将旧有砚台改做、刻款的做法。

（九）成做伽楠香器

道光朝如意馆曾成做伽楠香器，主要是诸如猴儿、竹等“随形玩意”，以及寿字佩、莲子等小件饰品。

（十）协作活计

由于内廷交办的活计往往是多种工艺、不同材质复合而成，因此需要多个作坊通力协作。如意馆常与金玉作、铜鋄作、匣裱作、铸炉处等作坊协作，制作太平车、带板、铜烧古特骡等活计。

二 三朝如意馆匠作馆舍

（一）二级作坊及匠役

如意馆明确设有玉作、裱作、牙作、刻字作等二级作坊，有画画人、玉匠、裱匠、牙匠、刻玉册玉宝匠役等供职。

1. 如意馆画画人

在整个嘉庆朝《活计档》及《奏案》中，对于承担绘画活计的人员只有“如意馆画画人”或“启祥宫画画人”的称呼。而《钦定大清会典（嘉庆朝）》“内务府·养心殿造办处”条下，则提到如意馆有“画匠”。后世档案中“画士”“画工人”的称谓尚未见到。嘉庆初年，如意馆画画人的人数有近二十人。嘉庆朝见于记载的画画人有：清柱、和柱、庄豫德、黎明、冯宁、蒋懋德、冯祥、程琳、沈庆兰、华庆冠、沈焕、嵩贵、沈振麟等人。冯祥的作品最多，且常被指定绘制圣容、御容等高等级画作，应是所有画画人中水平最为高超者。沿袭嘉庆朝，道光朝如意馆画师一般被称作“画画人”“如意馆画画人”，有时还被称作“绘画匠士”“画士”或“如意馆画工人”。道光朝见于记载的画画人有：冯祥、沈焕、沈庆兰、徐呈祥、贺世魁、焦和贵、沈元、沈利、沈贞、沈振麟、杨文德、蒋映杓、陆吉安等人。其中比较重要的有冯祥、贺世魁、沈振麟等人。冯祥自嘉庆朝服务于如意馆，道光二年、十三年还有其奉命作画的记载。贺世魁成做如意馆绘画活计的时间在道光四年至十三年，所绘画的题材主要是皇室成员以及功臣的肖像画，负责人物面部等关键部位的绘制。沈振麟最早在嘉庆二十一年的《活计档》中出现过一次，其后自道光三年至三十年，每年都有绘画活计的记录，可谓如意馆资深且多产的画画人，尤其到了道光后期，几乎所有题材的画作都指派给沈振麟。咸丰朝画画人被称作“画士”或“如意馆画工人”。咸丰朝同时供职于如意馆的主要画画人约有六人。咸丰朝前八年《活计档》中所见画师有沈振麟、焦和贵、沈利、沈贞、杨文德、陆吉安六人，均为道光朝旧人；咸丰九年以后，沈振麟、沈贞、杨文德仍被钦点作画，焦和贵、沈利、陆吉安则不见记载，而渐次增加了沈全、谢醇、焦友仁，总数仍维持在六人左右。其中，沈振麟历经三朝，从嘉庆二十一年至咸丰末年一直供职于如意馆，道光后期尤受重用。

嘉庆朝，如意馆常受到鹿肉等年例赏赐。道光、咸丰两朝，赏赐对象范围缩小，仅“如意馆画工人”在年例麅鹿等物赏赐名单中。在整个造办处下属作坊及匠役中，只有如意馆画工人能得此殊荣，反映了其最受重视及优待。

2. 如意馆牙作及牙匠

嘉庆朝《活计档》如意馆呈稿中，偶有提及“牙作”，推测为隶属于如意馆的二级作坊。《钦定大清会典（嘉庆朝）》“内务府·养心殿造办处”条明确提到如意馆有“牙匠”。见于《活计档》记载的嘉庆时期有名姓的牙匠共四人，分别是黄兆、杨秀、陈琛以及莫成纪，其中杨秀与其他三位前后相继的牙匠同时共事，服役最久。道光、咸丰两朝《活计档》中虽未见有“牙作”字样，而如意馆呈稿中却数次出现“牙匠某某”成做象牙活计的记录。见于《活计档》记载的道光时期有名姓的牙匠共有四人，分别是嘉庆朝至道光初年的杨秀、莫成纪，以及道光中期的杨志、黄庆。咸丰中期牙匠杨志还见于记载，他与另外一位不知姓名的牙匠共同成做象牙龙船一件、凤船一件。嘉庆、道光、咸丰三朝同时在如意馆供职的牙匠一直维持在两名左右。档案记载，嘉庆初年的如意馆牙匠曾由粤海关选送。

此外，如前所述，如意馆牙匠除了制作象牙活计外，还负责雕制犀角器。

3. 如意馆裱作及裱匠

嘉庆、道光、咸丰三朝的《活计档》中皆有“如意馆裱作”的记录。如意馆裱作分设于圆明园和紫禁城两处，档案中有“如意馆、启祥宫二处裱作”的记载。从《活计档》中可知，内务府造办处下辖的作坊中，除如意馆“裱作”外，另有“匣裱作”亦部分成做装裱活计。档案中明确记载，如意馆裱作成做的活计为“上交字画、挂轴、册页、手卷等项”，而造办处匣裱作负责“托裱御笔、臣工字画”。相比之下，如意馆裱作承接的活计由皇帝亲自交下，直接服务于皇帝，似乎较之匣裱作活计更关紧要。二者间偶有协作，还需要总管官员批准。三朝《活计档》虽未提及如意馆“裱匠”，却有因活计太多，如意馆裱作匠役不足，准许外雇裱匠进馆帮做之事，暗示如意馆确有裱匠。

4. 如意馆玉作及玉匠、刻玉册玉宝匠役

在嘉庆朝《活计档》如意馆呈稿中，见有“玉作”字眼。道光、咸丰朝档案中则明确有“如意馆玉作”的记载。可见，如意馆设有专门成做玉器活计的二级作坊“玉作”。

《钦定大清会典（嘉庆朝)》“内务府・养心殿造办处”条明确提到如意馆有“玉匠”。道光朝《活计档》中亦有“如意馆玉匠”的记载。此外，嘉庆朝档案中还提到“刻玉册玉宝匠役”。

5. 如意馆刻字作

咸丰八年的一则呈稿中，提到了“如意馆刻字作”这一专门的刻字作坊，主要成做为玉宝刻字的活计。

（二）馆舍位置及规模

如意馆作为造办处的一处作坊，在紫禁城和圆明园内均有馆舍。随着皇帝的城园往返，如意馆的匠役亦随之来往于紫禁城和圆明园间，以便随时就近服务，如意馆活计也随驾抬运。早期的如意馆馆舍位于皇帝起居、理政处附近，以便皇帝莅临指导。世事变迁，紫禁城、圆明园两地如意馆的馆舍也各自有所调整和挪移。由于记载有限，我们只能大略了解如意馆在紫禁城和圆明园内的位置变迁，对其馆舍规模更是知之甚少。

圆明园内的如意馆位于福园门内东侧，皇子所居之东四所以北的“洞天深处”小院东北，是一处小院落。如意馆所在的洞天深处景区（包括皇子读书之处的“前垂天贶”“中天景物”“后天不老”，皇子居住之处的东四所，以及“如意馆”和

"洞天深处"两座东西毗连的院落），向南直通福园门，可出入圆明园，向西与清帝园居听政和处理日常政务的"勤政亲贤"毗邻，方便皇帝莅临。如意馆原为三间，前后有廊。档案记载，嘉庆元年时，圆明园如意馆仍保持着乾隆朝以来的规模，内部有画房、裱房，还有司房及库房，多达二十五间，加上玉作、牙作等二级作坊，如意馆院落已无法容纳，推测西邻的"洞天深处"院落及其他周边库房建筑亦应归如意馆使用。也即，从乾隆时期至道光二十六年，如意馆占据着"如意馆"（东院）和"洞天深处"（西院）两处东西毗临的连通院落甚至周边库房，馆舍规模最大。道光二十六年，宣宗谕旨将如意馆集中挪在其"东院"三间，并添盖房二间。十四年以后的咸丰十年，英法联军火烧圆明园，如意馆也随之化为灰烬。整体看来，圆明园的如意馆从乾隆年间至咸丰末年的一百余年中，馆舍规模由大变小，但馆舍位置却几乎没有变动，一直位于洞天深处景区东北的如意馆院落，规模鼎盛时"洞天深处"院落及周边库房也纳入其中。

紫禁城内的如意馆作坊，乾隆元年开始设在内庭西六宫之一的启祥宫院内南部的屋舍中，房间约有数楹，紧邻皇帝起居、理政的养心殿。嘉庆十八年，受天理教攻入紫禁城的"禁门之变"的影响，如意馆作坊从启祥宫迁出至造办处。据记载，道光元年时，紫禁城内如意馆有玉作东厢房二间、木作西厢房二间、值房正房东一间，房间数量在六间以上，考虑到如意馆还有裱作、牙作以及画画人等在内劳作，房间数量还应更多。又据档案推测，咸丰六年时如意馆很有可能仍位于造办处院内。清晚期，如意馆落户于紫禁城北五所的西所，但其迁至北五所的具体时间，目前尚未找到文献依据。

（三）随驾城园间往返

清代皇帝喜园居，嘉庆、道光、咸丰三位皇帝亦不例外。一般每年开春，皇帝由京内紫禁城前往圆明园长住，入冬前后回到紫禁城。次年开春，又返圆明园。随着皇帝往来于紫禁城与圆明园，如意馆亦随之城园往返。从《奏销档》看，嘉庆、道光、咸丰三朝如意馆大规模城园往返抬运什物一般发生于每年的正月和十月（或十一月）。在往返过程中，还要抬运正在成做的各色活计，数量一般为二十抬，用苏拉四十名，几乎形成定例。皇帝有时还会指定如意馆需携带的活计名目。

三　三朝如意馆的性质及地位、待遇

（一）如意馆的性质

通过对嘉庆、道光、咸丰三朝档案的梳理和总结，笔者认为如意馆在本质上是一所隶属于内务府造办处的综合性高级作坊，下设玉作、牙作、刻字作、裱作等二级作坊，执掌绘画、装裱，嵌做金银丝、金宝、玉底，成做或改做玉器、象牙器、犀角器、伽楠香器、玻璃器、砚台等高档工艺品。绘画是其最重要的职能。不同于乾隆时期宫廷绘画由画作、画院（处）、如意馆等不同单位承担的复杂状况，嘉庆、道光、咸丰三朝的绘画活计已经完全归于如意馆。如意馆画工人是造办处地位最高的匠役。但如意馆不等同于画院，成做高档工艺品亦是其重要职能，代表了内务府造办处的最高工艺水平。如意馆作为御用作坊，直接承办上交活计，受到皇帝的特别关注，并随驾城园往返。其馆舍在早期位于皇帝起居处附近。

（二）如意馆的地位、待遇

如意馆在造办处乃至内务府所有下属作坊中地位最高，在档案中有时甚至可与造办处相提并论，其主管官员的品级高于其他作、处、厂，好手艺人才能入选如意馆，匠役亦最受优待。它直接承接皇帝交下的活计，并常受到皇帝的特别关注。乾隆帝时常到如意馆指导作画，对匠役的恩赏也十分优渥。除物质赏赐外，有才能的匠役甚至获得破格提拔。张宗苍、陈孝泳、徐洋等人因在如意馆出色的服务，竟获赐出身官秩。除赏赐外，乾隆年间如意馆官员、匠役每日还可领用定额分例肉，是造办处唯一受此待遇的作坊。

嘉庆时，如意馆仍是造办处的首席作坊，有玉匠、牙匠、画匠供职。嘉庆元年，如意馆画画人、匠役每日共可得分例肉三十八斤，为匠役中所仅见。仁宗也常“赏如意馆匠役等物件”，其中不乏“蜜渍荔枝”等稀罕果品。自嘉庆十一年始，以随围所得鹿肉等项赏给在京王公大臣成为定例，如意馆亦在赏赐名单中，并且是造办处唯一得到恩赏的作坊，极受皇帝及内务府重视。道光朝以后，虽然木兰秋狝废止，年底分赏王公文武大臣等麅鹿等物的传统却保留下来，道光、咸丰朝《奏销档》赏赐清单中，“如意馆画工人”赫然在列，整个造办处下属作坊及匠役中只有如意馆画工人能得此殊荣。

四　如意馆档案所见三朝史事

本书遍查造办处如意馆相关档案，同时也接触到造办处甚至内务府档案文献，其中不仅有反映宫廷事务的内容，还有涉及国家政务的材料，多不见于史书记载。梳理嘉庆、道光、咸丰三朝的内务府、造办处、如意馆相关档案文献，可以从新的角度钩沉出若干史事。

（一）太上皇帝训政与内廷造做

嘉庆元年元旦，乾隆帝禅位于颙琰，改元嘉庆。然而，从禅位之日起直至嘉庆四年正月初三日驾崩，在这三年零三天里，乾隆帝作为太上皇训政，仍然总揽大权。从国家大政的层面讲，乾隆皇帝虽然归政，但未让权。从内廷庶务的角度看，嘉庆初年的宫廷生活亦未摆脱太上皇帝深重的影响。这一点在如意馆及内务府档案中多有反映。

从纪年来看，乾隆帝禅位后改元嘉庆，宫中却是两套纪年并行：外朝使用嘉庆纪年，而内廷仍沿用乾隆年号。《活计档》簿册的题签就是最直接的证据。中国第一历史档案馆保存有较完整的乾隆六十一年、六十二年、六十三年《各作成做活计清档》，簿册题签上就明白无误地沿用乾隆纪年。不管是出于乾隆帝授意或是嘉庆帝尊亲之举，都反映出太上皇帝仍是紫禁城真正主人这一事实。

内廷沿袭前朝旧制最明显之处，除了仍以“乾隆”纪年外，就是太上皇帝照旧居住在养心殿直至病逝，从未离开权力的中心。训政期间造办处尤其如意馆成做的相当数量的活计仍然交进养心殿。太上皇时常调整养心殿、宁寿宫甚至重华宫的陈设，凡是他中意的器用珍玩还是要一如往昔加刻乾隆款。在训政的三年时间里，太上皇命如意馆及苏州织造为其制作了大量的玉宝、玉册，这些宝、册的文字内容都显示了太上皇帝至高无上的权威，如“归政仍训政”“勅几训政”玉宝以及若干方“太上皇帝之宝”，以钤盖宝文的形式宣示自己“训政”之实。

（二）乾清宫大火与活计成做

嘉庆二年十月二十一日晚间乾清宫、交泰殿失火，并延及乾清宫附属的弘德殿、昭仁殿。灾后重建全面启动于嘉庆三年春，而劫后余存的各类玉玩、字画陈设等于火灾后几天便开始整理，缺损物品进行补做，别处库存器用或许也调用收拾以备陈设。这些活计主要由内务府造办处负责，如意馆更是承担了大量工作，包括珍藏字画重新装裱；壁面装修用字画重新绘制；玉玩、图章、砚台等陈设收拾见新；乾清宫等宫殿缺损的陈设重新成做，如金瓯永固杯、玉烛长调烛台等。此外，启祥宫还挑玉画得墨道交两淮盐政做大型玉海马一件，安设乾清宫，以压制水火之灾。造办处将所有相关活计档案单独成册，形成乾隆六十二年、六十三年的《各作成做活计清档（乾清宫、交泰殿、弘德殿、昭仁殿）》两本专门簿册。这种以殿宇名称命名的簿册在《活计档》中较为少见，是为乾清宫等宫殿灾后重建工作专事专记形成的特殊档案。借此我们可以了解到乾嘉之交紫禁城内廷最重要的一组宫殿的陈设种类、数量甚至是部分器物名目。

（三）禁门之变与如意馆移出启祥宫

传统观点认为，乾隆元年设立如意馆，其馆舍一处在圆明园如意馆，一处在紫禁城内的启祥宫。通过检索《活计档》，笔者发现约从嘉庆十八年以后，启祥宫再不见于记载。结合其他资料，笔者认为如意馆自嘉庆十八年移出启祥宫，从此启祥宫不再作为如意馆的馆舍使用。这一变化与嘉庆朝“禁门之变”有关。

嘉庆十八年九月十五日，约两百名天理教徒攻入紫禁城，险些打入内廷，史称“禁门之变”。此后，清宫加强了戒备，并对宫内服务匠役的管理更趋严格。如意馆位于内廷启祥宫的馆舍，紧邻皇帝居住的养心殿，匠役、物料来往频繁，在清廷看来是一处危险隐患所在。因此，“禁门之变”后仅半个月，十月初一日，如意馆便从启祥宫迁至外朝造办处所在地。迁出以后，该作坊顺理成章称为紫禁城内“如意馆”。此外，清廷也加强了对圆明园如意馆人员的管控和隔离。

学界普遍认为咸丰十年圆明园被焚毁时，园内如意馆亦随之被毁，同治年间，清廷在紫禁城东北部的北五所重建“如意馆”，继续为宫廷服务。然而，笔者认为，紫禁城内的如意馆此前一直持续运转，并不需要立即易地重建。如意馆最终何时落户北五所尚未找到档案依据，还需要我们继续探索。

（四）崇俭黜奢与玉贡减数

乾隆以后，清朝由盛转衰，财政捉襟见肘。在此局面下，嘉庆帝及道光帝皆提倡崇俭黜奢，这一点在档案中也有所反映。

嘉庆帝亲政之初，就革除了乾隆朝平定回疆后的采运大玉之役，停止解入成块大玉，基本结束了以大玉制作巨型雕塑、山子的历史。除此之外，从《活计档》记载看，嘉庆帝对每年新疆贡入的青白玉子数量也至少进行了两度缩减。以嘉庆九年为例，新疆进贡青白玉子二千二百九十六块，数量比乾隆六十三年进贡的五千六百三十七块缩减了一半有余。此后一直维持这个数量至嘉庆十七年。鉴于库贮玉子充盈，嘉庆十八年的玉子数量再度减半，下降到一千余块。这个数量保持稳定至道光元年，玉子数量为一千零四十七块。同年四月，宣宗下令免除了和阗、叶尔羌二处每年贡玉，此后，整个道光朝新疆不再贡玉，《活计档》中亦不再有如意馆以及各地织造、盐政、税关等以贡玉大批量制作玉器进呈的记录。直至清朝灭亡，年例玉贡也再未恢复。除此以外，道光帝还多次颁诏，暂停、永停或削减各地向朝廷依例进奉的各类贡物。道光帝在位三十年间，各省贡赋裁汰大半。

除了玉器制作随着玉贡的停止而趋于衰减外，造办处的象牙盒（罐）呈进、玻璃器皿生产亦在道光末年被一度叫停。

五 如意馆的研究意义

如意馆是清宫内务府造办处下属的一处综合性作坊，从乾隆元年出现一直存续至清末，成做皇帝交办的重要活计，代表了造办处最高工艺水平，是造办处的首席作坊。在清宫造办处的相关研究中，如意馆问题相对复杂，可谓重中之重。前辈学者曾对乾隆朝以及同治、光绪朝如意馆做过专门研究，深化了学界对如意馆重要性的认识，同时也留有研究的空间。本书以嘉庆、道光、咸丰三朝如意馆为主要研究对象，时段上涵盖了如意馆历史的中期，同时也缀合了相关研究的缺环。通过对档案文献的梳理考证，介绍了如意馆从诞生前夕直至衰落过程中的重要节点、事件和作品，归纳了其成做的活计种类，二级作坊及匠役，馆舍位置和规模，作坊及其匠役的地位和待遇等问题，并发掘出清代宫廷史中曾被湮没的细节，全方位结合清宫造办制度、文物藏品、宫廷历史等多个研究领域，力争以物论史，透物见人。

参考文献

一 古 籍

［清］庆桂等：《大清高宗纯皇帝实录》，清嘉庆年内府大红绫抄本。

［清］曹振镛等：《大清仁宗睿皇帝实录》，清道光年内府大红绫抄本。

［清］托津等：《钦定大清会典（嘉庆朝）》，清嘉庆二十三年武英殿刻本。

［清］托津等：《钦定大清会典事例（嘉庆朝）》，清嘉庆二十三年武英殿刻本。

［清］胤禛：《世宗宪皇帝御制文集》，清乾隆三年武英殿刻本。

［清］颙琰：《清仁宗御制诗二集》，嘉庆十六年武英殿刻本。

［清］英廉等：《钦定日下旧闻考》，清文渊阁四库全书本。

［清］昭梿：《啸亭杂录》，清钞本。

［清］昭梿：《啸亭杂录·啸亭续录》，清钞本。

刘锦藻：《皇朝续文献通考》，见《清朝续文献通考》，上海：商务印书馆，影印刘氏铅印本，1936 年。

赵尔巽等：《清史稿》，北京：中华书局，1977 年。

二 档 案

中国第一历史档案馆：《嘉庆道光两朝上谕档》，桂林：广西师范大学出版社，2000 年。

中国第一历史档案馆、香港中文大学文物馆：《清宫内务府造办处档案总汇》1、2、7，北京：人民出版社，2005 年。

《乾隆六十一年各作成做活计清档》，《内务府活计档》胶片 154 号，案卷 3689 号，中国第一历史档案馆藏。

《乾隆六十一年各作成做活计清档》，《内务府活计档》胶片 154 号，案卷 3690 号。

《乾隆六十一年各作成做活计清档》，《内务府活计档》胶片 154 号，案卷 3691 号。

《乾隆六十一年各作成做活计清档》，《内务府活计档》胶片 154 号，案卷 3692 号。

《乾隆六十二年各作成做活计清档》,《内务府活计档》胶片 154 号，案卷 3693 号。

《乾隆六十二年各作成做活计清档》,《内务府活计档》胶片 154 号，案卷 3694 号。

《乾隆六十二年各作成做活计清档》,《内务府活计档》胶片 154 号，案卷 3695 号。

《乾隆六十二年各作成做活计清档》,《内务府活计档》胶片 155 号，案卷 3696 号。

《乾隆六十二年各作成做活计清档》,《内务府活计档》胶片 155 号，案卷 3697 号。

《乾隆六十三年各作成做活计清档》,《内务府活计档》胶片 155 号，案卷 3698 号。

《乾隆六十三年各作成做活计清档》,《内务府活计档》胶片 155 号，案卷 3699 号。

《乾隆六十三年各作成做活计清档》,《内务府活计档》胶片 155 号，案卷 3700 号.

《乾隆六十三年各作成做活计清档》,《内务府活计档》胶片 155 号，案卷 3701 号。

《乾隆六十三年各作成做活计清档》,《内务府活计档》胶片 155 号，案卷 3702 号。

题签缺失,《内务府活计档》胶片 155 号，案卷 3703 号。

《嘉庆二年各作成做活计清档》,《内务府活计档》胶片 155 号，案卷 3704 号。

题签缺失，推测为《嘉庆六年各作成做活计清档》《内务府活计档》胶片 155 号，案卷 3705 号。

题签缺失，推测为《嘉庆八年各作成做活计清档》《内务府活计档》胶片 156 号，案卷 3706 号。

《嘉庆九年各作成做活计清档》,《内务府活计档》胶片 156 号，案卷 3707 号。

《嘉庆九年各作成做活计清档》,《内务府活计档》胶片 156 号，案卷 3708 号。

《嘉庆九年各作成做活计清档》,《内务府活计档》胶片 156 号，案卷 3709 号。

《嘉庆九年各作成做活计清档》,《内务府活计档》胶片 156 号，案卷 3710 号。

《［嘉庆十一］年至二十五年清档总目》,《内务府活计档》胶片 1 号，案卷 2876 号。

《嘉庆十一年清档》,《内务府活计档》胶片 1 号，案卷 2877 号。

《嘉庆十一年清档》,《内务府活计档》胶片 1 号，案卷 2878 号。

《嘉庆十一年清档》,《内务府活计档》胶片 1 号，案卷 2879 号。

《嘉庆十一年清档》,《内务府活计档》胶片 1 号，案卷 2880 号。

《嘉庆十二年清档》,《内务府活计档》胶片 1 号，案卷 2881 号。

《嘉庆十二年清档》,《内务府活计档》胶片 1 号，案卷 2882 号。

《嘉庆十二年清档》,《内务府活计档》胶片 2 号，案卷 2883 号。

《嘉庆十二年清档》,《内务府活计档》胶片 2 号，案卷 2884 号。

《嘉庆十三年清档》,《内务府活计档》胶片 2 号，案卷 2885 号。

《嘉庆十三年清档》,《内务府活计档》胶片 2 号，案卷 2886 号。

《嘉庆十三年清档》,《内务府活计档》胶片 2 号，案卷 2887 号。

《嘉庆十三年清档》,《内务府活计档》胶片 2 号，案卷 2888 号。

《嘉庆十四年清档》,《内务府活计档》胶片 2 号，案卷 2889 号。

《嘉庆十四年清档》,《内务府活计档》胶片 3 号，案卷 2890 号。

《嘉庆十四年清档》,《内务府活计档》胶片 3 号，案卷 2891 号。

《嘉庆十四年清档》,《内务府活计档》胶片 3 号，案卷 2892 号。

《嘉庆十五年清档》,《内务府活计档》胶片 3 号，案卷 2893 号。

《嘉庆十五年清档》,《内务府活计档》胶片 3 号，案卷 2894 号。

《嘉庆十五年清档》,《内务府活计档》胶片 3 号，案卷 2895 号。

《嘉庆十五年清档》,《内务府活计档》胶片 3 号，案卷 2896 号。

《嘉庆十六年清档》,《内务府活计档》胶片 3 号，案卷 2897 号。

《嘉庆十六年清档》,《内务府活计档》胶片 4 号，案卷 2898 号。

《嘉庆十六年清档》,《内务府活计档》胶片 4 号，案卷 2899 号。

《嘉庆十六年清档》,《内务府活计档》胶片 4 号，案卷 2900 号。

《嘉庆十七年清档》,《内务府活计档》胶片 4 号，案卷 2901 号。

《嘉庆十七年清档》,《内务府活计档》胶片 4 号，案卷 2902 号。

《嘉庆十七年清档》,《内务府活计档》胶片 4 号，案卷 2903 号。

《嘉庆十七年清档》,《内务府活计档》胶片 4 号，案卷 2904 号。

《嘉庆十八年清档》,《内务府活计档》胶片 4 号，案卷 2905 号。

《嘉庆十八年清档》,《内务府活计档》胶片 4 号，案卷 2906 号。

《嘉庆十八年清档》,《内务府活计档》胶片 4 号，案卷 2907 号。

《嘉庆十八年清档》,《内务府活计档》胶片 5 号，案卷 2908 号。

《嘉庆十九年清档》,《内务府活计档》胶片 5 号，案卷 2909 号。

《嘉庆十九年清档》,《内务府活计档》胶片 5 号，案卷 2910 号。

《嘉庆十九年清档》,《内务府活计档》胶片 5 号，案卷 2911 号。

《嘉庆十九年清档》,《内务府活计档》胶片 5 号，案卷 2912 号。

《嘉庆二十年清档》,《内务府活计档》胶片 5 号，案卷 2913 号。

《嘉庆二十年清档》,《内务府活计档》胶片 5 号，案卷 2914 号。

《嘉庆二十年清档》,《内务府活计档》胶片 5 号，案卷 2915 号。

《嘉庆二十年清档》,《内务府活计档》胶片 5 号，案卷 2916 号。

《嘉庆二十一年清档》,《内务府活计档》胶片 6 号，案卷 2917 号。

《嘉庆二十一年清档》,《内务府活计档》胶片 6 号，案卷 2918 号。

《嘉庆二十一年清档》,《内务府活计档》胶片 6 号，案卷 2919 号。

《嘉庆二十一年清档》,《内务府活计档》胶片 6 号，案卷 2920 号。

《嘉庆二十二年清档》,《内务府活计档》胶片 6 号，案卷 2921 号。

《嘉庆二十二年清档》,《内务府活计档》胶片 6 号,案卷 2922 号。

《嘉庆二十二年清档》,《内务府活计档》胶片 6 号,案卷 2923 号。

《嘉庆二十二年清档》,《内务府活计档》胶片 7 号,案卷 2924 号。

《嘉庆二十三年清档》,《内务府活计档》胶片 7 号,案卷 2925 号。

《嘉庆二十三年清档》,《内务府活计档》胶片 7 号,案卷 2926 号。

《嘉庆二十三年清档》,《内务府活计档》胶片 7 号,案卷 2927 号

《嘉庆二十三年清档》,《内务府活计档》胶片 7 号,案卷 2928 号。

《嘉庆二十四年清档》,《内务府活计档》胶片 7 号,案卷 2929 号。

《嘉庆二十四年清档》,《内务府活计档》胶片 7 号,案卷 2930 号。

《嘉庆二十四年清档》,《内务府活计档》胶片 7 号,案卷 2931 号。

《嘉庆二十四年清档》,《内务府活计档》胶片 8 号,案卷 2932 号。

《嘉庆二十五年清档》,《内务府活计档》胶片 8 号,案卷 2933 号。

《嘉庆二十五年清档》,《内务府活计档》胶片 8 号,案卷 2934 号。

《嘉庆二十五年清档》,《内务府活计档》胶片 8 号,案卷 2935 号。

《嘉庆二十五年清档》,《内务府活计档》胶片 8 号,案卷 2936 号。

《道光元年清档》,《内务府活计档》胶片 9 号,案卷 2937 号。

《道光元年清档》,《内务府活计档》胶片 9 号,案卷 2938 号。

《道光元年清档》,《内务府活计档》胶片 9 号,案卷 2939 号。

《道光元年清档》,《内务府活计档》胶片 9 号,案卷 2940 号。

《道光元年清档》,《内务府活计档》胶片 9 号,案卷 2941 号。

《道光二年清档》,《内务府活计档》胶片 9 ~ 10 号,案卷 2942 号。

《道光二年清档》,《内务府活计档》胶片 10 号,案卷 2943 号。

《道光二年清档》,《内务府活计档》胶片 10 号,案卷 2944 号。

《道光二年清档》,《内务府活计档》胶片 10 号,案卷 2945 号。

《道光三年清档》,《内务府活计档》胶片 10 号,案卷 2946 号。

《道光三年清档》,《内务府活计档》胶片 10 号,案卷 2947 号。

《道光三年清档》,《内务府活计档》胶片 10 号,案卷 2948 号。

《道光三年清档》,《内务府活计档》胶片 11 号,案卷 2949 号。

《道光四年清档》,《内务府活计档》胶片 11 号,案卷 2950 号。

《道光四年清档》,《内务府活计档》胶片 11 号,案卷 2951 号。

《道光四年清档》,《内务府活计档》胶片 11 号,案卷 2952 号。

《道光四年清档》,《内务府活计档》胶片 11 号,案卷 2953 号。

《道光五年清档》，《内务府活计档》胶片 12 号，案卷 2954 号。
《道光五年清档》，《内务府活计档》胶片 12 号，案卷 2955 号。
《道光五年清档》，《内务府活计档》胶片 12 号，案卷 2956 号。
《道光五年清档》，《内务府活计档》胶片 12 号，案卷 2957 号。
《道光六年清档》，《内务府活计档》胶片 12 号，案卷 2958 号。
《道光六年清档》，《内务府活计档》胶片 13 号，案卷 2959 号。
《道光六年清档》，《内务府活计档》胶片 13 号，案卷 2960 号。
《道光六年清档》，《内务府活计档》胶片 13 号，案卷 2961 号。
《道光七年清档》，《内务府活计档》胶片 13 号，案卷 2962 号。
《道光七年清档》，《内务府活计档》胶片 13 号，案卷 2963 号。
《道光七年清档》，《内务府活计档》胶片 14 号，案卷 2964 号。
《道光七年清档》，《内务府活计档》胶片 14 号，案卷 2965 号。
《道光八年清档》，《内务府活计档》胶片 14 号，案卷 2966 号。
《道光八年清档》，《内务府活计档》胶片 14 号，案卷 2967 号。
《道光八年清档》，《内务府活计档》胶片 14 号，案卷 2968 号。
《道光八年清档》，《内务府活计档》胶片 15 号，案卷 2969 号。
《道光九年清档》，《内务府活计档》胶片 15 号，案卷 2970 号。
《道光九年清档》，《内务府活计档》胶片 15 号，案卷 2971 号。
《道光九年清档》，《内务府活计档》胶片 15 号，案卷 2972 号。
《道光九年清档》，《内务府活计档》胶片 15 号，案卷 2973 号。
《道光十年清档》，《内务府活计档》胶片 15 号，案卷 2974 号。
《道光十年清档》，《内务府活计档》胶片 16 号，案卷 2975 号。
《道光十年清档》，《内务府活计档》胶片 16 号，案卷 2976 号。
《道光十年清档》，《内务府活计档》胶片 16 号，案卷 2977 号。
《道光十一年清档》，《内务府活计档》胶片 16 号，案卷号缺失。
《道光十一年清档》，《内务府活计档》胶片 16 号，案卷号缺失。
《道光十一年清档》，《内务府活计档》胶片 16 号，案卷 2979 号。
《道光十二年清档》，《内务府活计档》胶片 17 号，案卷 2980 号。
《道光十二年清档》，《内务府活计档》胶片 17 号，案卷 2981 号。
《道光十二年清档》，《内务府活计档》胶片 17 号，案卷 2982 号。
《道光十二年清档》，《内务府活计档》胶片 17 号，案卷 2983 号。
《道光十三年清档》，《内务府活计档》胶片 17 号，案卷 2984 号。

《道光十三年清档》，《内务府活计档》胶片 17 号，案卷 2985 号。

《道光十三年清档》，《内务府活计档》胶片 18 号，案卷 2986 号。

《道光十三年清档》，《内务府活计档》胶片 18 号，案卷 2987 号。

《道光十四年清档》，《内务府活计档》胶片 18 号，案卷 2988 号。

《道光十四年清档》，《内务府活计档》胶片 18 号，案卷 2989 号。

《道光十四年清档》，《内务府活计档》胶片 18 号，案卷 2990 号。

《道光十四年清档》，《内务府活计档》胶片 18 号，案卷 2991 号。

《道光十五年清档》，《内务府活计档》胶片 18 号，案卷 2992 号。

《道光十五年清档》，《内务府活计档》胶片 19 号，案卷 2993 号。

《道光十五年清档》，《内务府活计档》胶片 19 号，案卷 2994 号。

《道光十五年清档》，《内务府活计档》胶片 19 号，案卷 2995 号。

《道光十六年清档》，《内务府活计档》胶片 19 号，案卷 2996 号。

《道光十六年清档》，《内务府活计档》胶片 19 号，案卷 2997 号。

《道光十六年清档》，《内务府活计档》胶片 19 号，案卷 2998 号。

《道光十六年清档》，《内务府活计档》胶片 19 号，案卷 2999 号。

《道光十七年清档》，《内务府活计档》胶片 20 号，案卷 3000 号。

《道光十七年清档》，《内务府活计档》胶片 20 号，案卷 3001 号。

《道光十七年清档》，《内务府活计档》胶片 20 号，案卷 3002 号。

《道光十七年清档》，《内务府活计档》胶片 20 号，案卷 3003 号。

《道光十八年清档》，《内务府活计档》胶片 20 号，案卷 3004 号。

《道光十八年清档》，《内务府活计档》胶片 21 号，案卷 3005 号。

《道光十八年清档》，《内务府活计档》胶片 21 号，案卷 3006 号。

《道光十八年清档》，《内务府活计档》胶片 21 号，案卷 3007 号。

《道光十九年清档》，《内务府活计档》胶片 21 号，案卷 3008 号。

《道光十九年清档》，《内务府活计档》胶片 21 号，案卷 3009 号。

《道光十九年清档》，《内务府活计档》胶片 21 号，案卷 3010 号。

《道光十九年清档》，《内务府活计档》胶片 21 号，案卷 3011 号。

《道光二十年清档》，《内务府活计档》胶片 21 号，案卷 3012 号。

《道光二十年清档》，《内务府活计档》胶片 22 号，案卷 3013 号。

《道光二十年清档》，《内务府活计档》胶片 22 号，案卷 3014 号。

《道光二十年清档》，《内务府活计档》胶片 22 号，案卷 3015 号。

《道光二十一年清档》，《内务府活计档》胶片 22 号，案卷 3016 号。

《道光二十一年清档》，《内务府活计档》胶片 22 号，案卷 3017 号。

《道光二十一年清档》，《内务府活计档》胶片 22 号，案卷 3018 号。

《道光二十一年清档》，《内务府活计档》胶片 23 号，案卷 3019 号。

《道光二十二年清档》，《内务府活计档》胶片 23 号，案卷 3020 号。

《道光二十二年清档》，《内务府活计档》胶片 23 号，案卷 3021 号。

《道光二十二年清档》，《内务府活计档》胶片 23 号，案卷 3022 号。

《道光二十二年清档》，《内务府活计档》胶片 23 号，案卷 3023 号。

《道光二十三年清档》，《内务府活计档》胶片 23 号，案卷 3024 号。

《道光二十三年清档》，《内务府活计档》胶片 24 号，案卷 3025 号。

《道光二十三年清档》，《内务府活计档》胶片 24 号，案卷 3026 号。

《道光二十三年清档》，《内务府活计档》胶片 24 号，案卷 3027 号。

《道光二十四年清档》，《内务府活计档》胶片 24 号，案卷 3028 号。

《道光二十四年清档》，《内务府活计档》胶片 24 号，案卷 3029 号。

《道光二十四年清档》，《内务府活计档》胶片 24 号，案卷 3030 号。

《道光二十四年清档》，《内务府活计档》胶片 24 号，案卷 3031 号。

《道光二十五年清档》，《内务府活计档》胶片 24 ~ 25 号，案卷 3032 号。

《道光二十五年清档》，《内务府活计档》胶片 25 号，案卷 3033 号。

《道光二十五年清档》，《内务府活计档》胶片 25 号，案卷 3034 号。

《道光二十五年清档》，《内务府活计档》胶片 25 号，案卷 3035 号。

《道光二十六年清档》，《内务府活计档》胶片 25 号，案卷 3036 号。

《道光二十六年清档》，《内务府活计档》胶片 25 ~ 26 号，案卷 3037 号。

《道光二十六年清档》，《内务府活计档》胶片 26 号，案卷 3038 号。

《道光二十六年清档》，《内务府活计档》胶片 26 号，案卷 3039 号。

《道光二十七年清档》，《内务府活计档》胶片 26 号，案卷 3040 号。

《道光二十七年清档》，《内务府活计档》胶片 26 号，案卷 3041 号。

《道光二十七年清档》，《内务府活计档》胶片 26 号，案卷 3042 号。

《道光二十七年清档》，《内务府活计档》胶片 26 号，案卷 3043 号。

《道光二十八年清档》，《内务府活计档》胶片 26 ~ 27 号，案卷 3044 号。

《道光二十八年清档》，《内务府活计档》胶片 27 号，案卷 3045 号。

《道光二十八年清档》，《内务府活计档》胶片 27 号，案卷 3046 号。

《道光二十八年清档》，《内务府活计档》胶片 27 号，案卷 3047 号。

《道光二十九年清档》，《内务府活计档》胶片 27 号，案卷 3048 号。

《道光二十九年清档》，《内务府活计档》胶片 27 号，案卷 3049 号。
《道光二十九年清档》，《内务府活计档》胶片 27 号，案卷 3050 号。
《道光二十九年清档》，《内务府活计档》胶片 27 ~ 28 号，案卷 3051 号。
《咸丰元年至十一年清档目录》，《内务府活计档》胶片 28 号，案卷 3052 号。
《咸丰元年清档》，《内务府活计档》胶片 28 号，案卷 3053 号。
《咸丰元年清档》，《内务府活计档》胶片 28 号，案卷 3054 号。
《咸丰元年清档》，《内务府活计档》胶片 28 号，案卷 3055 号。
《咸丰元年清档》，《内务府活计档》胶片 28 ~ 29 号，案卷 3056 号。
《咸丰二年清档》，《内务府活计档》胶片 29 号，案卷 3057 号。
《咸丰二年清档》，《内务府活计档》胶片 29 号，案卷 3058 号。
《咸丰二年清档》，《内务府活计档》胶片 29 号，案卷 3059 号。
《咸丰二年清档》，《内务府活计档》胶片 29 ~ 30 号，案卷 3060 号。
《咸丰三年清档》，《内务府活计档》胶片 30 号，案卷 3061 号。
《咸丰三年清档》，《内务府活计档》胶片 30 号，案卷 3062 号。
《咸丰三年清档》，《内务府活计档》胶片 30 号，案卷 3063 号。
《咸丰三年清档》，《内务府活计档》胶片 30 号，案卷 3064 号。
《咸丰五年清档》，《内务府活计档》胶片 30 号，案卷 3065 号。
《咸丰五年清档》，《内务府活计档》胶片 30 ~ 31 号，案卷 3066 号。
《咸丰五年清档》，《内务府活计档》胶片 31 号，案卷 3067 号。
《咸丰五年清档》，《内务府活计档》胶片 31 号，案卷 3068 号。
《咸丰六年清档》，《内务府活计档》胶片 31 号，案卷 3069 号。
《咸丰六年清档》，《内务府活计档》胶片 31 号，案卷 3070 号。
《咸丰六年清档》，《内务府活计档》胶片 31 号，案卷 3071 号。
《咸丰六年清档》，《内务府活计档》胶片 31 ~ 32 号，案卷 3072 号。
《咸丰七年清档》，《内务府活计档》胶片 32 号，案卷 3073 号。
《咸丰七年清档》，《内务府活计档》胶片 32 号，案卷 3074 号。
《咸丰七年清档》，《内务府活计档》胶片 32 号，案卷 3075 号。
《咸丰七年清档》，《内务府活计档》胶片 32 号，案卷 3076 号。
《咸丰八年清档》，《内务府活计档》胶片 32 号，案卷 3077 号。
《咸丰八年清档》，《内务府活计档》胶片 32 号，案卷 3078 号。
《咸丰八年清档》，《内务府活计档》胶片 32 号，案卷 3079 号。
《咸丰八年清档》，《内务府活计档》胶片 32 ~ 33 号，案卷 3080 号。

《咸丰九年清档》，《内务府活计档》胶片 33 号，案卷 3081 号。

《咸丰九年清档》，《内务府活计档》胶片 33 号，案卷 3082 号。

《咸丰九年清档》，《内务府活计档》胶片 33 号，案卷 3083 号。

《咸丰九年清档》，《内务府活计档》胶片 33 号，案卷 3084 号。

《咸丰十年清档》，《内务府活计档》胶片 33 号，案卷 3085 号。

《咸丰十年清档》，《内务府活计档》胶片 33 号，案卷 3086 号。

《咸丰十年清档》，《内务府活计档》胶片 33 号，案卷 3087 号。

《咸丰十年清档》，《内务府活计档》胶片 33 号，案卷 3088 号。

《咸丰十一年清档》，《内务府活计档》胶片 33 号，案卷 3088 号。

《咸丰十一年清档》，《内务府活计档》胶片 34 号，案卷 3089 号。

《咸丰十一年清档》，《内务府活计档》胶片 34 号，案卷 3090 号。

《咸丰十一年清档》，《内务府活计档》胶片 34 号，案卷 3091 号。

中国第一历史档案馆、故宫博物院：《清宫内务府奏销档》，北京：故宫出版社，2014 年。

总管内务府：《奏销档 445－114 奏为严查膳房九月分用过办买肉斤银两数目等事折》，乾隆五十九年十一月初二日，中国第一历史档案馆藏。

总管内务府：《奏销档 484－013 奏呈遵旨拟赏本年未经随围在京王公大臣等鹿肉等项数目清单折》，嘉庆二十二年十月十三日。

总管内务府：《奏销档 495－056 奏为遵旨分赏蜜渍荔枝事折》，嘉庆二十四年八月二十六日。

总管内务府：《奏销档 502－145 奏为办造皇帝及皇后尊谥玉册及玉宝事折》，嘉庆二十五年九月十三日。

总管内务府：《奏销档 506－012 奏为拟请照例交苏州织造成做广储司银库玉册及玉宝事折》，道光元年六月十一日。

总管内务府：《奏销档 598－077 奏为十八年正月宫内外各处共用过苏拉数目事折》，道光十八年二月二十六日。

总管内务府：《奏销档 609－269 奏为二十年十一月宫内外各处共用过苏拉数目事折》，道光二十年十二月二十六日。

总管内务府：《奏销档 641－195 奏为王公大臣等分赏麈鹿等物事折》，道光二十八年十二月。

总管内务府：《奏销档 645－113 奏为上大行皇帝等遵谥应用玉册玉宝事折》，道光三十年三月二十二日。

总管内务府：《奏销档 645－125 奏为加上孝贤纯皇后等位尊谥镌刻玉册编号事折》，道光三十年三月三十日。

总管内务府（麟魁等）：《奏销档 659－267 奏为王公文武大臣等分赏麈鹿等物事折》，咸丰三年十二月二十八日。

总管内务府：《奏销档668－023奏为拿获私行进内人永瑞供词事折》，咸丰六年二月初二日。

总管内务府（宝鋆）：《奏销档687－023奏为妥办心经一部交内殿佛堂供奉事折》，咸丰十一年正月二十日。

总管内务府（广储司）：《奏销档690－087奏为办理皇帝皇后尊谥应用玉册玉宝事折》，咸丰十一年十月二十二日。

总管内务府：《奏案05－0462－080呈报嘉庆元年太上皇帝皇帝等每日盘肉鸡鸭分例并销银数目清单稿》，嘉庆元年。

总管内务府：《奏案05－0465－017呈报修理圆明园等处工程用过银两数目清单》，嘉庆元年十二月初四日。

总管内务府：《奏案05－0524－040奏报查明同乐园内等处贴落开市大吉需用银两过多拟减三成事》，嘉庆十一年十一月二十六日。

总管内务府（关防衙门）：《奏案05－0567－075呈十月用过苏拉数目清单》，嘉庆十八年十一月二十六日。

总管内务府：《奏案05－0577－094奏为造办处六品库官德恩率行写匠役名单为七品事》，嘉庆二十年六月十一日。

总管内务府（关防衙门）：《奏案05－0605－067呈十月分用过苏拉数目清单》，嘉庆二十四年十一月二十六日。

总管内务府（关防衙门）：《奏案05－0766－072呈为四月份用苏拉数目清单》，咸丰二年五月二十六日。

总管内务府（关防衙门）：《奏案05－0799－099呈为十月份用过苏拉数目清单》，咸丰八年十一月二十六日。

总管内务府：《奏案05－1066－050奏为找领麦折银两米石饬部给发事》，宣统三年三月十二日。

中国第一历史档案馆：《长编67488》，内务府呈稿道营8。

中国第一历史档案馆：《长编08559乾隆帝勅旨养心殿西配殿照东佛堂造龛等事》，清乾隆六十一年十二月初三日甲戌。

中国第一历史档案馆：《长编08562乾隆帝敕旨巡幸热河沿途桥座浮开丈尺著查办事》，清乾隆六十二年六月初六日乙亥。

中国第一历史档案馆：《长编08563乾清宫交泰殿被火熏及坤宁宫著修葺事》，清乾隆六十二年十月二十二日丁巳。

中国第一历史档案馆：《清代档案史料·圆明园》，上海：上海古籍出版社，1991年。

三 论 著

故宫博物院：《清宫海错图》，北京：故宫出版社，2014 年。

关文发：《嘉庆帝》，长春：吉林文史出版社，1993 年。

李浴：《中国美术史纲》，北京：人民美术出版社，1957 年。

［日］杉村勇造：《乾隆皇帝》，东京：二玄社，1961 年。

孙文范、冯士钵、于伯铭：《道光帝》，长春：吉林文史出版社，1993 年。

万依：《故宫辞典（增订本）》，北京：故宫出版社，2016 年。

圆明园管理处：《圆明园百景图志》，北京：中国大百科全书出版社，2010 年。

王子林：《唤醒沉睡的宫殿：故宫宫廷原状考察》，北京：故宫出版社，2021 年。

张学渝：《技艺与皇权：清宫造办处的历史研究》，北京科技大学博士学位论文，2016 年。

朱诚如：《清史图典·道光朝》，北京：紫禁城出版社，2002 年。

朱家溍、朱传荣：《养心殿造办处史料辑览（第一辑 雍正朝）》，北京：故宫出版社，2013 年。

四 论 文

《洞天深处》，《圆明园》学刊第二期，1983 年。

《洞天深处》，《圆明园》学刊第十八期，2015 年。

侯怡利：《金瓯永固、玉烛长调：谈元旦开笔御用器》，《故宫文物月刊》第 346 期，2012 年 1 月。

嵇若昕：《乾隆时期的如意馆》，《故宫学术季刊》第二十三卷第三期，2006 年。

李湜：《同治、光绪朝如意馆》，《故宫博物院院刊》2005 年第 6 期。

李燮平：《清代乾清宫沿革概要》，中国紫禁城学会：《中国紫禁城学会论文集（第六辑上）》，北京：紫禁城出版社，2007 年。

聂崇正：《清代宫廷绘画机构、制度及画家》，《美术研究》1984 年第 3 期。

宋旸：《未曾退色的光辉——易培基任上的故宫博物院》，《紫禁城》2005 年第 5 期。

王子林：《发现养心殿》，《紫禁城》2016 年第 12 期。

许晓东：《返绝久非藉 沧桑全亦奇——记四件“金瓯永固”杯及其他》，《紫禁城》2012 年第 12 期。

杨伯达：《清代宫廷玉器》，《故宫博物院院刊》1982 年第 1 期。

杨伯达：《清代画院观》，《故宫博物院院刊》1985 年第 3 期。

杨伯达：《清乾隆朝画院沿革》，《故宫博物院院刊》1992 年第 1 期。

朱家溍：《清代院画漫谈》，《故宫博物院院刊》2001 年第 5 期。

朱家溍：《〈养心殿造办处史料辑览〉（第 1 辑）后记》，《故宫博物院院刊》2003 年第 1 期。

张世芸：《“金瓯永固”杯》，《故宫博物院院刊》，1980 年第 2 期。

附　表

附表 1　嘉庆朝如意馆活计主要种类及数量统计表

日期	殿宇家具陈设用画	日常绘画	装裱	玉石（砚）、玻璃器	牙角器	木器	复合材质、杂活	匠役	备注
61.01	1	1+1	15+n+1+1						
61.02			2						
61.02.09				玉宝					太上皇帝之宝
61.03		1	1					清柱、和柱起稿	
61.04			1+1+1+1						
61.04.21				青白玉小件9					贡玉
61.05			1+1						
61.05.14						交沉香山子找补收拾		（黄兆）	
61.05.16				配做太上皇帝之宝					

附表 1（续）

日期	殿宇家具陈设用画	日常绘画	装裱	玉石（砚）、玻璃器	牙角器	木器	复合材质、杂活	匠役	备注
61. 06			n + 2						
61. 06. 06				白玉碗					
61. 07		1 （太阴像）	1 + 1 + 1						
61. 07. 20				刻字填红 （白玉搬指 20）					四喜本文， 赏用
61. 08			1						
61. 09	2 + 1	1	1 + 2 + 2					清柱、黎明	
61. 09. 03						（玉器）配 紫檀木座			
61. 09. 04				青白玉碗		座			
61. 09. 18				如意头玉别子 16					
61. 09. 30					福共海天 长犀角杯	紫檀木 蕉叶座			
61. 10			1						
61. 11		4 + 10 + 1	1 + 3 + 1					启祥宫画画 人、清柱	
61. 11. 24						楠木手卷匣 2			
61. 11. 26							（木碗）镶银 片字金宝		

附表1（续）

日期	殿宇家具陈设用画	日常绘画	装裱	玉石（砚）、玻璃器	牙角器	木器	复合材质、杂活	匠役	备注
61.12			1						
62.01		1（太阳像）	16+2+1+6+6+1						
62.02	2		5+3+1					庄豫德、黎明	
62.02.27							（主佛）见肉泥金		
62.03			1+5+2						
62.03.18						雕做葫芦模子6			
62.03.22							挂屏2		
62.03.25				青白玉小碗2					
62.04		1	2+2+1+8					冯宁	
62.04.09				白玉双螭洗		紫檀木如意云座			
62.05		1（太阴像）+1	5+2						
62.05.03				（玉带板8）花纹磨去刻喜字斋戒牌8					军营赏用
62.05.04				（玉带板2）花纹磨去刻喜字					
62.05.23					寿同山岳永犀角杯			杨秀	

附表1（续）

日期	殿宇家具陈设用画	日常绘画	装裱	玉石（砚）、玻璃器	牙角器	木器	复合材质、杂活	匠役	备注
62.05.26				玉喜字牌20					
62.06.15				玉喜字牌10					
62.r6			2+2						
62.r6.27				玉喜字牌10					
62.08			2						
62.08.14				（青白玉如意）刻字					
62.08.21				（青白玉碗3对）刻字					
62.08.30				皮糙玉观瀑图山子、青白玉异兽、青白玉夔龙洗		紫檀木座			
62.09		2	2+3+1+1+2						
62.09.01				皮糙玉苍龙觥		座			
62.09.12				白玉小碗、小碟、白玉鹅					
62.09.25				青白玉盘+刻款		紫檀木座			
62.10			37						
62.10.26				玉烛长调					
62.10.27				（苏武牧羊）收拾+刻诗					

附表 1（续）

日期	殿宇家具陈设用画	日常绘画	装裱	玉石（砚）、玻璃器	牙角器	木器	复合材质、杂活	匠役	备注
62.11	n+5+n		3+26+41+24+1189+6					启祥宫画画人	
62.11.01							（砚台 23）配匣		
62.11.04				改做玉苏武牧羊					
62.11.27				白玉凫尊、碧玉象耳双环四喜瓶					
62.11.28					象牙仙工塔、仙工插屏				
62.12			1						
62.12.25				青白玉仙人					
62.12.26				白玉大碗					
63.01		1（太阳像）	15（心经）						
63.02			5+1+2						
63.02.03				白玉羚羊					
63.02.18				（玉汉瓶、玉兽面瓶）刻款					
63.03			26+7+2						
63.04			17+9+7+1						
63.04.24				（玉双管瓶、玉双鱼洗）刻款					

附表1（续）

日期	殿宇家具陈设用画	日常绘画	装裱	玉石（砚）、玻璃器	牙角器	木器	复合材质、杂活	匠役	备注
63.04.27				青白玉小件9					贡玉
63.05		1+2	2+1					清柱、和柱	
63.06			1+1+2						
63.07	n	1（太阴像）	2+2						
63.08			6						
63.09	1		2						
63.09.03				皮糙玉双鹊暖手、皮糙玉渔翁、皮糙玉三喜斧佩、皮糙玉鱼、皮糙玉荷莲娃娃、青玉双鹤、白玉异兽					
63.09.04							（花准枪）做银片字金宝		
63.09.07				青白玉撇口碗					
63.09.27				青白玉螭虎觥2、汉玉鸳鸯					
63.10		2	1+15+28+30+82+5						
63.10.01				汉玉大碗					

附表 1（续）

日期	殿宇家具陈设用画	日常绘画	装裱	玉石（砚）、玻璃器	牙角器	木器	复合材质、杂活	匠役	备注
63.10.25				白玉顶珠 8					
63.11		4 + 10	13					启祥宫画画人	
63.11.18				（玛瑙器 32）刻乾隆款					
01.12			6 + 1 + 2						
02.01		1（太阳像）	3 + 1 + 1						
02.02			2						
02.03			1 + 1						
02.05		1（太阴像）	1 + 2						
02.r6			3						
02.08			1						
02.09			1						
02.11			1						
06.04	n								
06.09	1（屏风画扇）								
06.12	n（知过堂）								
08.02.17				玉羚羊、玉东升、玉佛手、玉桃					

附表1（续）

日期	殿宇家具陈设用画	日常绘画	装裱	玉石（砚）、玻璃器	牙角器	木器	复合材质、杂活	匠役	备注
08.03.03				白玉雀					
08.03.17				玉瓜瓞绵绵、玉犬、玉灵芝、玉兰花					
08.04.09				青白玉异兽、青白玉鹤寿					
08.04.29				玉器6					
08.06.01				皮糙青玉双葫芦、青玉卧虎					
08.08.29				白玉天下太平钱等6					
08.09.15				青白玉东升2					
08.10		2	1+2						
08.10.25				青白玉兰花、皮糙青白玉双柿等4					
08.10.25				皮糙玉一统山河山子		紫檀木苓芝花纹座			
08.11		1+3	1+1+5+2					冯宁	
08.11.11				（白玉如意）刻字填金					
08.11.19				（青白玉渣斗、洗）刻款					
08.11.25				成做二等玉子41					

附表1（续）

日期	殿宇家具陈设用画	日常绘画	装裱	玉石（砚）、玻璃器	牙角器	木器	复合材质、杂活	匠役	备注
08.11.26				（白玉搬指）刻做					
08.11.28				白玉娃娃3					
08.12	1							冯宁	
09.01		1							
09.02			6+4						
09.03		2	1+2+1						
09.03.15				风神、云神玉圭2					
09.03.25					万年甲子象牙仙工插屏			（杨秀）	
09.04		2	5+8						
09.05	1	8	1+2					冯宁	
09.05.01				青白玉小件20					贡玉
09.06	1+2	1+6							
09.06.14							（伤折扇靶2）改做		
09.06.15					（如意云犀角杯）刻款				
09.06.16				（青玉扇把）改作菓乂把					造办处配做银乂
09.06.19					（如意云犀角杯）刻诗				

附表1（续）

日期	殿宇家具陈设用画	日常绘画	装裱	玉石（砚）、玻璃器	牙角器	木器	复合材质、杂活	匠役	备注
09.07	n	5+1+1	11+5					蒋懋德	
09.08		2							
09.09			2+1+10						
09.10		5+4+1+6	3+4+10+1					冯宁	
09.10.03				放鹤图玉山子					
09.10.03					群仙祝寿犀角觥			牙作陈琛	
09.11		1+2+4+10						冯宁	
09.11.14				青白玉莲荷鱼、青白玉异兽					
09.11.25					流船百子象牙仙工			（牙匠陈琛）	
09.11.25					雕象牙仙工塔2			（牙匠陈琛）	
09.12			1+10						
11.01	1	1	37					冯祥	
11.02		7							
11.03	1	4	4					冯祥	
11.03.09							（乾隆虎神枪枪靶上）金银丝字找补齐全		

附表 1（续）

日期	殿宇家具陈设用画	日常绘画	装裱	玉石（砚）、玻璃器	牙角器	木器	复合材质、杂活	匠役	备注
11.03.27					太平有象象牙百子插屏			（杨秀）	
11.04			1						
11.05		4	14						
11.05.25				青白玉小件 30					贡玉
11.06.02							（虎神枪、旧神枪）找补收拾		
11.07	52 +8 +2 +4		2						
11.08	6 +25								
11.10		3 +12 +2							
11.10.20				（白玉如意）刻字填金					
11.11	1 +1	1 +3 +1 +2	1 +14					冯祥	
11.12	14		11	（玉器）刻款 2					
12.01		1	3 +3						
12.01.17				成做二等玉子 30					
12.02	1	1（御容）	1					冯祥	
12.03	1		2 +1 +1 +2						
12.04	1 +1			（玉器）刻款 1					
12.04.28				青白玉小件 20					贡玉

附表1（续）

日期	殿宇家具陈设用画	日常绘画	装裱	玉石（砚）、玻璃器	牙角器	木器	复合材质、杂活	匠役	备注
12.05.13					太平有象表架、秋山行旅臂格			杨秀	
12.06	7+1+3+20+7+16	1	15+5						
12.07	1+12+11	2+7	4						
12.08	2		1+20						
12.09	2+1+2	3+1	2+1						
12.10.03					九龙庆寿犀角觥	紫檀木云龙座子			
12.11		2							
12.11.26					瓜瓞绵绵百子盒、群仙祝寿万年喜扇2			（牙作杨秀、陈琛）	
12.12		14	11						
13.01		3+4	3+21+10						
13.02	1+13								
13.03	6+5+1+5								
13.03.04				二等玉子20：双鸳鸯等					
13.03.04				二等玉子搬指6					

附表1（续）

日期	殿宇家具陈设用画	日常绘画	装裱	玉石（砚）、玻璃器	牙角器	木器	复合材质、杂活	匠役	备注
13.04			2						
13.05	1+7+1+6	5+11+4+20	5						
13.05.22					象牙瓜瓞绵绵百子盒			杨秀	
13.r5	7+3+7	1	15						
13.r5.??				青白玉小件20					贡玉
13.06	1+1+10	40+2+1	7+18					冯祥	
13.07	2+10		10+1						
13.08	11		1+3						
13.09	1+1+5		1+1+1						
13.10	3+1	2+16+1	1+18					蒋懋德	
13.10.06				（青白玉茶杯）刻款					
13.10.13				（青白玉如意）刻诗填金					
13.11	6	3+1+2	60						
13.12	14	23+2	11						
14.01	4+2	3+1	3+19+156+11						
14.02	1+1+26		1					冯祥	
14.02.09				青白玉插屏2刻字					

附表 1（续）

日期	殿宇家具陈设用画	日常绘画	装裱	玉石（砚）、玻璃器	牙角器	木器	复合材质、杂活	匠役	备注
14.03	18+18+23		1+10						
14.04	9+26+1		43+20						
14.04.28				（白玉搬指 9）刻做花纹，四面刻“嘉庆御用”					
14.05	1	1+20							
14.05.14				青白玉小件 24					贡玉
14.06	2+5	4	5					蒋懋德	
14.07	19+8		2						
14.07.10					万国来朝象牙插屏			（杨秀）	
14.08	73								
14.09	1		15+1						
14.09.03							（花准枪）嵌银片字金宝	杨秀	
14.10	1+2	6+1	1+27					冯祥	
14.10.06				（玉如意）刻字填金					
14.11	7	2+3	26+3					冯祥、程琳、沈庆兰	
15.01	2+6	3+1	3+8						

附表1（续）

日期	殿宇家具陈设用画	日常绘画	装裱	玉石（砚）、玻璃器	牙角器	木器	复合材质、杂活	匠役	备注
15.01.12				二等玉子20：卧马等					
15.02	1+1		20						
15.03	7+4+5		6						
15.04		1						华庆冠、冯祥等	
15.04.26				青白玉小件26					贡玉
15.05	3+10	3	6+4					冯祥	
15.06	8+7	1	1						
15.06.02					榴开百子盒内做百子图			（牙匠莫成纪）	
15.06.02					透地活万字四喜锦花纹象牙搬指4，透地五福活万字锦花纹象牙搬指4			杨秀、莫成纪	
15.07			2+1						
15.08	6+2								
15.09	11	2	2					冯祥、沈庆兰	
15.10			2						
15.10.16				（白玉如意）刻诗填金					

附表 1（续）

日期	殿宇家具陈设用画	日常绘画	装裱	玉石（砚）、玻璃器	牙角器	木器	复合材质、杂活	匠役	备注
15.10.19				（青玉册宝一分）刻诗填金					宝刻诒晋斋篆字
15.11	11	4+10	1+20						
15.12	3	2							
16.01	26	3+1	3+15+6						
16.r3	2+23		1+1						
16.04	2	2+2+8+2	2						
16.05	13+1	13+8						冯祥等	
16.05.06				青白玉小件 25					贡玉
16.06	2		15						
16.07	4+84	1	24						
16.07.17					遐龄永禧图			（杨秀）	18.10.04 交象牙仙工遐龄永禧元插牌+配五面玻璃罩
16.07.17					四季平安象牙笔筒			（莫成纪）	
16.09	3								
16.10	1+16+1		3						
16.10.17				（白玉如意）刻字填金					

附表1（续）

日期	殿宇家具陈设用画	日常绘画	装裱	玉石（砚）、玻璃器	牙角器	木器	复合材质、杂活	匠役	备注
16.10.29							（配装旧虎神枪）商做得金银丝清汉字金宝并配做玉底		
16.11	2+4	4+10+1+2	21+1+10+6						
16.11.22				青白玉卧马2、皮糙青玉卧马2、青玉卧马4					归入八骏册页匣内安摆
16.12	1+10		3+1+3						
16.12.02				玉白猿献寿等20					
17.01	1+4	3+1	3+2					冯祥	
17.02	1+5		1+20+20						
17.03	4+7+4								
17.04	1+1+20		21						
17.05	1+32	1	20						
17.05.20				青白玉小件27（搬指、带钩、欢喜娃娃、双年鱼、双桃、斧佩、双枣、卧牛、荷花鱼等					贡玉
17.06	59		20+1+4+20						

附表 1（续）

日期	殿宇家具陈设用画	日常绘画	装裱	玉石（砚）、玻璃器	牙角器	木器	复合材质、杂活	匠役	备注
17.09	2		2+1						
17.10	4+11+2		1						
17.10.24				（青白玉如意）刻诗填金					启祥宫
17.11	2	2+4+10	1+10+ 1+1+2					冯祥、沈焕	
17.12	1		1+1					蒋懋德	
18.01		3+1	3						
18.02	2+1	2	1						
18.02.16					花蓝 象牙盒			（牙匠莫成纪）	盒内装一百 白猿献寿
18.03			2+2+1						
18.04	1		1						
18.05	2+1		1						
18.05.07				青白玉 36： 米元章拜石山子等					贡玉
18.06	1+3+1+ 4+67+1+1	1	2						
18.08	2		26+2						
18.08.16				（白玉如意）刻诗填金					
18.11		4+20	1+20						
19.01		3+1	3						

附表1（续）

日期	殿宇家具陈设用画	日常绘画	装裱	玉石（砚）、玻璃器	牙角器	木器	复合材质、杂活	匠役	备注
19.01.04				（御制诗二集书六套）照本文刻字填金					
19.02	4+1+17		2+20+1+1						
19.r2		2							
19.03	23+2		4						
19.04	3+1	4	1+5						
19.04.10				青白玉小件20					贡玉
19.05	4+6		4+1						
19.06	2+8		1						
19.07	1	1	20						
19.11		4+10	1+20						
20.01	40	3+1	3						
20.03			1						
20.03.03				［碧玉宝、白玉宝（皆一分计三方），册页2分计十片］刻做填金					
20.04	43		1						
20.05	1+3+19	20	2						
20.06	5+20+1								

附表1（续）

日期	殿宇家具陈设用画	日常绘画	装裱	玉石（砚）、玻璃器	牙角器	木器	复合材质、杂活	匠役	备注
20.06.17				青白玉小件30					贡玉
20.07			2						
20.08		1							
20.09.27				（白玉如意）刻诗填金					
20.10			1+2+1						
20.10.02					象牙仙工船			如意馆 杨秀做	
20.10.04				（白玉杯盘一分） 刻“嘉庆御用”款					
20.11	1	4+10	1+20					冯祥、沈焕	
20.11.27					三阳开泰 五谷丰登 象牙插屏			（牙匠莫成纪）	
21.01	8+20+21	3+1	3						
21.02	40+2								
21.02.06			277						
21.04	25+7		1+3						
21.06		4	9						
21.06.04				青白玉小件28					贡玉
21.07			76+9+2						

附表1（续）

日期	殿宇家具陈设用画	日常绘画	装裱	玉石（砚）、玻璃器	牙角器	木器	复合材质、杂活	匠役	备注
21.08	5								
21.09.24				银镀金点翠托玉顶珠4					
21.10	50+4	3+4+10	3+1+10+1+1						
21.10.11				（白玉如意）刻诗填金					
21.11	1		20+1						
22.01		3+1	3						
22.02	12+60		20						
22.03	2								
22.04	50								
22.05	50								
22.05.12				青白玉小件32：三多、扁豆、荔枝、鹦鹉献寿、搬指等					贡玉
22.06	50+1								
22.06.15				玉枕					
22.07	2		1+1+10						
22.08	3+32+15	1							
22.10	5		1+6+1+1+1						

附表1（续）

日期	殿宇家具陈设用画	日常绘画	装裱	玉石（砚）、玻璃器	牙角器	木器	复合材质、杂活	匠役	备注
22.10.12							（旧神枪）嵌做金丝宝、银丝清汉字、玉底		
22.11	26+2	3+10	20						
22.11.02							（紫檀花梨边座插屏镜）添画片小玻璃8		
22.11.06				（青白玉如意）刻字填金					
22.12			2+2+1						
22.12.08				（白玉图章）刻“嘉庆御览”					
23.01	1+5	3+1	3						
23.02	5								
23.02.25					九老祝寿象牙插屏			（牙匠莫成纪）	
23.04	45+45		2+1						
23.04.14				青白玉小件32（斧佩、搬指10，荔枝、荷花鹅、菱角、扁豆等）					贡玉
23.05	2	1+3	1+1					冯祥	
23.07		1	1+2						

附表1（续）

日期	殿宇家具陈设用画	日常绘画	装裱	玉石（砚）、玻璃器	牙角器	木器	复合材质、杂活	匠役	备注
23. 07. 20							（紫檀木厢嵌圆盒）照旧式厢嵌银丝		
23. 08	13 +1 + 1 +2 +1								
23. 10	2		1 +1						
23. 10. 20				（青白玉如意）刻诗填金					
23. 11	1 +5 +1	4 +10	1 +2 +1 +1						
24. 01	9	3 +1	3 +2 +1						
24. 02	22 +1 +1 +1		4						
24. 03	4 +20 + 1 +3 +20		3						
24. r4. 15				青白玉小件34（佛手、君子佩、甜瓜等）					贡玉
24. 05	16 +1 +1	2	3 +1						
24. 06	41 +6 +3	1							
24. 06. 15					百子图象牙插屏			（牙匠杨秀）	
24. 07	1 +1		1						
24. 11	5	10 + 4	20						

附表1（续）

日期	殿宇家具陈设用画	日常绘画	装裱	玉石（砚）、玻璃器	牙角器	木器	复合材质、杂活	匠役	备注
24.11.10				（青白玉如意）刻诗填金					
24.12	23		1						
25.01		3+1	3+1						
25.03.03					寿山福海象牙插屏			（牙匠莫成纪）	
25.04	2+1	10	1+1+1+1+1						
25.04.28				青白玉小件34（喜鹊、莲蓬、蘑菇、莲喜娃娃、秋叶鸣蝉、石榴等）					贡玉
25.05	1	2							
25.06	30								
25.09	2	2（圣容）	1+1					冯祥等	
25.09.01				（大砚1）改做二方		配紫檀木匣2			
25.09.05				刻寿山石宝2：“道光尊亲之宝”“道光御笔之宝”		配紫檀木匣2			
25.09.19				刻石宝3：“朝乾夕惕”“执两用中”“道光宸翰”		配紫檀木罩盖匣1			

附表1（续）

日期	殿宇家具陈设用画	日常绘画	装裱	玉石（砚）、玻璃器	牙角器	木器	复合材质、杂活	匠役	备注
25.09.20				刻石宝3： “主善为师” “道光御笔之宝” “所宝惟贤”		配紫檀木罩盖匣1			
25.09.22				刻御押图书2		配紫檀木罩盖匣1			
25.10			3						
25.10.07				（玉子）掏膛	配珊瑚盖、玳瑁匙				
25.10.08				刻石宝2： “道光宸翰” “所宝惟贤”		配紫檀木罩盖匣1			
25.11			5+3+2+3						

说明：

1. 表格横向列举主要活计种类，末两列为“匠役”和“备注”项；纵向列时间，以阿拉伯数字记录“年.月.日”，“r”表示闰月。附表1前段使用乾隆纪年（六十一年至六十三年），后段使用嘉庆纪年（元年至二十五年）。
2. 绘画、装裱类活计数量大且零碎，仅以月份为单位统计，不同批次的活计数量以“+”相连。除特殊字画外，一般不列举绘画或装裱内容。
3. 除绘画、装裱以外的其他类活计，以日期为单位统计，并注明具体活计的名目和数量，“（）”内为交下的原有物料。
4. 器物类活计在末尾以阿拉伯数字标注件数，未标注数量者默认为1件；数量无法统计者以“n”表示。
5. 带有“（）”的匠役，为负责画样的匠役。

附表 2　道光朝如意馆主要活计种类及数量统计表

日期	殿宇家具陈设用画	日常绘画	装裱	玉石（砚）、玻璃器	牙角器	木器	复合材质、杂活	匠役	备注
01.01	5+3+1+66	5+1	5+13+50						
01.01.17				寿山石宝3：“虚心实行”“恭俭惟德”“政贵有恒”；碧玉龙钮宝2：“顺健无疆”“道光御用”		配紫檀木罩盖匣1，换紫檀木罩盖匣3			
01.01.17						紫檀木罩盖匣3			
01.03	2								
01.03.18				（乾隆年款玉爵6）改镌年款					
01.04	2								
01.05	4	2	3+4+5+2						
01.06	1+19	8							
01.08	22+1+2+1+13	1	1+1+3+1+1+2+2						
01.09	4+2	3	5						
01.09.11				碧牙玺搬指1、戒指4、荷叶2、福寿2、兽2、吉庆2、寿字2、扁豆2、艾叶2					

附表2（续）

日期	殿宇家具陈设用画	日常绘画	装裱	玉石（砚）、玻璃器	牙角器	木器	复合材质、杂活	匠役	备注
01.09.14				（巧色碧牙玺宝）磨平					
01.10	2		1+1+1+4						
01.10.08				碧牙玺佛头、佛嘴					
01.10.13					五老象牙插屏			（牙匠莫成纪）	
01.11	5+18		1+1+1						
01.12		1+1	1+1+1+1					沈焕	
02.01		5+1	5+1+2						
02.02	1		1+1						
02.02.09				白玉搬指、翎管					
02.03	27+4+15	1	1+1+1+ 1+3+2+3					冯祥	
02.r3.01				（皮糙青白玉双荷莲）打眼					
02.r3.28				青白玉翎管、搬指、蟾、蝠					
02.04	3+50								
02.04.02							（威烈枪木鞘）做商银字		
02.04.03							（威烈枪）厢银片字金宝		

附表 2（续）

日期	殿宇家具陈设用画	日常绘画	裱褙	玉石（砚）、玻璃器	牙角器	木器	复合材质、杂活	匠役	备注
02.04.20							小太平车		协作
02.04.24							小太平车		协作
02.04.29				皮糙玉蘑菇、搬指；青白玉翎管、玉兰花					
02.05	3	21	2						
02.05.05							（桦木根大药葫芦2）商银片字		
02.06.01				青白玉搬指、翎管、双桃；皮糙青玉佛手					
02.06.28				青玉搬指、翎管、拱璧					
02.07	3	2+1+3						沈焕	
02.07.26				青白玉翎管、搬指、三枣；皮糙青玉子孙葫芦					
02.08		1	2					冯祥、沈焕	
02.09	22		3						

附表2（续）

日期	殿宇家具陈设用画	日常绘画	装裱	玉石（砚）、玻璃器	牙角器	木器	复合材质、杂活	匠役	备注
02. 10	45 +45								
02. 10. 02					（奇炮上象牙牌）刻字填青				协作
02. 10. 24					象牙仙工插牌				
02. 11	1 +4	4							
02. 12	1	1						沈焕	
02. 12. 07					象牙安喜盒2对			（牙匠杨秀）	
03. 01	4	5 +1 +1	5						
03. 02. 04				玉图章3					
03. 03	4 +1 +15 +2	4	1 +1 +1 +1 +1 +4 +2					沈庆兰、沈焕	
03. 03. 16					象牙马牌刻字填青				
03. 03. 20				绿玉花篮2对、珊瑚鱼1对					
03. 04		10 +1	1 +1					沈庆兰、沈振麟	
03. 05			1 +1						

附表2（续）

日期	殿宇家具陈设用画	日常绘画	装裱	玉石（砚）、玻璃器	牙角器	木器	复合材质、杂活	匠役	备注
03.06	21		1+1+1+1+1						
03.07			3+4+2+1						
03.08	2+1	1							
03.09	18		1+17						
03.10	5+4	1+1	1+1+1+1+ 2+1+1+1+3						
03.11			1						
03.11.05				（玉宝3）刻云龙填金					
03.11.11				青金鲇鱼腰节4、 白玉鲇鱼腰节4、 青金秋蝉腰节4、 白玉秋蝉腰节4					
03.11.11				松石福禄寿喜字8					
03.11.23				珊瑚戒指1、 蜜蜡戒指2、 白玉戒指1、 蜜蜡溜子1、 白玉溜子1					
03.11.23				玉鹤2					
03.12.29							（金累丝厢正珠琥珀旁带）琥珀不齐之处粘补齐全		金玉作、如意馆

附表2（续）

日期	殿宇家具陈设用画	日常绘画	装裱	玉石（砚）、玻璃器	牙角器	木器	复合材质、杂活	匠役	备注
04.01	6	5+1	5+1+1+1+1					徐呈祥、沈焕	
04.02	3+21	1	1+1+1+4						
04.02.12				玉手溜、马镫戒指、腰结若干					
04.03	7	1	1+2+1+4+1					沈庆兰	
04.03.03				碧玉双荷花腰结2、双柿腰结2、双龙佩					
04.03.07				白玉镯2对					
04.04	1+1	4+1	1+1					沈振麟	
04.05	3	1+1	1+2+1+1+1					沈振麟	
04.06	2	1+1+1	1					贺世魁、沈振麟	
04.06.17				（皮糙玉墨床）楞角磨做妥协					
04.07	10+9	1	1+1						
04.r7			1+3+4+1						
04.r7.03					象牙仙工插牌				
04.r7.10				万寿无疆搯子、十寿字搯子、毂辘钱搯子、一幅捧寿戒指					

附表 2（续）

日期	殿宇家具陈设用画	日常绘画	装裱	玉石（砚）、玻璃器	牙角器	木器	复合材质、杂活	匠役	备注
04. r7. 21					象牙香囊 5			（杨秀）	
04. 08		1	1						
04. 09	3 +1 +94		1						
04. 11	6 +4	1							
04. 12		1 +1						焦和贵	
04. 12. 10				珊瑚象 2、蜜蜡腰结 2					
05. 01		5 +1	5 +1						
05. 02	8		2						
05. 02. 19				松石戒圈 2、戒指 1、透古老钱搯子 1					
05. 03	14		2						
05. 03. 02				松石腰结 2					
05. 03. 03				白玉兰花花头 1 对、松石兰花花头 1 对					
05. 03. 09				青金溜子					
05. 03. 10				白玉方天戟 1					
05. 03. 29				玉杵 4、蝴蝶 2、蝠 2					
05. 04. 14				珊瑚佩 1、小鸭子 1、坠角 1 对					

附表2（续）

日期	殿宇家具陈设用画	日常绘画	装裱	玉石（砚）、玻璃器	牙角器	木器	复合材质、杂活	匠役	备注
05. 04. 15				玉罐					
05. 04. 24					象牙四喜盒1对、香囊4			（杨秀）	
05. 05	35		2+1						
05. 05. 07				珊瑚宝盖嵌小正珠					
05. 06	6		1+1						
05. 07		1+2						沈振麟	
05. 07. 02							玉子算盘1盘		如意馆、铜作、木作、匣裱作
05. 07. 09				两面花纹玉猫蝶1对					
05. 07. 26				绿玉娃娃挑簪					
05. 08	1+4	1	1						
05. 09	4+3		1+2						
05. 09. 23				玉耳环1对					
05. 10	1		1						
05. 10. 20				蜜蜡花篮、松石花篮					
05. 10. 20				蜜蜡珠、珊瑚珠做器共8					

附表2（续）

日期	殿宇家具陈设用画	日常绘画	装裱	玉石（砚）、玻璃器	牙角器	木器	复合材质、杂活	匠役	备注
05. 10. 21				青金回头狮子1对、（玉戒指1对）开口、（珊瑚双鱼）打4个眼					
05. 11. 04				（黄宝石）打透眼					
05. 11. 05				松石牡丹、松石栀子花、白玉菊花					
05. 11. 28				白玉鹦鹉架2、镶蓝宝石珊瑚宝盖					
05. 11. 28				珊瑚宝盖8					
05. 11	1								
05. 12	89	1						沈焕	
05. 12. 21					（象牙匣2）内做象牙人物房屋陈设				
06. 01	5+1		5+1+2						
06. 02	6	2+3	2					贺世魁	
06. 02. 18				白玉花头4					
06. 03	5		1+2+1						

附表 2（续）

日期	殿宇家具陈设用画	日常绘画	装裱	玉石（砚）、玻璃器	牙角器	木器	复合材质、杂活	匠役	备注
06.03.03				蜜蜡戒指、松石戒指、（蜜蜡珠）穿眼穿双绳					
06.03.05				白玉图章 2、玉圆章 1					
06.03.16				（玉烟壶）壶嘴去里、掏膛					
06.03.16				（玛瑙烟壶 2）去寿（兽）面、见里亮					
06.04	5+1+6+4	2						沈振麟	
06.04.06				绿玉玲珑山子					匣作配紫檀木座
06.04.08				玉花头 3					
06.04.08				玉烟碟					
06.04.23				（玛瑙鼻烟壶）去兽面见里亮墩底					
06.04.23				（玛瑙鼻烟壶）去兽面见里亮					
04.04.26				（白玉烟壶）掏膛					
06.04.26				（玉钳子 1 对）按墨道劄去背后裹圆					
06.05	4+3	5	1+1+1						

附表 2（续）

日期	殿宇家具陈设用画	日常绘画	装裱	玉石（砚）、玻璃器	牙角器	木器	复合材质、杂活	匠役	备注
06.05.01				（八方明静红玻璃鼻烟壶 1）配做白玉盖					
06.05.03				玉鼻烟碟 1					
06.05.09				白玉壶匙盖					
06.05.11				（白玉烟壶）配做玉烟匙镶在珊瑚盖上					
06.05.19						（伽楠香）随形玩意			
06.05.19				（碎玉回残 1 包）成做腰结					
06.05.29					（仙宫插牌）牙活找补齐全				
06.06	1		1+2						
06.06.05				（红宝石、蓝宝石）打通眼，穿双记念绳					
06.06.11						伽楠香猴儿 1，打通眼；伽楠香竹式器 1			

附表 2（续）

日期	殿宇家具陈设用画	日常绘画	装裱	玉石（砚）、玻璃器	牙角器	木器	复合材质、杂活	匠役	备注
06.06.15				玉蝠若干					
06.06.15				珊瑚玲杵 2、珊瑚蝴蝶 2、青金板 4					
06.06.21							（紫檀木插屏）屏心象牙山树亭台房屋人物不全之处找补齐全		
06.06.26				（红宝石烟碟）打眼穿绦					
06.07	1+1	2	1+2					贺世魁	
06.07.07				统玉匙盖，馒首顶玉壶盖，绿玉莲子式佛头 2、佛嘴 1					
06.07.20				（正珠 2）串眼		（伽楠香鱼 1）串眼			
06.08	7		1+1						
06.08.25				（红宝石 1、蓝碟宝石 1、碟子 1）串眼					
06.09	5	1						沈振麟	

附表 2（续）

日期	殿宇家具陈设用画	日常绘画	装裱	玉石（砚）、玻璃器	牙角器	木器	复合材质、杂活	匠役	备注
06.09.20				（珊瑚豆 8）串眼					
06.10	2	2	1+1					沈焕	
06.10.04				（玛瑙子烟壶 1）配象牙匙，蜜蜡蝠儿 1、长字 2、如意 2					
06.10.05				玉圈 4，蜜蜡宝盖若干，珊瑚宝盖若干					
06.11	43		1+2+11						
06.11.09				（正珠佛嘴、佛头 3）串眼、穿双绦，（佛膀）串眼、穿单绦，（绿碧瑶玜、汉玉）拴绦、打结子，（珊瑚珠 15）做加间圈 24					
06.11.10				松石加间圈 24					
06.11.11				珊瑚、蜜蜡宝盖若干					
07.01		5+1+1	5					贺世魁、沈焕	
07.02		1+1+1	1+2+1+1					贺世魁、沈焕	
07.02.12				（玉喜字搬指 4）喜字背后分中镌刻“道光御用”					

附表 2（续）

日期	殿宇家具陈设用画	日常绘画	装裱	玉石（砚）、玻璃器	牙角器	木器	复合材质、杂活	匠役	备注
07.03		1+8+6	1+1					贺世魁、沈焕	
07.03.26				蓝玻璃簸箕 1、腰结若干					
07.04		6+1+1	1+1					焦和贵、贺世魁、沈振麟	
07.04.07				蓝玻璃簸箕 1					
07.04.14				（翡翠烟壶）嘴开大些，肩膀多掏					
07.04.16				珊瑚溜子					
07.04.22				白统玉素扁簪					
07.05	1+5+1		1+2+1+1+1+1						
07.05.14				青玉笔架					匣作配紫檀木座
07.05.22				未出亮蓝玻璃镯 1 对					
07.r5	13+30+20		1+1+1						
07.r5.25				（玉子）打通眼，玉耳环 1 对					
07.r5.28				蓝玻璃戒指 2、溜子 1					

附表 2（续）

日期	殿宇家具陈设用画	日常绘画	装裱	玉石（砚）、玻璃器	牙角器	木器	复合材质、杂活	匠役	备注
07.06.02				青白玉扁簪 2					
07.06.03				青白玉扁簪 1					
07.07	1	1+1	6+1					沈焕	
07.07.17				（蜜蜡山子、佛手成做）蜜蜡桂花腰结 5					
07.07.19				碧牙西珠 2、佛嘴 1					
07.08	4	1+1	1+1					沈振麟、贺世魁	
07.08.01				（皮糙玉暖手 1）打眼、双穿绦子					
07.08.02				（皮糙玉鸳鸯 1）打匾眼					
07.09	1+3		1+1					贺世魁、沈焕、沈振麟	
07.09.09							马牌 1 刻字填蓝	金玉作、如意馆	
07.10	2+2		1+2						
07.11			1						
07.11.11				（蜜蜡珠 2）打象鼻眼，做铜镀金托 2、厢安会丝					如意馆、铜作、金玉作

附表2（续）

日期	殿宇家具陈设用画	日常绘画	裝裱	玉石（砚）、玻璃器	牙角器	木器	复合材质、杂活	匠役	备注
07.11.22					象牙葫芦、象牙游湖船			（牙匠莫成纪、杨志）	
07.12.01				（红蓝宝石51）打眼					
08.01	2+144	5+1	5+1						
08.02		2+2	1					贺世魁	
08.02.02				青金玩器2，珊瑚玩器2，（蜜蜡赖瓜1成做）玩器3，（小珊瑚珠8成做）珊瑚葫芦4，青金葫芦4，得时用杏黄扁记念拴妥					
08.02.04				白玉花篮1对，白玉秋蝉1对，白玉如意花头1对、梅竹花头1对、蝠儿花头1对、竹叶花头1对，白玉腰结1对（寿字中间打穿眼），松石古老钱腰结1对打眼，松石蝠儿腰结1对、兰花腰结1对、双梅花腰结1对中间打穿眼					如意馆、金玉作

附表2（续）

日期	殿宇家具陈设用画	日常绘画	装裱	玉石（砚）、玻璃器	牙角器	木器	复合材质、杂活	匠役	备注
08.03		2						贺世魁	
08.03.11				青金葫芦2					
08.03.14				玉耳环1对，玉溜子1					
08.03.26				珊瑚腰结若干					
08.03.26				（玛瑙）打象鼻眼穿黄绦					
08.04		2+44						贺世魁、沈焕、沈振麟、焦和贵等	
08.05	2	2	5+2					贺世魁、沈振麟	
08.05.30				珊瑚圈2					
08.06			1+1+1+2						
08.07.23				（小珊瑚珠28）打通眼					
08.08		3	1+1+20					贺世魁	
08.08.26				（套红烟壶1、绿玉壶盖1）烟壶盖匙眼串大些，配牙匙					如意馆、金玉作

附表2（续）

日期	殿宇家具陈设用画	日常绘画	装裱	玉石（砚）、玻璃器	牙角器	木器	复合材质、杂活	匠役	备注
08.09			3						
08.10	1+6	2	1+1					沈振麟	
08.10.26				珊瑚宝盖1、珊瑚圈1					金玉作、如意馆
08.10.28				（玉烟碟1）刻“道光御用”					
08.11			2						
08.11.08				（白玉烟壶1）照墨道开口，（珊瑚盖）开方眼，配做象牙匙					
08.12			1						
08.12.01				松石腰结5					
09.01		5+1	5+2						
09.02		2+2+2	1+1					沈振麟、焦和贵、沈焕	
09.02.29				（昌化石图章46）磨去字迹					
09.03	45		1+1+1						
09.03.26				（石砚1）砚上瓶式花样做平					

附表 2（续）

日期	殿宇家具陈设用画	日常绘画	装裱	玉石（砚）、玻璃器	牙角器	木器	复合材质、杂活	匠役	备注
09.04		3+1	1+1						
09.04.10				（昌化石图章 25）照本文镌刻					
09.05		3	1+1+1					沈振麟	
09.05.02				（昌化石图章 8）镌刻深的					
09.05.02							（楝木枪鞘）商银字		
09.05.24				（大珊瑚珠 4）双股绦子串眼，（小珊瑚珠 4）单股绦子串眼					
09.06	1	1+2	1+1+1					焦和贵、沈振麟	
09.06.04				（大珊瑚豆 4）串眼穿双扁绦，（小珊瑚豆 4）串眼穿双圆绦					
09.07			1+2+6+11						
09.07.11					象牙牌 4 并打眼				
09.08		1+1	8					贺世魁、沈焕	

附表2（续）

日期	殿宇家具陈设用画	日常绘画	装裱	玉石（砚）、玻璃器	牙角器	木器	复合材质、杂活	匠役	备注
09.08.08				（珊瑚豆8）打眼、穿绦					
09.10			1+1						
09.11		2	1+1					沈振麟	
09.11.29				玛瑙镌刻阴文字					
09.12.24							（犀角山子1）配安亭子、树木，配做白檀香座		如意馆、匣作
10.01	15	5+1	5						
10.02			1						
10.02.22				蜜蜡珠1打通眼，配做银镀金点翠顶托					如意馆、金玉作
10.04	1		1						
10.04.08				玉蝴蝶1对、松石蝴蝶1对、银镀金点两面翠芝子花挑杆簪1对、银镀金点两面翠牡丹花挑杆簪1对					金玉作、如意馆

附表 2（续）

日期	殿宇家具陈设用画	日常绘画	装裱	玉石（砚）、玻璃器	牙角器	木器	复合材质、杂活	匠役	备注
10. r4		1 + 1	1					贺世魁、沈振麟	
10. r4. 07				珊瑚枝 1 配做银镀金扁挺，松石宝盖 10，（绿玉腰节 2）打穿眼，（珊瑚杵 2）打穿眼，珊瑚宝盖若干					如意馆、金玉作
10. 05		1 + 1 + 1	1 + 1					沈振麟、贺世魁、焦和贵	
10. 06			8 + 1 + 1 + 2						
10. 06. 17				金累丝指甲套 1 对，（白玉溜子）里口微开大					金玉作、如意馆
10. 07	1	40	1 + 1 + 1 + 1 + 1					沈振麟、焦和贵	
10. 08		2 + 1							
10. 08. 12				（绿玉珠 2）串眼					
10. 08. 16				珊瑚竹式梅花腰结 1，珊瑚苓杵 1，珊瑚腰结 1，珊瑚枝配做银镀金圆挺挑杆簪 1 对					如意馆、金玉作

附表2（续）

日期	殿宇家具陈设用画	日常绘画	装裱	玉石（砚）、玻璃器	牙角器	木器	复合材质、杂活	匠役	备注
10.08.16				（珊瑚鱼1）鱼尾磨去					
10.09			2						
10.09.14				（玉搬指1）口微开大					
10.10	1	1+14							
10.11		5+4						沈振麟、焦和贵	
10.12			2						
11.02	60								
11.03	1+53+23	4	1					沈振麟	
11.04	2+753	2	1					沈振麟	
11.04.06				（珊瑚珠38）尽数成做小腰结					
11.04.21				（琥珀烟壶1）壶嘴开大，（壶盖）配象牙匙，裹暖皮					如意馆、金玉作
11.04.23				（珊瑚珠46）尽数做宝盖、各式腰结					

附表 2（续）

日期	殿宇家具陈设用画	日常绘画	装裱	玉石（砚）、玻璃器	牙角器	木器	复合材质、杂活	匠役	备注
11.05	1+24+2+12	2+2+2+2	2					贺世魁、沈振麟、焦和贵	
11.05.02				松石腰结 15，珊瑚腰结 1，松石腰结 18，俱打眼					
11.06	2+1		1+1					沈振麟	
11.06.05					佛手盒子 1、象牙福禄寿插屏 1			（牙匠杨志、黄庆）	
11.07	1+1	3	1+1+1					沈振麟	
11.08		1	1						
11.08.27				碧牙西佛嘴 1					
11.09	2+2+1+3	1						沈振麟	
11.09.05				珊瑚松子式佛头 4、佛嘴 1					
11.09.06				（玉暖手改做）烟壶+溜子 1					
11.09.07				（皮糙玉鹌鹑 1）打通眼穿双股绦					

附表 2（续）

日期	殿宇家具陈设用画	日常绘画	装裱	玉石（砚）、玻璃器	牙角器	木器	复合材质、杂活	匠役	备注
11.09.07				（蜜蜡佛手 1）成做佛头、佛嘴 1					
11.09.12				松石佛头、塔 1 分					
11.09.13				（珊瑚鱼 1）打通眼					
11.09.15				（碧牙西佛头 1）去小、佛嘴收小					
11.10	2		1						
11.10.05				松石豆 30					
11.11	1	7 + 1 + 1 + 1	1 + 1 + 1 + 1 + 1					沈振麟、焦和贵	
11.12	1							焦和贵	
11.12.12				碧牙西坠角若干					
11.12.27				珊瑚腰结若干					
12.01	8	5 + 1	5 + 3						
12.02	2 + 14		2						
12.02.02				珊瑚腰结若干					
12.03	2 + 4								
12.04	2 + 2 + 15 + 1 + 3		2						

附表2（续）

日期	殿宇家具陈设用画	日常绘画	装裱	玉石（砚）、玻璃器	牙角器	木器	复合材质、杂活	匠役	备注
12.04.10				（蜜蜡佛手山子）成做银镀金挺挑簪4，碧瑶玐双梅花腰结1，碧瑶玐鸡式腰结1，珊瑚宝盖若干，珊瑚元宝若干					如意馆、金玉作
12.05	8	1+4+1						沈振麟、焦和贵	
12.05.03				（蜜蜡佛手）打眼；（翡翠花头1）配做银镀金点翠簪挺1					金玉作、如意馆
12.05.13				（蓝宝石珠）打通眼穿双股绦					
12.05.23				［玛瑙烟壶1（破坏）成做］玛瑙圈1、烟碟1					
12.06	1	1+4+1+1						沈振麟	
12.07		1+3+1	1+1+1+1					沈振麟	
12.07.25				（珊瑚葫芦1）打通眼					
12.08		1							

附表2（续）

日期	殿宇家具陈设用画	日常绘画	装裱	玉石（砚）、玻璃器	牙角器	木器	复合材质、杂活	匠役	备注
12. 09	2		1 +1 +1 +1						
12. 09. 25					雕透象牙万字葫芦盖 1				
12. 09. 28					（象牙口葫芦 3）配做象牙葫芦盖 3				
12. r9. 02				（绿玉花篮 4）花篮底打象鼻眼					
12. r9. 04						雕棰核佛嘴 1			
12. r9. 05					（葫芦 1）配做象牙盖 1				
12. r9. 27				青白玉葫芦口 2、蓝玻璃葫芦盖 1					
12. 10		2	1 +1 +1						
12. 10. 03				（大葫芦 2）白玉口 2、绿玉盖 2；（小葫芦 3）白玉盖 3、绿玉口 3					
12. 10. 19				（蝈蝈葫芦 2）配做绿玉口、白玉盖			（桦木葫芦盖）做铜幪		

附表 2（续）

日期	殿宇家具陈设用画	日常绘画	装裱	玉石（砚）、玻璃器	牙角器	木器	复合材质、杂活	匠役	备注
12. 10. 20				（蝈蝈葫芦 1）配做绿玉口、白玉盖					
12. 10. 21				（蝈蝈葫芦 1）配做绿玉口、白玉盖					
12. 10. 24				嵌绿玉葫芦盖 1	象牙葫芦盖 1 茜绿				
12. 11. 09				（蜜蜡烟壶 1）开口，配做玳瑁匙，厢安珊瑚盖					
12. 11. 16					（茜绿牙盖 1）配做白象牙圈 1				
12. 11. 28					白象牙葫芦盖 1				
12. 11. 28				松石宝盖 2			拴安木坠角会丝		
13. 01	22 +3	5 +3 +1	5 +1 +4					沈振麟	
13. 01. 18					象牙茜绿葫芦盖 1、大小白象牙葫芦盖 2				

附表2（续）

日期	殿宇家具陈设用画	日常绘画	装裱	玉石（砚）、玻璃器	牙角器	木器	复合材质、杂活	匠役	备注
13.01.26					象牙葫芦盖3				
13.02	17		1+1						
13.02.15				珊瑚狮子腰结4					
13.03.15				（乾隆款玉笔架1）磨款					
13.04		2+1+2	1					沈振麟、冯祥	
13.05		1+1	1					沈振麟	
13.06			1						
13.06.18				松石长字5，珊瑚喜字50，珊瑚宝盖50，珊瑚长字6					
13.07	25+8	3	3						
13.07.27				（小正珠320、蓝宝石14）打眼					金玉作、如意馆
13.08	22	1	1						
13.08.04					象牙口2，茜绿象牙盖2				如意馆、匣裱作
13.08.06							厢珊瑚枝银镀金挺点翠挑簪1		如意馆、金玉作

附表2（续）

日期	殿宇家具陈设用画	日常绘画	装裱	玉石（砚）、玻璃器	牙角器	木器	复合材质、杂活	匠役	备注
13.08.07					（葫芦16）配象牙口，七孔葫芦盖，安蓝提绊；（小葫芦1）配象牙口，茜绿象牙五孔盖；（葫芦1）换做象牙口，茜绿象牙五孔盖；（葫芦1）换做象牙五孔盖				如意馆、匣裱作
13.08.11					（象牙葫芦盖五孔）配做茜绿圈5				
13.08.13							葫芦盖2+2（用瓷实葫芦材料成做）		
13.08.14					白象牙五孔厢茜绿圈葫芦盖1				

附表 2（续）

日期	殿宇家具陈设用画	日常绘画	装裱	玉石（砚）、玻璃器	牙角器	木器	复合材质、杂活	匠役	备注
13.08.16							葫芦盖 2 + 2（用瓷实葫芦成做）大小葫盖十数件		
13.08.17				青玉葫芦口、盖					
13.08.18							紫檀木口葫芦口盖 9，安绦、糊纱，象牙口葫芦盖 7 穿绦子、糊纱		如意馆、匣裱作
13.08.23				（碧牙西佛头 4）改作梅花托如意钩银镀金点翠胎褂钮 4					金玉作、如意馆
13.08.27				（白玉花头 8）配银镀金点翠云头圆挺，珊瑚仙人 2					金玉作、如意馆
13.08.28					象牙口、茜绿牙盖 1				
13.09	1 + 1 + 6 + 16	6 + 6 + 3	2 + 3					沈振麟、贺世魁	

附表 2（续）

日期	殿宇家具陈设用画	日常绘画	装裱	玉石（砚）、玻璃器	牙角器	木器	复合材质、杂活	匠役	备注
13.09.30				珊瑚坠角、腰结若干，碧牙西荷莲如意 3，珊瑚杵 1					
13.10	1		1+1+2					沈振麟	
13.10.26				珊瑚翎管 1					
13.11		3	2					沈振麟	
13.11.09				（皮糙白玉烟壶 1）掏膛					
13.11.14				水晶佩 4、水晶耳环、戟头若干					
13.11.29					象牙和尚 21，象牙馒首顶 18				
14.01		5+1	5+1						
14.01.08				青玉耳环 2 对					
14.02		40~50	1+1					沈振麟	
14.02.08				松石长寿字腰结 1					
14.02.13				珊瑚腰结若干					
14.02.22					象牙枪牌 3 刻字填蓝打眼				

附表2（续）

日期	殿宇家具陈设用画	日常绘画	装裱	玉石（砚）、玻璃器	牙角器	木器	复合材质、杂活	匠役	备注
14.02.30				蓝宝石珠儿4串眼，穿双股绦					
14.03		2	1+1					沈振麟	
14.04	1		2					沈振麟	
14.05	6	3							
14.05.25				蓝宝石珠2串扁眼，双穿卧机绦					
14.05.29				（火镰1）镶嵌松石1					
14.06	6	4+3						沈振麟、焦和贵	
14.06.05				珊瑚阳纹寿字20，红、蓝宝石串眼、穿黄绦					
14.06.10				（蜜蜡珠118）剥去一层					
14.06.16				蜜蜡佛嘴6					
14.06.17				蜜蜡珠3安黄绦三股、串三眼					
14.06.22				蜜蜡佛嘴若干					
14.06.23				绿豆儿1穿三眼					
14.06.23				珠子2穿扁眼					

附表 2（续）

日期	殿宇家具陈设用画	日常绘画	装裱	玉石（砚）、玻璃器	牙角器	木器	复合材质、杂活	匠役	备注
14.07.09				青玉圈若干					
14.07.10					象牙葫芦盖2				
14.07.15				松石腰结20					
14.07.17					象牙葫芦盖2				
14.07.22				青白玉勒子4					
14.07.22				碧牙西珠儿1串三眼，（桃式碧牙西1）改佛嘴1					
14.07.23					画万字锦象牙葫芦盖2				
14.07.25					（象牙葫芦盖1）仔口墙儿外身去薄，象牙葫芦盖1				
14.08		1							
14.08.02				白玉碟子若干					
14.08.03				白玉碟子1，青玉碟子4					
14.08.12					象牙葫芦盖1				

附表2（续）

日期	殿宇家具陈设用画	日常绘画	装裱	玉石（砚）、玻璃器	牙角器	木器	复合材质、杂活	匠役	备注
14.09		2+2+1+1+1						沈元、沈利、沈振麟	
14.09.23				小珊瑚宝盖21，大珊瑚宝盖8					
14.10	8								
14.10.09				青玉勒子4					
14.11.29					茜绿象牙滑子5				
14.12.20					象牙滑子2				
15.01	4	5+1	5						
15.02			1						
15.02.05				堪达罕藕片1					
15.02.11				蓝宝石镶做银镀金点翠背云1，珊瑚阳纹圆寿字记念1，珊瑚蝠儿2，（碧牙西佛头1）起做阳纹圆寿字					如意馆、金玉作
15.02.25				蜜蜡八宝1+白玉八宝1+（绿玉、青金、珊瑚、碧牙西八宝6）俱在银镀金点翠云叶斜枝花1上镶安					如意馆、金玉作

附表2（续）

日期	殿宇家具陈设用画	日常绘画	装裱	玉石（砚）、玻璃器	牙角器	木器	复合材质、杂活	匠役	备注
15.03	2	1+1						沈振麟	
15.03.12				珊瑚匾蝠豆1，珊瑚珠做四面寿字、打眼、穿双记拈绦子					
15.03.29				寿字珊瑚珠4，珊瑚蝙蝠4，碧玉蝙蝠1，珊瑚宝盖2	象牙笼条夹板10				如意馆、匣裱作
15.04	4+2+1		1+1					沈振麟、焦和贵、沈元、沈利	
15.04.06				玻璃花篮1对，玻璃花头2配银镀金圆挺，玻璃腰结2，蜜蜡耳环4					如意馆、金玉作
15.04.26				青玉搬指2+1					
15.05		2+1+1+3+1	1+1					沈振麟、焦和贵、沈元、沈利	
15.05.03				玉别1打象鼻眼					

附表2（续）

日期	殿宇家具陈设用画	日常绘画	装裱	玉石（砚）、玻璃器	牙角器	木器	复合材质、杂活	匠役	备注
15.06		2+4						沈振麟	
15.06.24					（青花白地十六子瓷罐）配做象牙连匙盖1刻狮子扶球顶				
15.r6			1+1						
15.r6.16					五孔象牙盖5				如意馆、匣作
15.r6.17				（紫玻璃）成做娃娃1					
15.r6.18				水晶小罐1					
15.r6.20				（白玉山子1）成做勒子6，（青玉象腿2）成做勒子5					
15.07		1							
15.07.09				珊瑚扁葫芦2，珊瑚随形腰结2，珊瑚玩物1，珊瑚宝盖10，蜜蜡宝盖6，蜜蜡佛嘴、佛头一分					

附表2（续）

日期	殿宇家具陈设用画	日常绘画	装裱	玉石（砚）、玻璃器	牙角器	木器	复合材质、杂活	匠役	备注
15.07.10					七孔象牙葫芦盖4，五孔象牙葫芦盖2				
15.07.10				白玉圆盒1、白玉鼻烟碟1					
15.07.14					七孔象牙葫芦盖1				
15.07.16					（象牙葫芦盖5）落矮				
15.07.16					白象牙葫芦盖2				
15.07.17							（葫芦3）配象牙口、紫檀木口		
15.07.18					（葫芦2）配象牙口2	（葫芦3）配紫檀木口3			
15.07.28					七孔象牙葫芦盖1				如意馆、匣裱作
15.08	1							焦和贵	
15.08.03				珊瑚猴儿腰结若干					
15.08.03				（玉葫芦盖1）七孔开大	七孔象牙盖2+2				如意馆、匣裱作

附表2（续）

日期	殿宇家具陈设用画	日常绘画	装裱	玉石（砚）、玻璃器	牙角器	木器	复合材质、杂活	匠役	备注
15.08.04				（统玉如意1）镌刻阴文填硃					本文亿龄私祝寿无疆，宝模一方
15.08.12				青白玉勒子4					
15.09			1						
15.09.09				白玉搬指1					
15.09.10				白玉弥勒佛2、白玉寿星2					
15.09.11				寿字珊瑚圆珠1，珊瑚宝盖若干					
15.09.14				（统玉如意1）刻字填红“福寿骈臻”					
15.09.15					（葫芦2）配七孔象牙盖2				
15.10	6+1	3+2	1+1					沈振麟	
15.10.06				（瓷茶盅1）配银碗盖2+白玉盖顶2打象鼻眼拴会丝					金玉作、如意馆
15.10.17					象牙七孔葫芦盖2				
15.10.18					象牙七孔葫芦盖4				

附表 2（续）

日期	殿宇家具陈设用画	日常绘画	装裱	玉石（砚）、玻璃器	牙角器	木器	复合材质、杂活	匠役	备注
15.11		1	2+1						
15.11.23					七孔象牙葫芦盖：大4小2				
15.11.28					象牙葫芦盖2				
15.12			1+1						
15.12.08					鼓腔象牙葫芦幪2				
15.12.12				馒头顶盖	配做象牙匙				
16.01		5+2+1+1	5+1						
16.02	1	2	3+1						
16.03			2+1						
16.04	6+1		1+1					沈元、沈利、杨文德、沈振麟	
16.05		1							
16.06	4		1					沈振麟	
16.06.16				珊瑚佛嘴1，珊瑚腰节1					
16.06.26				白玉带托1厢安碧牙西					

附表 2（续）

日期	殿宇家具陈设用画	日常绘画	装裱	玉石（砚）、玻璃器	牙角器	木器	复合材质、杂活	匠役	备注
16.07		1+3+1	1+1+2					沈振麟	
16.07.12				白玉腰节 1 打通眼					
16.07.13				青玉漫鼓式火镰别子 7，打象鼻眼					
16.08		3	2					沈振麟	
16.09		2	1					沈振麟	
16.10		1	1+2					沈振麟	
16.12.18				（水晶纽头图书 1）成做水晶烟壶 1					匣作、如意馆
17.01		5+3+1	5+2+1+1+2					沈振麟	
17.01.04					（象牙插屏 1）粘补齐全				
17.01.28				砚台 1					
17.02			8						
17.02.21				蓝玻璃腰结 1		伽楠香四面阳纹边线寿字佩 1、伽楠香莲子 18			
17.03	14		6						
17.03.21				（绿玉搬指 1、白玉搬指 1）里口开一线					

附表 2（续）

日期	殿宇家具陈设用画	日常绘画	装裱	玉石（砚）、玻璃器	牙角器	木器	复合材质、杂活	匠役	备注
17.04	2	2 +6	3 +1					沈振麟	
17.04.07				（石砚海 1）刻字“暖玉方流”					
17.04.14					（小象牙牌 1）刻“慎德堂”填蓝				
17.04.28				珊瑚腰结 30，珊瑚宝盖 30，珊瑚坠角 20，四寿字珊瑚豆 10，珊瑚溜子 1					
17.05	4	1 +5 +1 +2	1 +3					沈振麟、焦和贵、杨文德、蒋映杓	
17.05.12				珊瑚腰结若干，玉腰结若干，玉鸡心佩 1					
17.06	10 +40								

附表2（续）

日期	殿宇家具陈设用画	日常绘画	装裱	玉石（砚）、玻璃器	牙角器	木器	复合材质、杂活	匠役	备注
17.06.11				（绿玻璃砖2）成做荷叶田鸡挑簪1对、荷叶螃蟹挑簪1对、云鹤挑簪1对、磬式腰结1对、桃式腰结1对、猴式腰结1对、松鼠葡萄式腰结1对、蝴蝶式腰结1对、葫芦式坠角1对、扇子式坠角1对、押板式坠角1对、万福式坠角1对、灵芝式坠角1对、绿玻璃小花篮1，（蓝玻璃小花篮1）改做，（玉片10）随形成做若干，（水晶瓶1）改做水晶竹式佩2					
17.07	1	1	2						
17.07.13				（玉扁簪2）刻“道光御用”					

附表 2（续）

日期	殿宇家具陈设用画	日常绘画	装裱	玉石（砚）、玻璃器	牙角器	木器	复合材质、杂活	匠役	备注
17.07.21				（玉扁簪 1）刻“道光御用、福寿”					
17.08	2+3+3	16	1					沈振麟、焦和贵、沈元、沈利、杨文德	
17.08.16					象牙六方宝塔 1、象牙福寿百子盒 1			杨志、黄庆	
17.09.04				（葫芦 3）配青白玉葫芦口 3					
17.09.24					象牙五孔葫芦盖 4				
17.10.02					象牙葫芦盖 2				
17.11		2	1					沈振麟	
17.12			1+1						
18.01		5+1+1	5					沈振麟	
18.02	2								
18.02.14				蜜蜡佛手 4 对					
18.04		1							

附表2（续）

日期	殿宇家具陈设用画	日常绘画	装裱	玉石（砚）、玻璃器	牙角器	木器	复合材质、杂活	匠役	备注
18. r4		6 +8	1					沈振麟、焦和贵、沈元、沈利、杨文德	
18. 05			6						
18. 06			3						
18. 07	1	2 +1	1 +2 +2 +1 +2 +2					沈振麟	
18. 07. 22				（蝈蝈葫芦3）配做玉口3					
18. 07. 29					象牙五孔葫芦盖2				
18. 08	1 +4		1 +1 +1						
18. 09	1 +1	2	2 +3					沈振麟	
18. 09. 03					象牙梳1				
18. 09. 25					象牙葫芦盖2				
18. 10		1 +1 +2	1 +2 +1 +1					沈振麟	
18. 10. 27					七齿象牙梳1				
19. 01		1 +1 +1	2 +2 +2					沈振麟	

附表 2（续）

日期	殿宇家具陈设用画	日常绘画	装裱	玉石（砚）、玻璃器	牙角器	木器	复合材质、杂活	匠役	备注
19.02	2	2+1+1	2+1					陆吉安、沈振麟	
19.03		1	1+1					沈振麟	
19.04		1+1+2+8	1					沈振麟、焦和贵、沈元、沈利、杨文德、陆吉安	
19.05		2+1+2	2					沈振麟	
19.05.30				（玉扁簪 2）去短					
19.06		2+2	2+2+1					沈振麟	
19.07	34+5+1+3+1	1							
19.08	12+4+1	2						沈振麟、陆吉安	
19.08.23					象牙葫芦盖 4				
19.09	1+2+2	2+1	2+2+1+1						
19.10	1								
19.11.08					象牙葫芦盖 4 对、象牙来仪舟 1 对			杨志、黄庆	

附表2（续）

日期	殿宇家具陈设用画	日常绘画	装裱	玉石（砚）、玻璃器	牙角器	木器	复合材质、杂活	匠役	备注
20.01		1+1+1+1	1+1+1						
20.02		1+1+15	1					沈振麟、焦和贵、沈元、沈利、杨文德、陆吉安	
20.02.14				（玛瑙烟壶1）底足底磨去					
20.02.21				绿玉佛手带钩2、碧牙西桃带钩2					
20.03	4								
20.03.26				（玛瑙圈1）改做溜子1					
20.04	1+4								
20.05		2						沈振麟	
20.06		1+2+1	2+1+2					沈振麟	
20.06.01				玉搬指1					
20.07		1+1+1	2+1						
20.08			1						
20.08.27					象牙葫芦盖3对				

附表 2（续）

日期	殿宇家具陈设用画	日常绘画	装裱	玉石（砚）、玻璃器	牙角器	木器	复合材质、杂活	匠役	备注
20. 10	2		1						
20. 10. 16				（白玉玩器 1）打长眼、穿双绦					
20. 11		1						沈振麟	
20. 12	3		1						
20. 12. 01					五孔象牙葫芦盖 1				
21. 01		1							
21. 02		1 +1	1 +1					沈振麟	
21. 03		2						沈振麟	
21. 03. 05				圆角起线边砚 1					
21. 03. 08				小砚台 1					
21. r3			2						
21. r3. 14				砚台 1					
21. 04		3 +1	4					焦和贵、沈元、陆吉安、沈振麟	
21. 04. 22				（石图书 4）镌刻					
21. 04. 27				昌化石 3 镌刻图书					
21. 05		1						沈振麟	
21. 05. 10				（鱼缸 4）打眼					

附表 2（续）

日期	殿宇家具陈设用画	日常绘画	装裱	玉石（砚）、玻璃器	牙角器	木器	复合材质、杂活	匠役	备注
21.06		5+1	1					沈振麟	
21.07		1	1						
21.09		1	1					沈振麟	
21.10		2+2+1	1+2					沈振麟	
21.11			1+2						
21.12			1+2						
21.12.08				碧牙西宝盖 2					
22.01		1							
22.01.20					象牙骰子 6				
22.02		1	1					沈振麟	
22.02.09				（红宝石顶珠 1）用红宝石补通眼，再打象鼻眼					
22.02.09				（红宝石佛头 3）补通眼，另打象鼻眼					
22.02.27					象牙牌 2 镌刻、填蓝穿黄绦				
22.03	10	4							
22.03.23				（蜜蜡珠 2）改做佛头，（蜜蜡珠 1）改做佛嘴					

附表 2（续）

日期	殿宇家具陈设用画	日常绘画	装裱	玉石（砚）、玻璃器	牙角器	木器	复合材质、杂活	匠役	备注
22.04		3+5	3+1					沈振麟、焦和贵、沈元、沈利、陆吉安	
22.06.07				（大珊瑚豆1）打横眼，（小珊瑚豆1）照原眼穿大					
22.08		1							
22.09		2+1						沈振麟	
22.09.16				（砚台1）镌刻“道光御用”					
22.10			2						
22.12		1	1					沈振麟	
23.01		1							
23.02.10				松石宝盖：小40、大40，珊瑚宝盖：小40、大40，珊瑚喜字腰结50，松石喜字腰结50，珊瑚长寿字腰结30，松石长寿字腰结30，松石长字腰结5，（红蓝宝石33）打眼，（东珠500）打通眼					

附表2（续）

日期	殿宇家具陈设用画	日常绘画	装裱	玉石（砚）、玻璃器	牙角器	木器	复合材质、杂活	匠役	备注
23.02.14				松石喜字腰结2、寿字腰结2、宝盖2，珊瑚喜字腰结2、寿字腰结2、宝盖2					
23.02.22				（红蓝宝石16）打眼					
23.02.28				（绿玉腰结6对、碧牙西腰结4对、珊瑚腰结7对）打通眼					
23.03		n+1						沈振麟	
23.03.19				（绿玉搬指1）里口去一线、见亮					
23.04		1+8	1+1					沈振麟、焦和贵、沈元、沈利、杨文德、陆吉安	
23.05		5+6+6	4					沈振麟、焦和贵、沈元、沈利、杨文德、陆吉安	

附表2（续）

日期	殿宇家具陈设用画	日常绘画	装裱	玉石（砚）、玻璃器	牙角器	木器	复合材质、杂活	匠役	备注
23.06		1+1+1+1+1+2	1+1+1+2					沈振麟、沈元、杨文德	
23.06.28					犀牛角扁簪3				
23.07.02					犀牛角酒杯1				
23.07.03					犀牛角酒杯1				
23.07.03					犀牛角耳挖2				
23.07.06					犀牛角梳子1得时打眼				
23.07.08					犀角梳子1				
23.r7.11				（铜雀台瓦砚1）砚池落槽，肩膀摸楞					
23.08		2	1+1					沈振麟	
23.10			1						
23.11			3						
23.11.15				（珊瑚豆20）改做喜字腰结40					
23.12.25					（象牙信牌3）刻“抬枪杆”填蓝				
24.01.18					象牙牌1打眼				

附表2（续）

日期	殿宇家具陈设用画	日常绘画	装裱	玉石（砚）、玻璃器	牙角器	木器	复合材质、杂活	匠役	备注
24.02.02				套红破瓶嘴用套红破葵花做底粘妥					
24.02.08				（珊瑚豆10）雕寿字、打眼					
24.03.21					（象牙小牌1）两面各刻“合符信牌”填蓝				
24.04		4+2	2+2					沈振麟	
24.05		5+1+1	4+4+1					沈振麟、焦和贵、沈利、杨文德、陆吉安、沈贞	
24.06		1+2						沈振麟、陆吉安	
24.06.01				（珊瑚豆1）三眼串大些					
24.06.13					象牙牌1得时打眼穿丈绳				

附表 2（续）

日期	殿宇家具陈设用画	日常绘画	装裱	玉石（砚）、玻璃器	牙角器	木器	复合材质、杂活	匠役	备注
24.06.15					象牙牌 1 得时两面刻字填蓝“外城合符匣”“合符信牌钥匙匣”				
24.06.22					象牙牌 2 刻字填蓝“钥匙匣”“小钥匙匣”				
24.06.23					象牙钥匙牌 1 刻字填蓝“大钥匙匣”				
24.06.24					象牙钥匙牌 1 刻字填蓝“外城合符匣”				
24.07		2+2	1+1+4+2+1					沈振麟	
24.07.04				（月白宝石 1）打圆眼					
24.07.10				（珊瑚葫芦 1）打眼					
24.07.11				（蓝宝石坠角 1、元豆 2）打眼穿双绦子					

附表 2（续）

日期	殿宇家具陈设用画	日常绘画	装裱	玉石（砚）、玻璃器	牙角器	木器	复合材质、杂活	匠役	备注
24.07.13				（各色宝石 8）打通眼、串眼					
24.07.16				（珊瑚宝盖 1）眼穿大穿双绦子					
24.07.24				（红宝石 1）串眼穿双股绦					
24.08.06				（碧牙西 1）打透眼					
24.08.23					犀牛角灵芝 1				
24.09		2	2					沈振麟	
24.10		2	1					沈振麟	
24.10.01				（碧牙西 1）铡开、见亮					
24.10.03				（碧牙西 1）打眼穿双股绦、硬楞收拾妥协					
24.11		1+1						沈振麟	
24.11.05					象牙牌 1 打眼				
24.11.21				（红碧牙西 1）两面楞倒鱼脊背打透眼					

附表2（续）

日期	殿宇家具陈设用画	日常绘画	装裱	玉石（砚）、玻璃器	牙角器	木器	复合材质、杂活	匠役	备注
24.12			3						
25.02		2+2+2	1					沈振麟	
25.02.14					象牙牌3刻字填蓝“威获”“威应”“威烈”				
25.03		1+2	1+2					沈振麟	
25.04		1						沈振麟	
25.04.14				（珊瑚豆4）各刻阳文喜字4得时打眼穿双股绦					
25.04.17				云南玉搬指3、象牙搬指1					
25.04.22				（玉石子1）铡开					
25.04.26				（白玉搬指1、绿玉搬指1）里口开大					
25.04.28				（碧牙西7、红宝石5、蓝宝石4）打眼					
25.05		1	1+1					沈振麟	

附表2（续）

日期	殿宇家具陈设用画	日常绘画	装裱	玉石（砚）、玻璃器	牙角器	木器	复合材质、杂活	匠役	备注
25.05.07				（大珊瑚豆8）刻阳文四喜字，（小珊瑚豆16）串眼					
25.05.08				云南玉搬指3、带头1					
25.06		1	1					沈振麟	
25.06.02				云玉九长字1打象鼻眼					
25.06.05				青玉搬指4					
25.06.08				（小珊瑚豆18）成做四喜字，（大珊瑚豆18）成做四团寿字					
25.06.08				（珠子4、碧牙西4、红宝石1、松石宝盖6）打眼					
25.06.12					（犀牛角弩顶簪1）两头各去半分，照原样成做				
25.06.24				青玉小杵1					
25.06.24				青玉簸箩形蛤蜊1、焦叶1					

附表2（续）

日期	殿宇家具陈设用画	日常绘画	装裱	玉石（砚）、玻璃器	牙角器	木器	复合材质、杂活	匠役	备注
25.07		2	1					沈振麟	
25.07.13				桃式碧牙西2					
25.07.24				（珊瑚豆14）改做喜字腰结28，松石宝盖15					
25.07.25				（蓝宝石坠角2）打眼					
25.08		2+2	1+1					沈振麟	
25.08.13				（珊瑚豆2）各做圆寿字4					
25.08.14				（松石佛头2）配做佛嘴1					
25.08.19				（珠子2、蓝宝石1、红宝石1）打眼					
25.08.21				松石烟壶盖1配安骨头匙					
25.09		1+2	2+1+2+2					沈振麟	
25.09.23							（壁子）用大红片金厢字边		
25.10	1	2+1	2+2						
25.11.09					（七孔象牙葫芦盖）里外口去妥				

附表2（续）

日期	殿宇家具陈设用画	日常绘画	装裱	玉石（砚）、玻璃器	牙角器	木器	复合材质、杂活	匠役	备注
25.11		1	1+1					沈振麟	
26.01.24					犀角片绺搬指1				
26.01.29					（犀牛角1）取刀靶料1，成做犀角搬指若干				
26.02		1	1					沈振麟	
26.02.02					犀牛角起子1				
26.02.02					犀角螺蛳1打象鼻眼穿双股绦				
26.03		1							
26.04		12	1+1					沈振麟、焦和贵、沈利、陆吉安、杨文德、沈贞	
26.04.13				（红宝石4、蓝宝石2）打透眼					
26.05		2	2					沈振麟	
26.06.18				（珠子1）打正眼穿双股绦					

附表2（续）

日期	殿宇家具陈设用画	日常绘画	装裱	玉石（砚）、玻璃器	牙角器	木器	复合材质、杂活	匠役	备注
26.06.18				（小红宝石1）打眼穿表绳					
26.07.10				小石砚1					
26.07.14				石砚1					
26.08			2						
26.09			1						
26.11			10						
26.12.15						（象牙葫芦盖1）撤去幪子另配雕椰瓢葫芦幪子			
26.12.24				（假碧牙西壶盖1）换安蓝宝石					
27.01.29				珊瑚坠角1					
27.03		2+2+2	2					沈振麟	
27.04			2+2						
27.05.27				（珊瑚豆1）打三眼					
27.06.03				（两头忙白玉匾簪1）去短两边宽去一线倒楞					

附表 2（续）

日期	殿宇家具陈设用画	日常绘画	装裱	玉石（砚）、玻璃器	牙角器	木器	复合材质、杂活	匠役	备注
27.06.05				（旧白玉簪 1）改做两头忙匾簪 1，白玉秋蝉 2					
27.06.25					象牙牌 1 打透眼、刻字填蓝				
27.07	84	1	1					焦和贵、沈利、杨文德、陆吉安、沈贞、沈振麟	
27.10	100							焦和贵、沈利、杨文德、陆吉安、沈贞	
27.11.15					（象牙五孔葫芦盖 1）去薄				
27.11.27					（七孔葫芦盖 1）去薄				
27.11.27					象牙幔鼓式盖 1 雕万字或毂轮钱				
28.03.03					象牙抿靶 4				
28.03.13		1	1+1					沈振麟	

附表 2（续）

日期	殿宇家具陈设用画	日常绘画	装裱	玉石（砚）、玻璃器	牙角器	木器	复合材质、杂活	匠役	备注
28.04.19				珊瑚、松石长寿字、喜字、鱼长字腰结各25，珊瑚、松石宝盖各60，松石佛头塔2、佛嘴1					
28.05		4+1	4					沈振麟	
28.06		2	1						
28.06.15				珊瑚腰结40、三长字腰结1对、松石腰结50，云长字、佛手、福寿蜜蜡、松石、珊瑚腰结各1对，松石长字腰结5，松石荷叶莲花腰结1对，蓝宝石1、佛手、珊瑚腰结1、珠子1串眼，翡翠竹根打扁眼					
28.06.16					象牙起子：大2、小4				
28.07		3						沈振麟	
28.08			1+1+1						
28.08.01				玉火镰1					

附表2（续）

日期	殿宇家具陈设用画	日常绘画	装裱	玉石（砚）、玻璃器	牙角器	木器	复合材质、杂活	匠役	备注
28.09		2+2	1					沈振麟	
28.10		1+1+1+2	2+1+1					沈振麟	
28.10.07				（珊瑚腰结1）有伤处粘安、收拾					
28.10.25					象牙图书4刻阳纹				
28.10.30				（松石佛头、佛嘴1分）去喜字，珠子18串眼					
28.11		1	2+1+1+1						
28.11.12					（象牙图书1）镌刻				
28.12			2+2						
29.02		1+1						沈振麟	
29.02.11					犀角单耳酒盅				
29.02.27					象牙阡4				
29.03		1	2						
29.r4		1	1+1					沈振麟	
29.r4.05					象牙轴头1对				
29.r4.11				松石团寿字4打立眼					

附表 2（续）

日期	殿宇家具陈设用画	日常绘画	装裱	玉石（砚）、玻璃器	牙角器	木器	复合材质、杂活	匠役	备注
29.05.23				（白玉万字花囊 1）上口刻“慎德堂制”四字					
29.05.26				（玉火镰 1）四角刻“道光年制”四字					
29.06		2	2					沈振麟	
29.06.07				（白玉花囊 1）上口刻御笔“慎德堂制”四字					
29.06.07				（白玉火镰 1）四角刻“道光年制”四字					
29.06.25					象牙牌 6 打透眼				
29.06.25						配做紫檀木轴头 2 分			
29.06.25				（绿玉翎管 1、白玉翎管 1）改做烟袋嘴					
29.06.26					（象牙牌 4）刻字填蓝“字帖匣”“表匣”“刀子匣”“小钥匙匣”				

附表 2（续）

日期	殿宇家具陈设用画	日常绘画	装裱	玉石（砚）、玻璃器	牙角器	木器	复合材质、杂活	匠役	备注
29.06.27				（白玉插牌）核计成做玉佩几块					
29.06.27					（象牙牌 1）刻字填蓝“搬指匣”				
29.06.28					（象牙牌 1）刻字填蓝“带头匣”				
29.06.29				（白玉平式花囊 1 对、尖底花囊 1 对）换安银合叶刻“慎德堂制”四字					
29.07		1	2					沈振麟	
29.07.01				（绿玉翎管 1）改做烟袋嘴 1					
29.07.01					象牙牌 5				
29.07.03				（绿玉翎管 2）改做烟袋嘴 2					
29.07.08				（珊瑚豆 1）成做圆寿字 4 打通眼					

附表 2（续）

日期	殿宇家具陈设用画	日常绘画	装裱	玉石（砚）、玻璃器	牙角器	木器	复合材质、杂活	匠役	备注
29.07.10				（白玉花囊 1）口上刻“慎德堂制”四字，底上换钉银荷叶					
29.08.21				（珊瑚豆 10）成做葫芦 10					
29.09.08					犀牛角茶盅 1，盅足上刻“慎德堂制”				
29.10.04					象牙葫芦口 1、象牙盖 1				
30.01		1						沈振麟	

说明：

1. 表格横向列举主要活计种类，末两列为“匠役”和“备注”项；纵向列时间，以阿拉伯数字记录“年．月．日”，“r”表示闰月。附表 2 使用道光纪年（元年至三十年）。

2. 绘画、装裱类活计数量大且零碎，仅以月份为单位统计，不同批次的活计数量以“+”相连。除特殊字画外，一般不列举绘画或装裱内容。

3. 除绘画、装裱以外的其他类活计，以日期为单位统计，并注明具体活计的名目和数量，“（）”内为交下的原有物料。

4. 器物类活计在末尾以阿拉伯数字标注件数，未标注数量者默认为 1 件；数量无法统计者以“n”表示。

5. 带有“（）”的匠役，为负责画样的匠役。

后　记

我于2015年博士毕业后，进入故宫博物院博士后科研工作站，跟随张荣老师从事清宫造办处档案整理工作。张老师是研究清代宫廷工艺品的知名专家，主要从事漆器、珐琅器、玻璃器等方面的研究，同时深耕清宫内务府造办处档案多年，在文物和档案的综合研究方面颇有建树。在张老师的指导下，我参与了她主持的造办处活计档案整理等课题，逐渐接触到一些清宫档案。

两年的博士后时光美好而短暂。在适应了故宫的全新环境和学术氛围后，博士后出站报告的撰写也提上了日程。我从内务府造办处活计档案入手，开始分门别类搜集资料，寻找报告的选题。造办处活计档案的记载延续近两百年，涉及作坊众多，活计无数，头绪万千。我深知短时间内无法厘清庞大的造办处体系，便决定从小处着眼寻找选题做深入研究。经过资料的整理，确定以造办处"如意馆"作为出站报告的研究对象。

"如意馆"单从名字看就不同于寻常作坊。造办处作坊多以"作""处""厂"为名，前面冠以作品、材料或工艺，如"珐琅作""刻字作""炮枪处""玻璃厂"等等，点明所做活计种类。"如意馆"作坊的命名独树一帜，借用了雍正时期圆明园金鱼池殿宇"如意馆"之名，却并非制作"如意"的作坊，而是承接绘画、装裱及玉器、象牙、犀角加工等活计的高级作坊。皇帝用"如意馆"名之，大约期望所做活计皆能"如其心意"，因此平日对如意馆的关注和指示也较多。早期的如意馆作坊紧邻皇帝起居理政处，在圆明园和紫禁城内皆有馆舍，匠役随皇帝的城园往返而两地迁徙。圆明园如意馆位于“洞天深处”，与皇帝起居理政的“勤政亲贤”毗邻，其在紫禁城内的馆舍最早在启祥宫，紧邻养心殿，方便皇帝莅临指导及旨意通传。乾隆皇帝就常到馆中指导作画。如意馆在造办处作坊中地位最高，匠役也最受优待，所得分例、年例赏赐在造办处往往是独一份。如意馆从乾隆元年设立延续至清末，历史悠久，功能齐备，下设玉作、牙作、裱作等二级作坊，活计种类多，是一处综合性作坊。以如意馆作为对象，是非常具有代表性的作坊研究个案，有利于推进造办处的整体研究。

如意馆的研究已有先例。嵇若昕女史对乾隆朝如意馆的研究、李湜女史对同治、光绪朝如意馆的研究，都令我受益匪浅，同时也留有继续探索的空间。在此情况下，我将研究范围界定在嘉庆、道光、咸丰三朝如意馆，时段上相当于如意馆历史的中期，力求将三朝如意馆相关内容加以纵向贯通，探讨其发展情况。

尽管《清代嘉庆、道光、咸丰三朝如意馆研究》是一个不算大的题目，但真正深入进去后，却能时时感受到“故宫学”的博大精深、奥妙无穷。受张荣老师的引导及自身学术背景的潜移默化，我在整理档案时，常常想要探求档案文字所描述的文物，将它们从故宫万千藏品中找出来，结果发现这是一个不断学习、借鉴进而探索、求知的过程，容不得一丝粗率、侥幸，否则难免一知半解、张冠李戴。同时，档案作为第一手资料，忠实记录大小事务，却往往不会交代事发原因，甚至有所隐讳，如嘉庆年间乾清宫大火、天理教禁门之变等事件，其影响在档案中虽有迹可循，但事件本身却要到史书中去探寻。因此，要综合考察文物、档案、史料才能得出真知，而这些都跳不出包罗万象的“故宫学”研究范畴。

在这本报告即将出版之际，衷心感谢故宫博物院对我的培养，感谢博士后科研工作站一直以来的指导和支持，感恩张荣老师在学习、工作、生活上的教诲、指点和关心，还要感念相互扶持一路走来的博士后兄弟姐妹们。本书承蒙文物出版社崔华老师专业、细致的编辑校对，我在此也深表谢意。最后，我要感谢我的家人一直以来的支持和鼓励！

刘净贤

2021 年 12 月